中国磁浮交通
基础理论与先进技术丛书

佟来生 徐俊起 等·编著

中低速磁浮列车

研发及应用实践

Development and Application Practice of Medium and
Low Speed Maglev Trains

上海科学技术出版社

内 容 提 要

本书在简要介绍中低速磁浮列车发展历程、技术特点、框架组成等的基础上,较为详细地描述了中低速磁浮列车的关键技术,包括电磁悬浮技术、短定子直线电机牵引技术、走行机构技术、车轨耦合技术等。同时,结合长沙磁浮快线与凤凰磁浮观光快线的工程实践,对列车总体和车厢、司机室、悬浮架、制动与供风系统、悬浮系统、牵引系统、辅助电源系统、网络控制及辅助监控系统等子系统的结构参数、基本原理、技术参数和具体功能等进行了细致的介绍。最后,本书介绍了中低速磁浮车辆在投入使用前需要完成的各类试验,以及在车辆服役过程中需要进行的列车检修维护项目。

本书旨在提供全面的技术指南和应用实践经验,从而为相关领域的工程设计和项目规划提供参考和借鉴。因此,本书提供了大量的原理示意图、结构三维图和实物图,让读者可以更加直观地了解中低速磁浮车辆的技术原理和构成。本书适合工程技术人员、科研人员和交通运输等相关专业的高校师生,以及对中低速磁浮交通技术感兴趣的人士阅读和参考。

图书在版编目(CIP)数据

中低速磁浮列车研发及应用实践 / 佟来生等编著
. -- 上海:上海科学技术出版社,2024.6
(中国磁浮交通基础理论与先进技术丛书)
ISBN 978-7-5478-6614-6

Ⅰ. ①中… Ⅱ. ①佟… Ⅲ. ①磁悬浮列车-研究
Ⅳ. ①U292.91

中国国家版本馆CIP数据核字(2024)第087981号

中低速磁浮列车研发及应用实践
佟来生 徐俊起 等 编著

上海世纪出版(集团)有限公司 出版、发行
上海科学技术出版社
(上海市闵行区号景路159弄A座9F-10F)
邮政编码 201101 www.sstp.cn
徐州绪权印刷有限公司印刷
开本 787×1092 1/16 印张 17.25
字数 370 千字
2024年6月第1版 2024年6月第1次印刷
ISBN 978-7-5478-6614-6/U・150
定价:155.00元

本书如有缺页、错装或坏损等严重质量问题,请向印刷厂联系调换

编委会

中国磁浮交通基础理论与先进技术丛书

主任

陈小鸿

副主任

（以姓氏笔画为序）

丁叁叁　王　平　周晓明　盛雄伟

委员

（以姓氏笔画为序）

万建军　龙志强　刘万明　闫晓言

李耀华　佟来生　张昆仑　徐洪泽

梁　潇　翟　鸣

序 | 中低速磁浮列车研发及应用实践

  中低速磁浮交通是一种新型轨道交通制式。中低速磁浮列车采用常导电磁悬浮技术实现车辆的稳定悬浮，并通过直线感应电机实现车辆的牵引。由于其独有的技术模式，中低速磁浮交通具有噪声低、振动低、绿色环保、选线灵活、安全性高以及全寿命周期成本低等优点，适用于城市轨道交通和城市郊区的短途运输。

  本书作者全程参与了长沙磁浮快线与凤凰磁浮观光快线的工程建设与运营维保过程，主持了车辆的研发，积累了丰富的工程设计经验，对中低速磁浮列车技术及其工程应用有着深刻的认知和理解。在本书中，作者以中低速磁浮车辆关键技术为主线，结合基础理论与长沙磁浮快线和凤凰磁浮观光快线的工程实践，详尽地介绍了中低速磁浮车辆悬浮、牵引、制动等子系统，内容涵盖车辆各系统的原理、设计、制造、试验、维保等领域。

  本书内容是作者工程实践的总结，适合从事中低速磁浮交通工作的工程技术人员参考，有助于推动中低速磁浮交通的建设和发展。

中国工程院院士　刘友梅

2024 年 4 月

前言

中低速磁浮列车研发及应用实践

  1922年,德国工程师赫尔曼·肯佩尔提出电磁悬浮原理。20世纪60年代起,以德国和日本为主要代表的国家开始进行磁浮交通技术的研究,并分别于2003年和2005年率先实现高速磁浮和中低速磁浮交通的商业化应用。由此,作为人类又一新型运输方式的磁浮交通诞生,磁浮交通由技术研究进入实用性发展的新阶段。

  我国磁浮交通技术的研究起步较晚,始于20世纪80年代,经过科研人员数十载的不懈努力,攻克了中低速磁浮交通的关键技术,形成自主知识产权,并于2016年在长沙实现商业化运营。实践表明,中低速磁浮交通具有技术先进、安全可靠、选线灵活、绿色经济等特点,非常适合地形条件复杂、环境要求高的中运量轨道交通线路。近年来,磁浮交通在国内得到了快速发展,长沙、北京、凤凰、清远等城市先后采用中低速磁浮交通解决公共交通问题,中低速磁浮交通已成为城市/市域(郊)轨道交通的发展方向之一,正日益受到关注。

  为及时总结我国中低速磁浮交通的研制经验和技术成果,本书全面介绍了中低速磁浮列车的技术特点、系统组成、试验验证及检修维护等内容,以推动中低速磁浮交通在我国的应用与发展。全书内容共分为13章,由佟来生、徐俊起等编写。其中,佟来生、胡伟、司恩、丁磊撰写第1、3章;徐俊起、高定刚、马志勋、孙友刚、韩鹏、胡轲珽、洪远卓、倪菲等撰写第2章;任敬东、王锴、王国锋、黄豪撰写第4章;贺白涛撰写第5章;郭庆升撰写第6章;高小波、胡杰撰写第7章;张文跃、朱跃欧、荣立军、吉文撰写第8章;张文会、廖志明、曹芬撰写第9、10章;张杨、黄众撰写第11章;易柯、成志刚、周汛、马丽英撰写第12章;罗华军、吴志会、姜宏伟撰写第13章。全书由佟来生和徐俊起进行统稿和修改,胡伟、胡轲珽参与校对工作。本书可供从事轨道交通工作的科研人员、工程技术人员以及磁浮技术爱好者参考,也可作为大专院校师生的参考书。

  本书在编著过程中,始终得到刘友梅院士的指导和中车株洲电力机车有限公司、同济大学的支持。同济大学陈小鸿教授、林国斌教授,中车株洲电力机车有限公司彭奇彪、龙源、毛业军、段继超、李鹏飞、金希红、李冠军和罗显光等专家对本书提出了许多宝贵意见,指导和促进了本书的修正。在此,作者对他们表示衷心的感谢。

由于作者水平有限,书中难免存在疏漏和错误之处,恳请读者批评指正。

佟来生　徐俊起

中车株洲电力机车有限公司　同济大学

2024 年 3 月

目录

第1章 绪论 1
  1.1 中低速磁浮交通技术发展 3
    1.1.1 磁浮交通分类 3
    1.1.2 国外中低速磁浮交通发展概况 3
    1.1.3 国内中低速磁浮交通发展概况 6
  1.2 中低速磁浮交通技术特点 9
  1.3 中低速磁浮交通系统组成 11
  1.4 中低速磁浮交通发展方向 14

第2章 中低速磁浮列车关键技术 15
  2.1 电磁悬浮技术 17
    2.1.1 悬浮传感器原理 17
    2.1.2 悬浮控制技术 19
  2.2 短定子直线电机牵引技术 26
    2.2.1 短定子直线电机结构与电磁特性 26
    2.2.2 牵引主电路 31
    2.2.3 牵引控制技术 32
  2.3 走行机构技术 34
    2.3.1 悬浮架结构与解耦 34
    2.3.2 悬浮架动力学 43
  2.4 车-磁-轨耦合技术 49
    2.4.1 二系悬挂刚度对动力学的影响规律 49
    2.4.2 轨道频率对动力学的影响规律 50

  2.4.3 控制参数的影响 ··· 51

  2.4.4 整车动力学建模和验证 ·· 54

第3章 列车总体 ·· 59

 3.1 总体技术要求 ·· 61

  3.1.1 使用条件 ·· 61

  3.1.2 车辆基本参数 ·· 67

  3.1.3 列车动力特性 ·· 70

  3.1.4 噪声要求 ·· 73

  3.1.5 运行平稳性 ·· 73

  3.1.6 振动和冲击性能 ··· 73

  3.1.7 防火安全要求 ·· 74

  3.1.8 防水防尘要求 ·· 74

  3.1.9 气密性 ··· 74

  3.1.10 环保要求 ·· 74

  3.1.11 电磁兼容性 ·· 74

  3.1.12 使用寿命 ·· 75

  3.1.13 可靠性、可用性、可维修性和安全性 ················ 75

 3.2 列车编组及设备布置 ·· 76

  3.2.1 列车编组 ·· 76

  3.2.2 设备布置 ·· 78

 3.3 工业设计 ··· 79

第4章 车厢及车端连接装置 ··· 81

 4.1 车体 ·· 83

  4.1.1 结构组成 ·· 83

  4.1.2 材料选用 ·· 86

  4.1.3 技术要求 ·· 87

  4.1.4 主要结构参数 ·· 87

 4.2 内装 ·· 88

 4.3 车端连接装置 ·· 92

  4.3.1 车钩 ·· 92

  4.3.2 贯通道 ··· 94

第5章 司机室 ··· 97

 5.1 总体布置 ··· 99

 5.2 操纵台设备布置 ·· 100

 5.3 前窗设备布置 ·· 104

5.4　侧墙设备布置 ………………………………………………………… 104
第6章　悬浮架 …………………………………………………………………… 107
　　6.1　主要功能 ……………………………………………………………… 109
　　6.2　主要技术参数 ………………………………………………………… 110
　　6.3　结构组成 ……………………………………………………………… 111
　　　　6.3.1　悬浮架单元 …………………………………………………… 111
　　　　6.3.2　横向稳定机构 ………………………………………………… 119
第7章　制动及供风系统 ………………………………………………………… 121
　　7.1　系统组成 ……………………………………………………………… 123
　　7.2　全液压制动系统 ……………………………………………………… 124
　　　　7.2.1　主要功能 ……………………………………………………… 124
　　　　7.2.2　主要部件 ……………………………………………………… 128
　　7.3　供风系统 ……………………………………………………………… 133
　　　　7.3.1　主要功能 ……………………………………………………… 133
　　　　7.3.2　主要部件 ……………………………………………………… 134
第8章　悬浮系统 ………………………………………………………………… 137
　　8.1　系统组成 ……………………………………………………………… 139
　　8.2　悬浮控制器 …………………………………………………………… 140
　　　　8.2.1　主要技术参数 ………………………………………………… 141
　　　　8.2.2　主要部件 ……………………………………………………… 141
　　　　8.2.3　主电路原理及控制方式 ……………………………………… 141
　　　　8.2.4　控制电路原理及控制方式 …………………………………… 142
　　8.3　悬浮传感器 …………………………………………………………… 144
　　　　8.3.1　主要技术参数 ………………………………………………… 144
　　　　8.3.2　主要部件 ……………………………………………………… 145
　　　　8.3.3　模拟信号处理 ………………………………………………… 145
　　　　8.3.4　数字信号处理 ………………………………………………… 145
　　8.4　悬浮电磁铁 …………………………………………………………… 147
　　　　8.4.1　主要技术参数 ………………………………………………… 147
　　　　8.4.2　主要部件 ……………………………………………………… 147
第9章　牵引系统 ………………………………………………………………… 151
　　9.1　系统组成 ……………………………………………………………… 153
　　9.2　主要部件 ……………………………………………………………… 155
第10章　辅助电源系统 ………………………………………………………… 161
　　10.1　DC 110 V电源系统 ………………………………………………… 163

10.1.1 系统组成 163
10.1.2 主要部件 164
10.2 AC 380 V 电源系统 167
10.2.1 系统组成 167
10.2.2 主要部件 168
10.3 DC 330 V 电源系统 171
10.3.1 系统组成 171
10.3.2 主要部件 172

第 11 章 网络控制及辅助监控系统 177
11.1 列车网络控制系统 179
11.1.1 系统组成 179
11.1.2 主要部件 181
11.2 数据存储与传输系统 186
11.2.1 系统组成 186
11.2.2 主要技术参数 186

第 12 章 机电系统 189
12.1 空调与通风系统 191
12.1.1 系统组成 192
12.1.2 主要部件 192
12.2 车门系统 204
12.2.1 系统组成 204
12.2.2 系统原理 204
12.2.3 系统功能 205
12.2.4 主要装置 209
12.3 照明系统 212
12.3.1 司机室照明 212
12.3.2 客室照明 213
12.3.3 外部照明 214
12.4 乘客信息系统 214
12.4.1 系统组成 214
12.4.2 主要子系统 215
12.5 火灾报警系统 219

第 13 章 列车试验与检修维护 221
13.1 列车试验 223
13.1.1 试验项目 223

  13.1.2 试验要求 ………………………………………………… 225
13.2 列车检修维护 …………………………………………………… 245
  13.2.1 常规检修 ………………………………………………… 246
  13.2.2 智能运维 ………………………………………………… 247
  13.2.3 专用设备及特殊要求 …………………………………… 248

参考文献 ……………………………………………………………………… 252

第1章

绪 论

1.1 中低速磁浮交通技术发展

1.1.1 磁浮交通分类

磁浮交通区别于轮轨交通的关键在于无接触的支承、导向和牵引。依据悬浮机理的不同,磁浮列车可分为电磁悬浮(electromagnetic suspension, EMS)、电动悬浮(electrodynamic suspension, EDS),以及钉扎悬浮三大类。从驱动形式可分为车载短定子直线电机驱动和地面长定子直线电机驱动两种。

电磁悬浮列车利用轨道下方悬浮电磁铁线圈通电产生的电磁场,与轨道上的铁磁性构件互相吸引,依靠向上的吸力来抵消重力,实现列车的悬浮。因此,若要实现稳定的悬浮,需要施加闭环控制。

目前电磁悬浮是唯一实现商用的悬浮制式,最早由德国人赫尔曼·肯佩尔(Hermann Kemper)于1922年提出,并于1934年获得世界上第一项磁浮技术相关专利。上海浦东国际机场到龙阳路的磁浮交通是目前运营速度最快的磁浮列车,时速达430 km,采用长定子直线电机驱动方式,属于高速磁浮列车,主要用于大城市之间的干线交通。而日本HSST磁浮列车、韩国仁川机场线磁浮列车及我国长沙磁浮快线列车,则采用短定子直线电机驱动,最快运营速度突破140 km/h,属于中低速磁浮列车,主要用于城市内非骨干线、市域(郊)及旅游景区等线路。中低速磁浮交通具有曲线半径小、爬坡能力强、振动和噪声小、建设和维护费用低等特点,近年来受到人们的日益关注,取得了较快发展。

1.1.2 国外中低速磁浮交通发展概况

国外开展中低速磁浮交通技术研究的国家主要有德国、日本、韩国和美国。

1) 德国

德国是磁浮列车概念的诞生地,虽然在1934就获得了磁浮相关专利,但是受限于当时的技术条件,磁浮研究迟迟得不到有效进展。直至1969年,德国研制了世界上第一辆磁浮列车原型车TR01。1971年5月6日,世界上第一辆磁浮列车——MBB示范车在德国慕尼黑的MBB(Messerschmitt - Blkow - Blolm)公司问世,正式向公众展示,至今已超过50年。MBB示范车具有独立的支承和导向系统,采用短定子直线电机驱动,即直线电机定子和动力电源置于磁浮列车上,次级在轨道上。质量为5 800 kg,运行速度达到

图1-1 TR01磁浮列车

90 km/h,钢铁试验轨道长660 m,如图1-1所示。这也是后续中低速磁浮普遍采用的支承和驱动方式。这一技术成果被命名为"磁浮交通",以表示其运载能力与高速性能,它首次向世界表明磁浮技术用于承载和运输大规模旅客的可行性。

1975年,蒂森·亨舍尔(Thyssen Henschel)公司在卡塞尔(Kassel)的工厂中的HMB试验线上实现了长定子直线同步电机对磁浮列车的驱动,即直线电机的定子铺设于轨道,由地面供电,摆脱了接触受流对于速度的限制。1977年,时速400 km的试验列车被研制出来,验证了高速磁浮的可行性,中低速磁浮的发展路线逐渐被舍弃。直到近几年,德国又重启了中低速磁浮的项目。区别于现有的中低速磁浮,德国在车辆结构型式和驱动方式上做了许多创新性改变。但是截至目前,德国尚未建设商业运行的磁浮线路。

2) 日本

日本名古屋的东部丘陵线是世界上最早的中低速磁浮商业线路,磁浮车辆采用常导电磁悬浮制式,通过短定子直线感应电机驱动,悬浮和导向系统合二为一,属于HSST(high speed surface transport)高速地面运输车系列。该系列最早的试验车HSST-01号于1975年研制成功,并进行了非载人悬浮和推力试验。1978年,HSST-02号试验车在试验线上成功试运行,最高速度约为100 km/h。HSST-03号、HSST-04号、HSST-05号试验车分别在1985年筑波、1988年埼玉和1989年横滨博览会上展出,并进行了几十万甚至上百万人次的乘坐,载人运行速度为40 km/h。

1990年,日本对HSST常导电磁悬浮进行了评估,确认已经达到实用阶段,开始研制HSST-100S型磁浮列车。从1991年到1995年,日本对HSST-100S号车进行了100多项实用性试验。测试结果表明,HSST-100S型磁浮列车是成功的,是可靠的,并且由于其悬浮的优点使得它的维修量降低。作为城市交通系统,HSST磁浮铁路系统已进入实用阶段。

1995年,在HSST-100S号的基础上,日本研制了HSST-100L号商业运营样车,列车采用2节车辆编组。从1995年开始,该列车在大江试验线路上进行运行试验,试验结果认为HSST型磁浮运输车作为城市快速交通工具已经完全达到了商业运营条件。2000年,爱知快速运输有限公司正式成立,开始着手东部丘陵线的环境影响评估、线路规划和相关法规制定等前期工作。

2001年,日本开始建造东部丘陵线。线路全长9.2 km(复线结构),运营线路8.9 km,除1.4 km为隧道外,其余均为高架线路,共设9个车站和1个车辆段。车辆以HSST-100L型列车为基础,增加了中间车,列车全长43.3 m,将其命名为"Linimo"(图1-2),采用3节车辆固定编组运行,最高运行速度为100 km/h,单程运行约需

15 min。2005 年 3 月，该系统投入正式商业运营，作为世博会的主要交通运输线路开始运行，是世界上第一条投入商业化运营的中低速磁浮交通线。

值得注意的是，东部丘陵线由于客流量、造价和运行费用等方面的原因，建成近十年来，中低速磁浮交通系统并没有在日本得到进一步推广。

图 1-2 日本商用中低速磁浮列车 Linimo

3) 韩国

韩国的磁浮技术研究主要集中在中低速磁浮。在研究初期，韩国现代精密加工公司于 1985 年完成了第一辆技术论证车 HML-01 并进行了实验室试验，采用的是常导电磁悬浮制式。随后，在 HML-02 的基础上，于 1993 年推出了全尺寸示范车 HML-03，并在大田世界博览会上接受了 12 万名乘客的试乘。与此同时，大宇重工于 1992 年制造了 3 辆全尺寸车，并通过了所有性能测试。大宇重工的车辆同样使用电磁悬浮和直线感应电机驱动，目的在于城市内交通运输，以及市区和机场之间的连接。

1997 年，韩国机械材料学会联合现代精密加工公司完成了 UTM(urban transit maglev)运输系统商业化样机 UTM-01。1998 年，韩国机械材料学会与韩国铁道制造公司推出了 2 节编组的 UTM-01 磁浮列车，并进行了三年的试验运行验证。2005 年，韩国铁路车辆企业 ROTEM 和韩国机械材料学会在 1.3 km 的试验线上进行了 MLV 磁浮列车的试运行。结果表明，MLV 的性能大幅超越此前的试验车，几乎没有噪声、振动和空气污染，且最高时速可达 110 km，标志着韩国磁浮列车技术进入实用阶段。在 2012 年推出的 UTM-02 磁浮列车标志着韩国磁浮列车技术开始向商用转变。2014 年 5 月，仁川机场到龙游路段的 6.1 km 中低速磁浮交通商业运营线进行试运营，并于 2016 年初正式运营（图 1-3）。

图 1-3 仁川机场线磁浮列车

4) 美国

美国的中低速磁浮技术主要为 M3(MagneMotion Maglev)系列，是联邦运输管理局(Federal Transit Administration, FTA)支持的 5 个城市磁浮项目之一。虽然其属于 EMS 磁浮列车，但是为了节约能耗，主要通过电磁-永磁混合磁铁进行悬浮。其悬浮间隙约 20 mm，并依据车重动态调节间隙，使悬浮电流均值为 0，悬浮力主要通过永磁体提供。这一策略的

图1-4 2节编组M3磁浮列车

出发点在于M3磁浮列车采用了小型化车辆和编组运行方式。每次只以几秒的间隔发行3~4辆车，并在长定子轨道分区供电，节约电能。M3磁浮列车的推进方式为长定子直线同步电机，并将悬浮磁铁作为电机的次级。第一辆M3原理样机于2002年建成，在6 m的轨道上进行了各项测试(图1-4)。

1.1.3 国内中低速磁浮交通发展概况

相对于德国、日本等国家，我国的中低速磁浮交通发展起步较晚，但是通过几十年的攻坚克难，经历了样机研制、工程试验等阶段。

1) 原理样车阶段

1980年，国防科技大学研制了我国第一台小型磁浮试验装置，并于十年后实现了我国第一台小型磁浮原理样车。1992年，"磁浮列车关键技术研究"列入国家"八五"攻关计划。随后，国防科技大学在1995年推出了国内首个单转向架的载人磁浮试验系统。同期，西南交通大学于1994年成功研制了4个座位、自重4 t、悬浮高度8 mm、时速30 km的磁浮车和43 m轨道的载人磁浮车试验系统。

此后，中国铁道科学研究院联合中车长春轨道客车股份有限公司、中国科学院电工所等单位研制了结构速度100 km/h、额定气隙10 mm的6 t单转向架磁浮试验车，并在中科院环形段内的36 m试验线上进行了稳定悬浮和车载变频推进等几十项测试。该项成果于1998年通过了铁道部科技成果鉴定。1999年，国防科技大学和北京控股集团合作，开始推进中低速磁浮交通的产业化，并于2001年在长沙修建了第一条磁浮列车试验线，长度为204 m。2001年，西南交通大学开始在青城山建设一条全长420 m的中低速磁浮试验线，并于2006年成功实现联调(图1-5)。

早期各类试验车和试验线的研制、建设，开启了我国中低速磁浮发展的篇章，为我国中低速磁浮交通的工程化和应用奠定了重要的基础。

图1-5 西南交通大学青城山试验线样车

2) 工程化试验阶段

在完成中低速磁浮的初期探索之后，我国先后建设了三条工程化试验线，形成了中低速磁浮列车工程化试验示范和配套技术平台，通过大量的试验运行，积累了丰富的经验，为中低速磁浮的工程化应用提供了保障。

2007年，上海磁浮交通工程技术研究中心(现同济大学磁浮交通工程技术研究中心)与上海电气集团等单位合作，在上海建成1.7 km中低速磁浮列车工程化试验线并投入试验运行(图1-6)。该线路具备最小半径50 m平曲线、缓和曲线和70‰的坡度等线路条件,轨距为1900 mm。同时研制成功的3节编组磁浮列车在该试验线上达到了101 km/h的最高运行速度。通过上万千米的试验运行,验证了各项运行指标均符合城市轨道交通要求,接近工程应用水平。

图1-6 上海临港工程化中低速磁浮车辆

图1-7 北控磁浮工程化车辆

2008年,北京控股磁悬浮技术发展有限公司、国防科技大学和北车唐山机车车辆有限公司(现中车唐山机车车辆有限公司)等单位合作,在唐山建成了中低速磁浮试验基地,具备一条1.547 km长的中低速磁浮车工程化试验线。线路试验了由北控磁浮公司研制的多代磁浮车辆,累计安全运行里程逾十万千米,最高运行时速达到105 km(图1-7)。

株洲中低速磁浮试验线长1.57 km,于2012年由南车株洲电力机车公司(现中车株洲电力机车有限公司)、西南交通大学、同济大学等单位合作建成。该试验线的3节编组磁浮列车设计速度为100 km/h,且可进行多工况复合试验(图1-8)。通过数万千米的试跑以及一系列的型式、特性试验,我国掌握了中低速磁浮交通关键系统的维护技术,为磁浮列车的运营提供了良好的基础。

图1-8 中车株洲电力机车有限公司中低速磁浮工程化车辆

通过三条国产工程试验线的建设和试验验证,我国研制了一批核心部件和设备,形成了具有自主知识产权的中低速磁浮交通成套技术,培养了数百名磁浮关键技术研究人员,积累了丰富的中低速磁浮交通建设、运行、维修经验,为中低速磁浮交通的商业运营奠定了坚实的基础。

3) 商业示范运营阶段

目前,我国已建成或即将建成的商业运营线共有4条,分别是长沙磁浮快线(图1-9)、北京地铁S1线(图1-10)、清远磁浮旅游专线(图1-11)以及凤凰磁浮观光快线(图1-12)。

图 1-9 长沙磁浮快线列车

图 1-10 北京地铁 S1 线

图 1.11 清远磁浮旅游专线列车

图 1-12 凤凰磁浮观光快线列车

2014年5月,湖南省开始建设长沙机场至高铁站之间的中低速磁浮交通线路。长沙磁浮快线自长沙南站引出,直接接入黄花国际机场 T1、T2 航站楼间连廊。线路全长约 18.55 km,初期设高架车站 3 座,远期预留车站 2 座。在长沙南站北侧设车辆段一处,在车辆段内设置控制中心一座。长沙磁浮快线于 2016 年 5 月 6 日开通运营,是我国首条拥有完全自主知识产权的中低速磁浮商业运营线。

2011年2月,北京中低速磁浮交通示范线(S1 线)工程开工建设。S1 线规划起点为门头沟区石厂站,终点为海淀区慈寿寺站,全长约 19.9 km。S1 线西段工程西起门头沟区石厂站,东至石景山区苹果园站,线路全长 10.2 km,其中高架段 9.9 km,隧道段 0.3 km,列车设计时速 100 km。S1 线共设高架站 8 座,在石门营站北侧设车辆段一处,车辆段内设置备用控制中心一座,于 2017 年 12 月 30 日开通,是我国第二条中低速磁浮商业运营线。

2017年12月,清远磁浮旅游专线开工建设。专线起点为广清产业园东北部,终点为长隆华南虎种源基地,线路全长 38.5 km,设 12 站、1 处车辆段、1 处停车场,最高运行速度 120 km/h。专线分两期建设,首期设银盏、莲湖、长隆主题公园 3 座车站,线路全长 8.014 km,其中线桥梁长 6.97 km,隧道长 0.55 km,桥隧占比 93.8%。2020 年 12 月,清远磁浮旅游专线首列列车正式下线,计划 2023 年建成通车。

2019年8月开始建设的凤凰旅游磁浮项目是我国首个"磁浮＋文化＋旅游"项目。该项目共分三期：一期工程起始于张吉怀高铁凤凰站，终点为民俗园隧道口，全长9.12 km，设4站，设计时速为100 km；二期工程为民俗园隧道口至城东游客中心；三期工程从游客中心经饮马江熊猫主题乐园至张吉怀高铁凤凰站。该线路于2022年5月投入载客运营。

1.2 中低速磁浮交通技术特点

中低速磁浮交通是一种适用于中运量的新型轨道交通制式，采用"F轨常导电磁悬浮＋车载短定子直线电机驱动"技术模式，轨道和车辆采用"车包轨"的结构形式，其基本原理如图1-13所示。

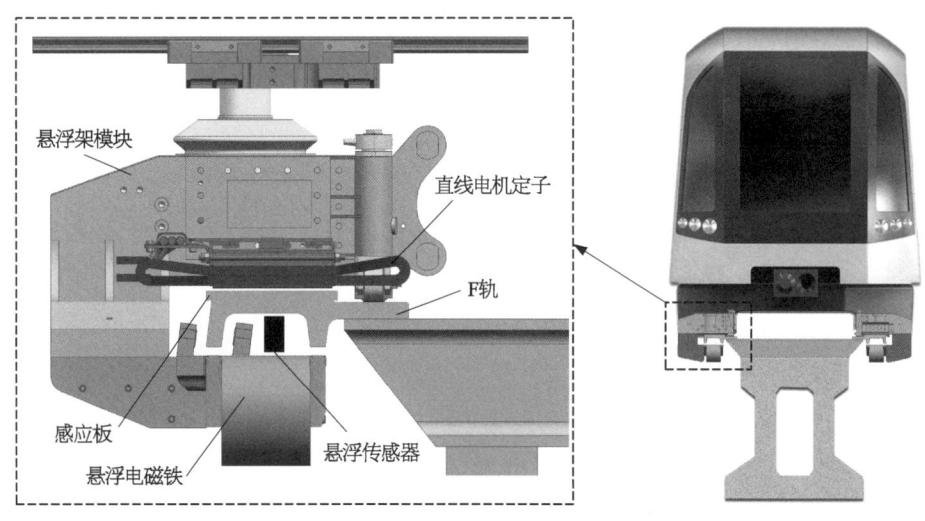

图1-13 中低速磁浮列车基本原理

1) 悬浮

如图1-13所示，安装在车辆悬浮架上的U形电磁铁通电后产生励磁电流，形成可控磁场，产生吸引F轨的电磁吸力，获得列车向上的支撑力。悬浮控制器根据悬浮传感器反馈的悬浮间隙值不断调整悬浮电磁铁电流的大小，从而不断调整电磁铁与F轨之间的电磁吸力，以保持电磁铁与F轨的间隙稳定，实现列车的稳定悬浮。

2) 驱动

直线电机的定子(线圈)安装在车上,转子(感应板)铺设在 F 轨上。线圈通入三相交流电时,就会产生气隙磁场。当三相电流随时间变化时,气隙磁场将沿定子做直线平移运动,即沿轨道方向产生移动的行波磁场。根据楞次定律可知,感应板切割气隙磁场(行波磁场)而产生感应电流;由安培定律可知,气隙磁场与感应板中的感应电流相互作用而产生连续的电磁力,最终推动定子(线圈)相对于转子(感应板)产生直线运行,从而推动列车向前运行(图 1 - 14)。

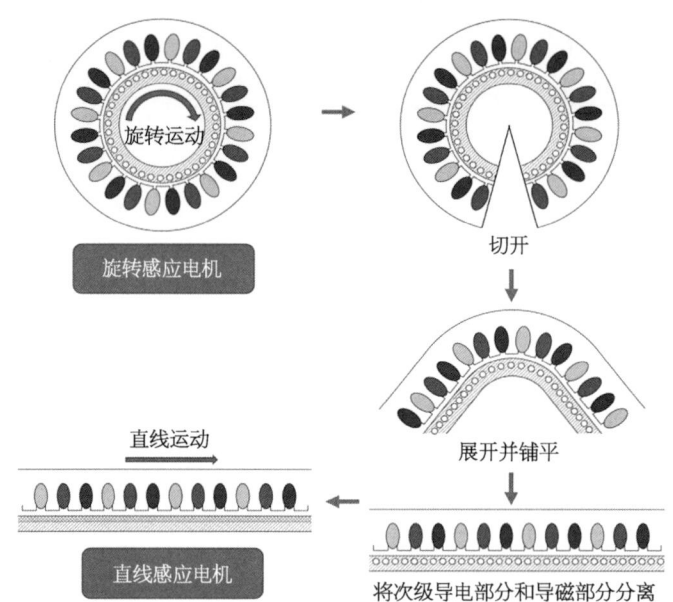

图 1 - 14　直线电机驱动原理

3) 导向

与轮轨车辆不同,中低速磁浮列车运行过程中产生左右偏离时,U 形电磁铁与 F 轨错位,利用 F 轨与 U 形电磁铁之间产生电磁吸力分解为垂向悬浮力和侧向导向力,保持列车悬浮和返回轨道中心线,如图 1 - 15 所示。

中低速磁浮交通因其特有的技术制式,具有以下优势:

(1) 低噪声、低振动、绿色环保。由于中低速磁浮车辆在运行时与轨道没有接触,避免了传统轨道车辆上的轮轨噪声和振动冲击,因此具有低噪声、低振动、平稳性好的特点,是一种绿色环保的交通制式。

(2) 选线灵活。由于中低速磁浮交通车辆使用直线感应电机牵引,牵引力不受轮轨黏着系数的限制,车辆爬坡能力更强,线路最大坡度可达 70‰,同时车辆能够通过的最小水平曲线半径为 75 m,具有较强的线路适应能力。

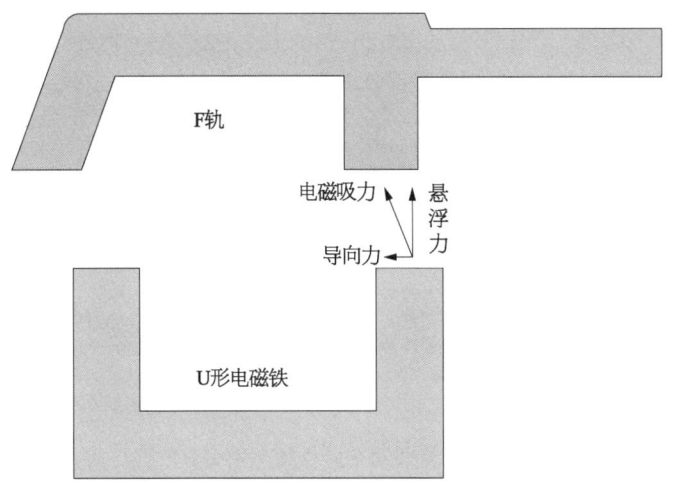

图 1-15 导向原理

（3）安全性高。车辆的悬浮架采用了"抱轨"式结构设计，因此列车不存在倾覆或脱轨的风险。车辆系统设计时考虑了各种紧急情况，即使线路意外断电，车辆依然能够保持稳定的悬浮状态并安全停车。

（4）全寿命周期成本低。中低速磁浮车辆的无接触运行让悬浮架和轨道结构得到简化，没有复杂的机械部件，同时避免了运行时的摩擦损耗，降低了整个系统的全寿命周期成本。

1.3 中低速磁浮交通系统组成

中低速磁浮交通系统主要由车辆、线路、供电、运行控制等子系统组成。本书重点对车辆进行介绍。车辆是中低速磁浮交通系统中的核心部分，与轮轨制式城市轨道交通车辆相比，中低速磁浮列车的专有系统主要包括悬浮架、悬浮系统、牵引系统、制动系统等（图 1-16）。

1) 悬浮架

悬浮架是磁浮车辆的走行机构，相当于传统轮轨车辆的转向架，是车辆实现悬浮、导向、牵引、制动等功能的执行部件。每节车辆的悬浮架由 4~5 个基本结构相同的悬浮架模块组成，每个悬浮架模块两侧安装了悬浮电磁铁、直线电机和制动夹钳。悬浮电磁铁用于车辆的悬浮和导向，直线电机用于车辆的牵引和电制动，制动夹钳用于车辆的机械制

| 悬浮架 | 牵引系统
（直线电机） | 制动系统
（夹钳装置） | 悬浮系统
（悬浮电磁铁） |

图 1-16　中低速磁浮交通车辆专有系统

动。多个悬浮架模块之间通过滑台连接，滑台与车体纵梁连接，滑台分为固定滑台和活动滑台，活动滑台设有线性轴承，车辆通过曲线时，悬浮架与车体能够通过线性轴承产生横向相对位移。

2) 悬浮系统

悬浮系统是磁浮列车的核心子系统，其功能是使车辆稳定悬浮在轨道上方，起到支撑和导向作用。中低速磁浮列车的悬浮制式采用的是常导电磁悬浮原理，每个悬浮架模块设置 4 个悬浮控制单元。每个悬浮控制单元由 1 个或 2 个悬浮控制器、1 台悬浮电磁铁和 1 个悬浮传感器组成。

悬浮电磁铁采用铝线绕制，通过电流后产生电磁吸力使车辆悬浮。悬浮电磁铁使用环氧树脂密封，具有良好的环境适应性。悬浮传感器利用电涡流技术，负责实时采集悬浮电磁铁和 F 轨之间的间隙，以及悬浮电磁铁的加速度，并将两种信号传输给悬浮控制器。悬浮控制器采用 H 形主电路，负责处理悬浮传感器的间隙和加速度信号，根据信号实时调节输出电流，使悬浮间隙保持在正常范围。

3) 牵引系统

牵引系统主电路主要由受流器、高压分线箱、高压电器柜、电抗器、牵引逆变器和直线电机组成。每节车均配置有 1 台牵引逆变器和 10 台直线电机，采用 5 串（相序交错）2 并的方式连接。牵引系统采用恒滑差频率的直接转矩控制方式，以避免法向力波动过大而影响悬浮控制的稳定性。列车电制动时，在高速范围内采用再生制动，在低速范围内采用反向制动。

4) 制动系统

中低速磁浮列车制动系统采用电制动与液压制动相结合的方式，优先采用电制动，制动力不足时由液压制动进行补充。液压制动系统主要由司机室操作部件、电子制动控制单元（EBCU）、电液控制单元（EHU）、主动液压夹钳组成，整列列车制动控制采用车控方式，每节车制动均配置 EBCU，通过硬线和 MVB 网络接收整车的制动指令，控制 EHU 实现电液混合控制功能。

中低速磁浮交通与地铁主要特点对比见表1-1。

表1-1 中低速磁浮交通与地铁主要特点对比

项 目	交 通 制 式	
	中低速磁浮交通	地 铁
适用范围	城市内部、城市群及旅游景点交通列车	城市公共交通的重要组成部分,服务于城市的主要交通走廊,是城市交通的骨干线路
最高运行速度/(km·h^{-1})	100~120	80~120
正线最小平曲线/m	R100	R350
最大坡度/‰	70	35
线路敷设方式	一般采用高架敷设方式	采用地下或高架敷设方式,工程量大,系统复杂,综合造价高
工程造价/(亿元·km^{-1})	2.0~2.5	5~7
车辆与轨道间作用	轨道均布载荷	轨道集中载荷
车辆支承导向方式	电磁吸力 导向力 导向 驱动 支承	轮轨 导向 驱动 支承
轨道类型		
道岔类型		
测速方式	涡流感应测速	霍尔传感器测速
供电方式	正负极受流器受流	受流器正极受流,轨道回流

1.4 中低速磁浮交通发展方向

随着科学技术的不断突破与进步，人类社会开始从信息化时代向智能化时代发展，对轨道交通也提出了智慧化运营的更高需求。中低速磁浮列车已经在智慧化方面进行了一些探索和实践，未来将进一步向高效节能、集约化、智能化、安全舒适和绿色环保等方面发展。具体体现在以下几个方面。

1) 运营速度

实现中低速磁浮列车的运营速度突破 160 km/h，进一步丰富完善中低速磁浮交通的产品谱系，为城市内、市域（郊）、城际等轨道交通的多制式高质量发展提供技术支撑。

2) 高效节能

开展高性能直线电机牵引控制技术、基于 SiC 功率器件的牵引变流设备和辅助功率电源的研究，提升牵引辅助系统的效能；持续推进车辆的轻量化设计，降低车辆的运行能耗。

3) 集约智能

开展车辆车载电网优化研究，提高车载电网的集成度；开展基于通信的列车运行控制（CBTC）、列车运行状态监视（TOSM）、列车视频监控（CCTV）、列车乘客信息（PIS）等系统车地通信综合承载研究，提高车地通信的及时性、抗干扰性和安全性；开展车辆控制网、维护网和子系统内部通信网等多网融合研究，降低车辆网络系统的复杂度，提高网络系统的实时性、可靠性和可维护性；基于当前的半自动列车的运行（GOA2）模式，开展更高自动化运行等级列车的研究，实现列车的全自动驾驶；智能运维的覆盖范围从车辆的关键系统拓展到全系统，实现车辆的"均衡修"。

4) 安全舒适

基于中低速磁浮列车的技术特点，开展与之相适应的制动模式及控制技术研究，提高列车制动的安全性；开展"车-轨-隧"耦合动力学研究，提升列车运行平稳性和空气动力学性能。

5) 绿色环保

从噪声源、噪声传播路径、吸声和隔声材料等方面开展噪声控制研究，进一步降低列车运行噪声。

第 2 章

中低速磁浮列车关键技术

与轮轨车辆相比，中低速磁浮列车在支撑、驱动、走行及车轨相互作用关系等方面存在较大差异。本章重点对电磁悬浮技术、直线电机驱动、走行机构、车轨耦合等关键技术的机理进行介绍。

2.1 电磁悬浮技术

2.1.1 悬浮传感器原理

悬浮传感器是中低速磁浮列车悬浮系统的重要组成部分。中低速磁浮列车每节车有20套悬浮控制回路，每套悬浮控制回路配备一个悬浮传感器。悬浮传感器实时检测悬浮间隙和悬浮加速度，并将这些信号反馈到悬浮控制单元。

1) 间隙检测原理

中低速磁浮列车运行时，车辆与轨道之间没有任何机械接触，这要求悬浮传感器的间隙测量方式必须是非接触的。同时，由于磁浮列车工作在地面开放式环境中，传感器必须能够适应复杂多变的环境。非接触式测量有几种方法：光电、红外、电涡流等。其中电涡流方式比较适合几毫米到几十毫米的测量范围，并且不受环境因素限制，不受天气和环境情况影响，在被测导体表面多尘、潮湿等情况下都可以正常工作，因此被中低速磁浮列车广泛采用。

电涡流位移传感器是电感式传感器的一种，它没有封闭的磁路，电磁场是面向被测导体半开放的。交流信号源通过检测线圈发射到空间中，被测导体受该磁场影响，在导体中产生涡流，涡流大小与被测导体的物理特性、几何尺寸以及检测线圈之间的间隙有关。涡流在被测导体中存在趋肤效应，趋肤深度与激励频率有关。根据激励频率大小，电涡流位移传感器又分为低频透射式和高频反射式，前者主要用于厚度检测，后者用途更为广泛，中低速磁浮列车一般采用后者。

检测高频信号源产生的高频电压施加到一个靠近金属导体附近的电感线圈时，将产生高频磁场。如被测导体置于该交变磁场范围之内时，被测导体就产生电涡流 i_1。i_1 在金属导体的纵深方向并不是均匀分布的，而只集中在金属导体的表面（趋肤效应）。涡流磁场与线圈磁场方向相反，导致线圈等效电感变化，且等效电感与间隙为一一对应关系。随着间隙发生变化，检测线圈输出电量发生变化，经检波、滤波和信号处理后得到传感器的输出。

2) 加速度检测原理

加速度计是一种惯性传感器，能够测量物体的加速力。加速力就是当物体在加速过程中作用在物体上的力，好比地球引力，也就是重力。

微电子机械系统（micro electro mechanical systems，MEMS）加速度计就是使用MEMS技术制造的加速度计。由于采用了微机电系统技术，使得其尺寸大大缩小，一个MEMS加速度计边长只有几毫米。MEMS加速度计具有体积小、重量轻、能耗低等优点。

技术成熟的MEMS加速度计主要分为五种：压阻式、压电式、容感式、热感式和谐振式。压阻式加速度计利用微型结构中的压阻元件来测量加速度，当受到外部加速度作用时，微型结构中的质量块会发生位移，从而改变电容器的电容值，进而反映出加速度的变化；压电式加速度计运用的是压电效应，在其内部有一个刚体支撑的质量块，有运动的情况下质量块会产生压力，刚体产生应变，把加速度转变成电信号输出；容感式加速度计内部也存在一个质量块，从单个单元来看，它是标准的平板电容器，加速度的变化带动活动质量块的移动，从而改变平板电容两极的间距和正对面积，通过测量电容变化量来计算加速度；热感式加速度计内部没有任何质量块，它的中央有一个加热体，周边是温度传感器，里面是密闭的气腔，工作时在加热体的作用下，气体在内部形成一个热气团，热气团的比重和周围的冷气是有差异的，通过惯性热气团的移动形成的热场变化让感应器感应到加速度值；谐振式加速度计利用微型结构中的谐振元件来测量加速度，当受到外部加速度作用时，谐振元件的振动频率会发生变化，通过测量谐振频率的变化得知加速度的大小。

由于谐振式加速度计是基于微型谐振结构的振动频率变化来测量加速度的，这种结构的加速度计只能感应到"动态"加速度，而不能感应到"静态"加速度，也就是一般所说的重力加速度；而其他几种加速度计既能感应"动态"加速度，又能感应"静态"加速度。中低速磁浮列车一般采用MEMS压阻式加速度计。

3）传感器发展状况

在长沙磁浮快线建设之前，使用的传感器在技术上还有两大缺陷：冗余性能不足和相邻同频率的传感器之间有干扰。但经过科研人员的不懈努力，目前应用于磁浮商业运营线的新型传感器解决了这两大缺陷。

中低速悬浮传感器一般都包含3路间隙信号和2路加速度信号输出。但根据悬浮控制算法需要，悬浮传感器至少保证2路准确的间隙信号和1路准确的加速度信号才能保证稳定悬浮。现有的悬浮传感器，当任一路间隙感应线圈出现故障时，在磁浮列车经过接轨缝时，悬浮控制器可能无法判断正确的悬浮间隙。而且采用单路电源供电，当供电电源失效时，悬浮传感器将没有信号输出，这将导致传感器无法准确输出数据，进而影响悬浮系统。经过研制与改进，在不改变传感器尺寸的情况下，悬浮传感器输入2路独立电源，输出4路间隙、3路加速度，大大提升了传感器的冗余性能。

中低速悬浮传感器另一个技术不足是相邻同频率的传感器之间有干扰。中低速磁浮列车现在均采用成对布置安装方法，即相邻安装的传感器频率不同，这样可以有效避免干扰,但会给用户带来安装不便、备品备件多、维护成本高等问题。通过研究和测试,发现传感器间隙测量感应线圈距离越近,干扰越强,故应将相邻传感器的线圈尽量远离。所以在单个传感器内,将间隙测量感应线圈两两叠加(图2-1),这样相邻传感器间隙感应线圈的距离加长,可以有效避免相邻传感器之间的干扰,从而减少备品备件数量,大大降低维护成本。

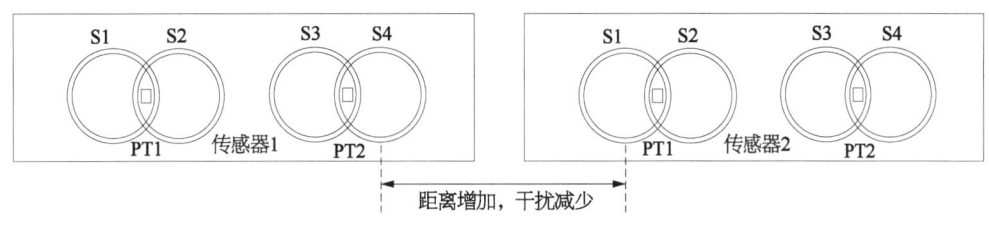

图 2-1　间隙线圈布置位置图

2.1.2　悬浮控制技术

中低速磁浮列车悬浮系统主要包括悬浮传感器、悬浮电磁铁与悬浮控制器,如图2-2所示。

悬浮控制器是磁浮列车的核心部件之一,其主要功能为接收磁浮列车悬浮传感器的间隙信号和垂向加速度信号,并根据间隙信号和加速度信号,以一定的控制算法,实时计算和调节悬浮电磁铁的电流,使电磁铁与F轨之间的距离保持在额定的悬浮间隙。

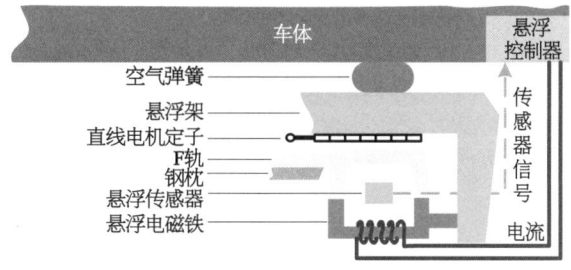

图 2-2　中低速磁浮列车悬浮系统示意图

悬浮控制器的主电路通常称为悬浮斩波器,它是电磁悬浮系统中的功率控制部分。悬浮斩波器本质是一种DC/DC变换器,它能够按照输入的控制指令输出合适的脉冲宽度调制(pulse width modulation,PWM)电压,使电磁铁得到一个合适的电流值,从而调节电磁铁吸力的大小。

悬浮斩波器主要由开关阵列、驱动电路和保护电路等组成,其中开关阵列是悬浮斩波器的核心。开关阵列一般由功率开关器件和续流二极管根据不同的拓扑组合而成。中低速磁浮列车悬浮控制器主电路采用H形两象限斩波器结构,功率开关器件选用IGBT元件。图2-3为中低速磁浮列车悬浮控制器斩波器主电路原理图。

悬浮系统本身是一个不稳定系统,为了保持系统稳定,电磁铁电流需要不断快速调

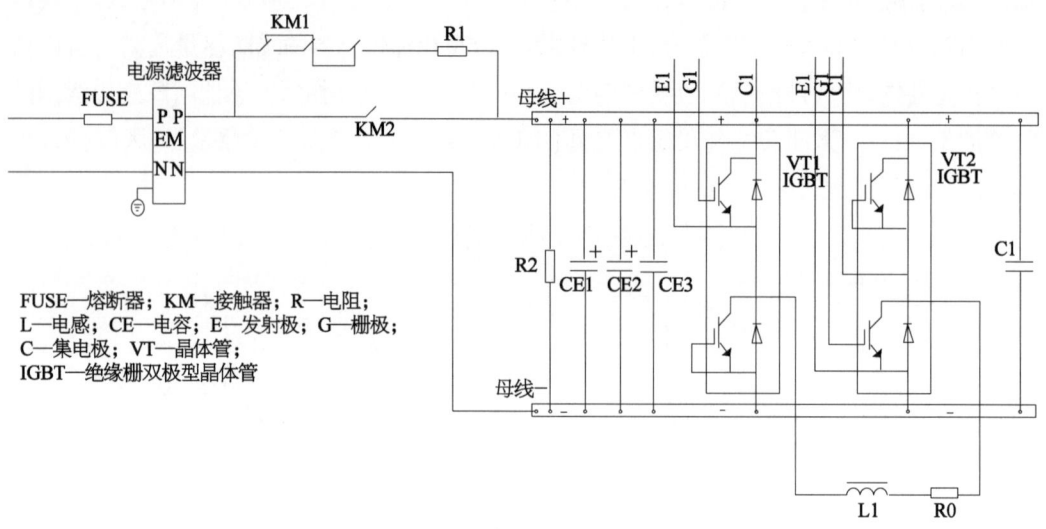

图 2-3 悬浮控制器主电路原理图

节,尤其当系统受到干扰时,电磁铁的调节速度要求更高,所以悬浮斩波器须有很快的电流调节性能。同时,悬浮斩波器必须具有较高的输出精度和稳定度,才能保证悬浮间隙的稳定度和精度。

悬浮斩波器输入电压为 DC 330 V,输入电压对于电流响应速度来说越高越好,但是高电压会造成开关管器件的应力增大,中间支撑电容的耐压值增加。所以该电压受到器件等情况的限制,应根据实际情况在满足实际需要的电流响应速度下,选择较低的电压。

中低速磁浮列车悬浮控制器的悬浮斩波器最大输出电流设计为 120 A,该最大电流值通常由悬浮电磁铁所需要提供的最大电磁力和此时的气隙值决定。悬浮斩波器的负载是悬浮电磁铁,它是一个很大的电感,电感量可以达到亨级水平,在悬浮力快速调节时,流过负载的电流变化率感生出来的电动势会很高,悬浮斩波器必须能够承受这一反电势。

悬浮控制器的控制电路功能是实现悬浮传感器信号的接收、滤波、悬浮控制算法以及主电路控制信号和斩波器 PWM 波的产生。

目前,中低速磁浮列车悬浮控制器的控制电路多采用"微控制单元(microcontroller unit,MCU)+现场可编程门阵列(field programmable gate array,FPGA)"结构的数字硬件电路系统,其中 MCU 一般采用进阶精简指令集机器(advanced RISC machine,ARM)或数字信号处理器(digital signal processing,DSP)芯片。FPGA 通过 RS-485 总线接收间隙传感器数据和加速度传感器数据,传感器信号进入 FPGA 后,进行间隙信号和加速度信号的解码和滤波处理,并通过 FPGA 和 MCU 之间的串行或并行数据传输接口,传输给 MCU 进行控制。同时,FPGA 驱动 A/D 芯片,将电压传感器、电流传感器等模拟信号通过 A/D 采样转化为数字信号。

MCU 根据间隙传感器信号、加速度传感器信号、电流信号、电压信号等,采用一定的控制算法进行运算,产生 PWM 信号输出给 FPGA,由 FPGA 根据悬浮控制器状态判断输出 PWM 驱动信号,驱动斩波器产生电磁铁控制电流。主电路的接触器控制信号、起浮/降落控制信号等也通过 FPGA 控制输出。

此外,由 MCU 产生和控制两路 CAN 总线控制器,分别作为 CAN 总线调试网和 CAN 总线诊断网与上位机软件或列车网络进行通信。中低速磁浮列车悬浮控制器的控制电路原理如图 2-4 所示。

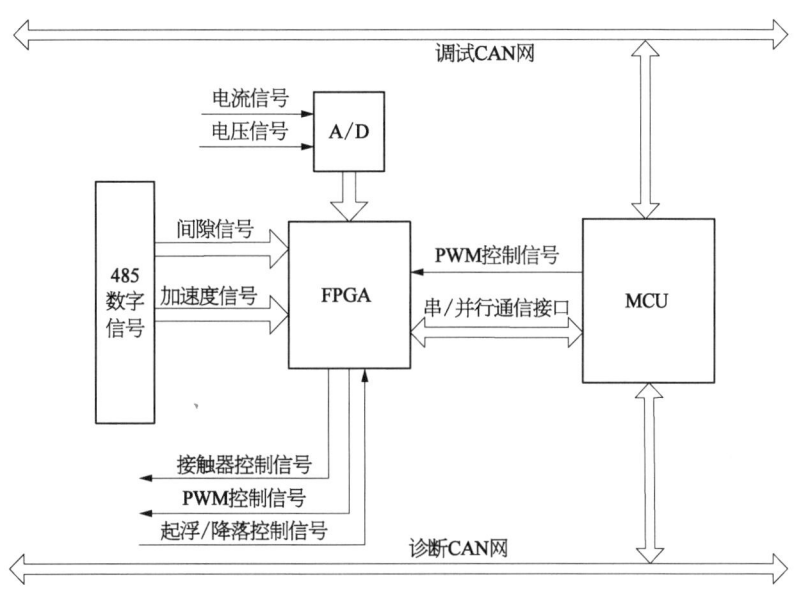

图 2-4 悬浮控制器控制电路原理框图

2.1.2.1 悬浮原理

中低速磁浮列车通过电磁铁和轨道之间的吸引力来实现悬浮和导向。当电磁铁通电后与导磁钢轨之间产生吸力,将磁浮列车向上吸起,悬浮于轨道之上。

如图 2-5a 所示,F 轨铺设于线路两侧,带有常导线圈的电磁铁相应地位于车辆的两侧,电磁铁与 F 轨经过两个 8~12 mm 气隙,形成闭合磁路。当线圈中通过直流电流时产生磁通沿上述磁路闭合,从而在两个气隙中产生磁吸力,磁吸力与车辆重力达到平衡时就可使车辆悬浮。

电磁吸力的计算公式为

$$F_m = \frac{\left(\mu_0 \dfrac{NI}{z}\right)^2 \times A}{2\mu_0} \tag{2-1}$$

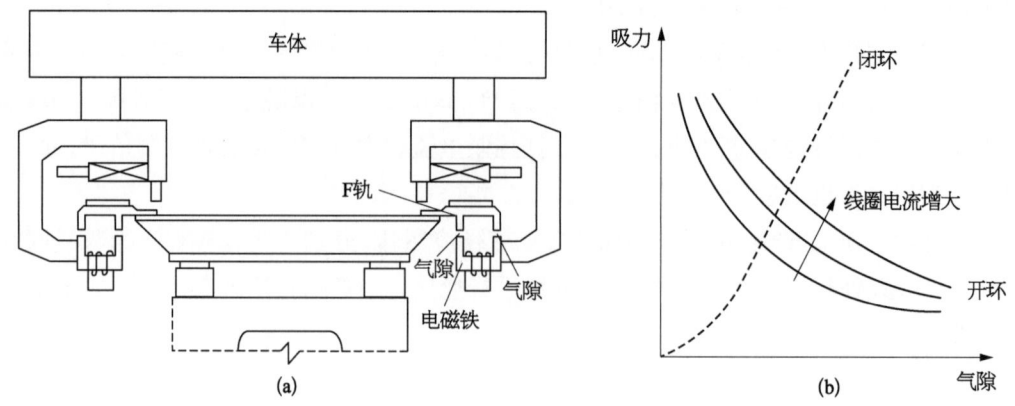

图 2-5 直流电磁铁电磁悬浮原理

式中 A——电磁铁极面积；

N——电磁铁绕组匝数；

μ_0——空气磁导率；

z——电磁铁与铁轨之间的间隙；

I——电磁铁电流。

可以发现，电磁吸力与悬浮间隙 z 的平方成反比，和电流 I 的平方成正比。当电磁铁通过的电流一定时，悬浮间隙越小，吸力越大，吸力足够大时将导致电磁铁吸死在钢轨上；若悬浮间隙越大，吸力则越小，吸力小到不足以承载列车重量时将导致列车掉落，砸到轨道上，如图 2-5b 中开环所示。因此，根据悬浮体的位置调节电磁铁中的电流大小，来达到悬浮体的位置随着电磁力的变化而保持一定范围内稳定的目的。

中低速磁浮列车的悬浮、导向是合二为一的系统，其导向力也是由上述同一闭合磁路产生。垂直悬浮力和导向力是合二为一的，原因是图 2-6 中气隙内磁通产生的电磁力是力图保持图中上下两个铁心的对中位置，即磁阻最小的位置。在通过曲线时，由于离心力的作用使车辆横向移动，气隙内磁力线受到扭曲就会形成横向电磁分力。只要设计适当，在列车过弯道时，选择合理的线路超高和横向电磁力的大小，导向力就可以与离心力平衡。

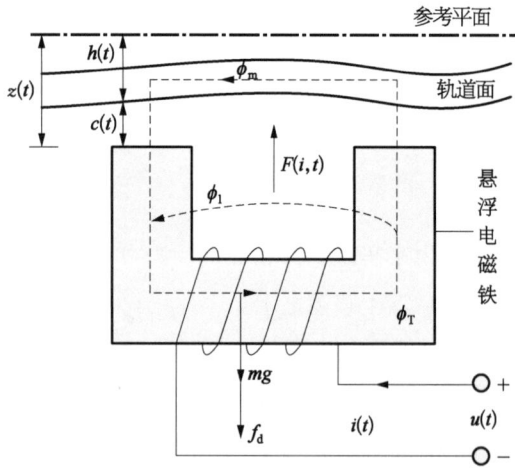

$c(t)$—气隙；ϕ_l—漏磁通；ϕ_m—气隙磁通；ϕ_T—主极磁通；f_d—外界干扰量；mg—电磁铁所受重力；$u(t)$—t 时刻电磁铁电压；$i(t)$—t 时刻电磁铁电流；$F(i,t)$—t 时刻瞬时吸引力；$h(t)$—导轨表面绝对距离；$z(t)$—磁极表面绝对距离

图 2-6 单电磁铁悬浮系统示意图

2.1.2.2 线性悬浮控制算法

悬浮控制算法是悬浮系统的关键技术之一,直接影响悬浮系统的静态和动态表现。目前的悬浮控制方法主要分为线性控制方法和非线性控制方法,主要区别在于控制器设计和稳定性分析时是否对数学模型进行线性化近似处理。

线性控制方法的主要特点是将悬浮系统的非线性模型在平衡点附近进行线性近似,基于线性数学模型进行控制算法的设计或稳定性分析。线性控制方法主要分为PID控制方法和状态反馈控制方法。

1) PID控制方法

PID控制器主要用于线性系统控制器,输入给定值与实际输出值间的控制偏差,将控制偏差的比例、积分和微分线性组合构成控制器,输出控制量,调整悬浮间隙到目标值(图2-7)。

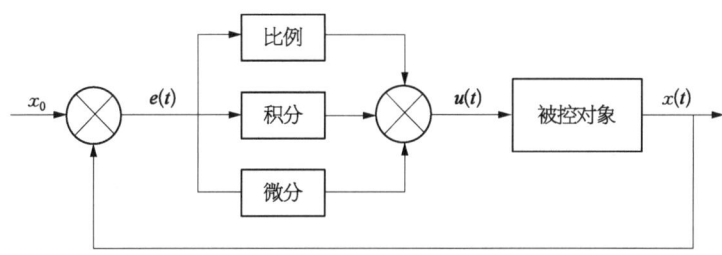

图2-7 PID控制系统框图

在悬浮控制器中,将电磁铁模块与轨道间的距离通过间隙传感器得到的信号气隙$x(t)$,与给定目标值$x_0(t)$之间的控制偏差$e(t)$,作为PID控制器的输入,输出电流信号以控制悬浮力,达到对悬浮间隙的控制(图2-8)。

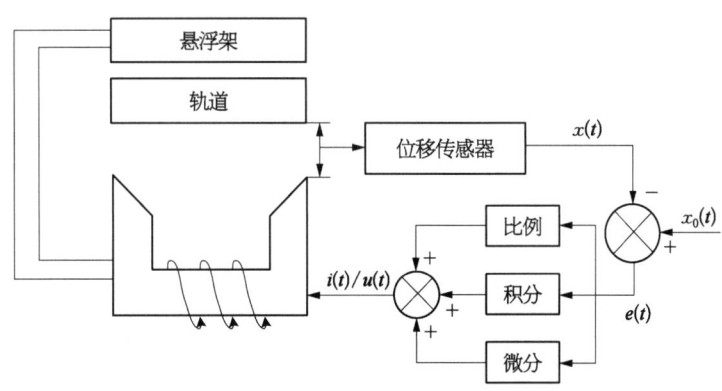

图2-8 磁浮PID控制

(1) 模拟 PID。PID 控制器在时域的输入输出关系为

$$u(t) = K_p \left[e(t) + \frac{1}{\tau_i} \int_0^t e(t) \mathrm{d}t + \tau_d \frac{\mathrm{d}e(t)}{\mathrm{d}t} \right] \quad (2-2)$$

传递函数为

$$G_c(s) = \frac{U(s)}{E(s)} = K_p \left(1 + \frac{1}{\tau_i s} + \tau_d s \right) \quad (2-3)$$

式中　$u(t)$——控制量;

　　　$e(t)$——控制误差;

　　　K_p——比例系数,主要影响系统的响应速度,比例系数越大,系统响应越快,比例系数减小,响应速度变慢,但比例系数过大会导致较大的超调;

　　　τ_i——积分时间常数,主要影响稳态精度,调节积分时间常数可以消除静态误差,但不当的积分时间常数会导致积分饱和或较大的超调;

　　　τ_d——微分时间常数,主要影响系统的动态性能,可以减小超调量,但微分时间常数过大会导致系统调节时间过长。

(2) 数字 PID 控制(图 2-9)。使用计算机实现 PID 算法,必须先进行离散化。依照上述模拟 PID 控制算法,用采样时间点 kT 代替连续时间 t,用矩形法数值积分替代积分,以一阶差分代替微分,得到离散 PID 表达式:

$$u(k) = K_p e(k) + K_i \sum_{j=0}^{k} e(j) + K_d [e(k) - e(k-1)] \quad (2-4)$$

其中,$K_i = K_p T / \tau_i$,$K_d = K_p \tau_d / T$。

式中　T——采样周期;

　　　$e(k)$——第 k 个采样点的偏差信号。

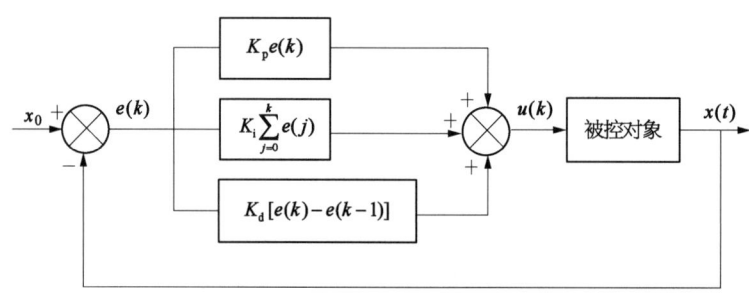

图 2-9　数字 PID 控制框图

(3) PID 参数整定。PID 控制器的参数整定即选择 K_p、K_i 与 K_d 的值,使控制系统输出逼近目标值。磁浮控制中调整 PID 参数一般采用 Ziegler-Nichols 参数整定法,即

首先将积分增益 K_i、微分增益 K_d 设置为 0，逐步增大比例增益 K_p，直到控制器输出以恒值震荡，然后采用先微分、后积分的反复调整法。PID 控制的局限性在于对于不同控制对象需要不同的参数，且参数的整定并不方便，抗干扰能力较差。

2）带有观测器的状态反馈控制方法

(1) 基本原理。状态观测器的建立能够为不能直接量测的状态反馈提供条件。该系统的主要构成是原受控系统、观测器和状态反馈两个子系统，用观测器的估计状态实现反馈。系统的结构原理如图 2-10 所示。

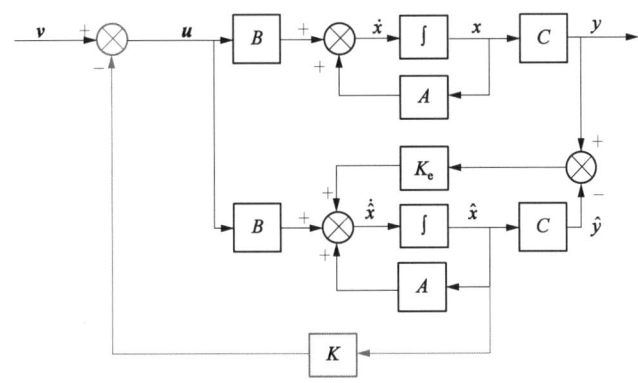

图 2-10 带有观测器的状态反馈系统结构图

(2) 状态观测器。前面介绍了多种状态量的反馈，但在实际控制系统中，往往只能用传感器检测气隙和加速度，而速度信号包括绝对量和相对量两部分，一般不能直接测得。对于简单的反馈控制，速度信号可以通过对加速度积分和对气隙微分得到。而对于精确反馈，由于积分控制受积分常数的影响过大容易出现超调现象，而微分控制使得控制器对噪声干扰敏感，易出现反馈滞后现象，因此使用状态观测器就能够通过直接测量到的气隙信号和加速度信号这两个状态变量对速度信号状态变量进行状态重构。

观测器的功能是利用原系统的输出 y 和观测器的相应变量 $\hat{y}=C\hat{x}$ 之间的差值信号作为反馈信号，送入观测器中积分器的输入端，以消除状态变量的观测误差 $\tilde{x}(t)$，实现对原状态信号 $x(t)$ 的重构。

控制环节如图 2-11 所示。用传感器测量出电磁铁的绝对加速度 $\ddot{z}$ 和电磁铁相对于悬浮面的气隙 c，再将气隙、加速度通过低通和高通滤波后，与实际气隙值经低通滤波后和磁铁处平衡气隙值的差值一起作为输入量进入观测器，然后把气隙变化 Δc、构造速度状态量和电磁铁垂向加速度经增益反馈回来，与平衡点电流 i_0 叠加作为励磁电流 i。最后，由控制器根据励磁电流 i 让悬浮间隙 c 和电磁力常数 K_f 产生电磁吸引力 F_m，使系统平衡。

然而，悬浮系统状态在实际中不能一直保持在平衡点处，即不能保证线性化处理的前提。当悬浮系统遭受到很大干扰或系统参数发生较大变化时，系统状态（如间隙）将偏离

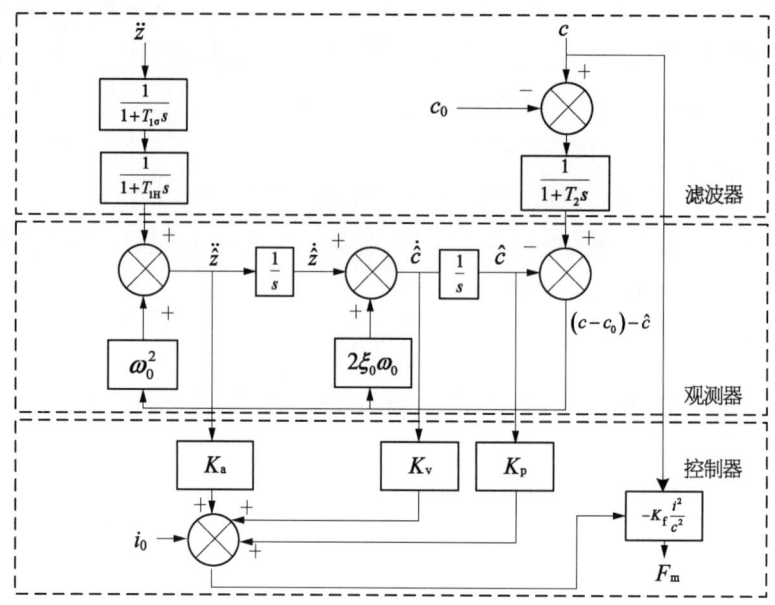

图 2-11　悬浮系统控制框图

平衡点，导致上述线性控制方法性能得不到充分保证。在工程实际中，这些传统的控制算法方便实际调试，控制参数的作用机理明确，但参数的稳定范围较难获取且控制参数间的耦合影响大，特别是在有干扰情况下容易发生失稳/打轨现象。

2.2　短定子直线电机牵引技术

2.2.1　短定子直线电机结构与电磁特性

1) 直线电机的基本原理

在一个单相线圈中通过直流电流时，磁动势波形是矩形波，如图 2-12 所示。

磁动势 $F(x)$ 可以表达为

$$F(x) = \sum_{n=1,3,5,\cdots}^{\infty} F_n \cos nx \tag{2-5}$$

式中　n——谐波次数。

磁动势的单位是 AT。磁动势的基波分量（$n=1$）在空间按正弦规律分布。

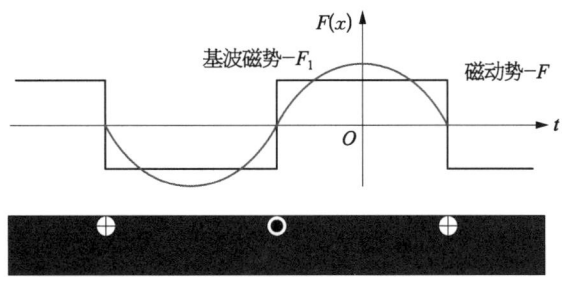

图 2-12 绕组通直流电流时的磁动势波形

当绕组中通正弦交流电流时,磁动势 $F(x,t)$ 为

$$F(x,t)=\sum_{n=1}^{\infty}F_n\cos nx\sin\omega t \quad (2-6)$$

基波磁动势 $F_1(x,t)$ 为

$$F_1(x,t)=F_1\cos x\sin\omega t \quad (2-7)$$

它是一个在空间按正弦规律分布,同时随时间做正弦变化的磁动势,称为"脉振磁动势"。在旋转电机中,三相对称绕组通过三相对称电流即产生"旋转"磁动势或旋转磁场。与旋转电机类似,直线电机的三相对称绕组通过三相对称电流,将产生"行波"磁场,即

$$F_1(x,t)=F_{1m}\cos\left(\omega t-\frac{\pi}{\tau}x\right) \quad (2-8)$$

式中 F_{1m}——磁动势基波幅值;
    ω——电机输入电流角频率;
    τ——电机极距(m)。

式(2-8)表明,在固定的位置 x,磁势大小随时间正弦变化,磁场脉振。而在某个时刻 t,磁势在 x 轴上按正弦规律分布。当时间变化时,例如 ωt 从 0 变到 $\pi/2$ 时,余弦分布的磁势将沿 x 轴正向移动 1/4 周期,如图 2-13 所示。正弦波磁动势随时间沿 x 轴平移

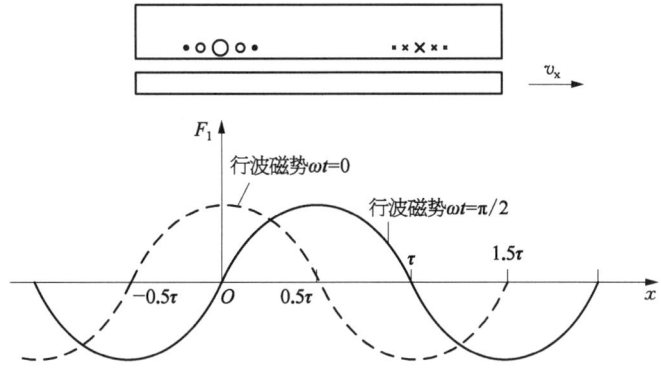

图 2-13 行波磁势示意图

$F_1(x,t)$ 称"行波"磁动势。

设旋转电机的极对数为 p，极距为 τ，则初级圆周长度为 $2p\tau$。将其展开为直线电机后，行波磁场在一个周期 $1/f$ 的时间内平移了一对极的长度 2τ。行波磁场的平移速度 v_s（也称步速度，单位是 m/s）为

$$v_s = 2f\tau \quad (2-9)$$

式中　f——初级电流频率。

与旋转电机不同，直线电机的同步速度取决于输入电流的频率和极距，与电机的极对数无关。

2) 直线感应电机的原理

假定直线感应电机的次级为栅形结构，在图 2-14 中仅画出了其中一根导条。当电机工作时，气隙行波磁场平移，切割次级导条并在其中感应电势和产生电流。导条中的电流与气隙行波磁场相互作用产生电磁推力。如果初级固定不动，次级就在电磁推力的作用下沿着行波磁场运动的方向做直线运动。

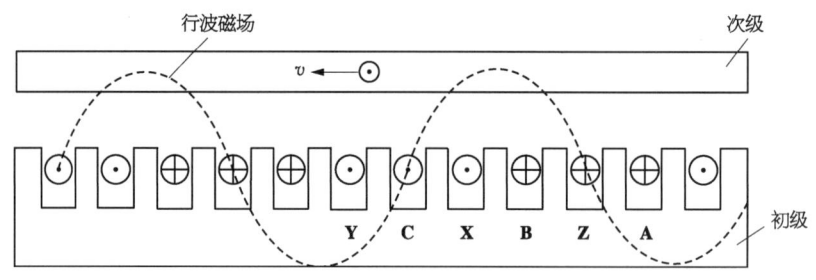

图 2-14　直线感应电机的原理

设行波磁场移动的速度为 v_s，直线电机次级移动的速度为 $v(v \leqslant v_s)$，滑差率 s 为

$$s = \frac{v_s - v}{v_s} \quad (2-10)$$

当 $v = v_s$ 时，电机次级以同步速度运行，行波磁场不切割次级导条，直线电机不产生电磁推力。当 $v = 0$ 时，电机处于静止状态，行波磁场切割次级导条的速度最大。在电动机状态下，直线感应电机的滑差率 s 在 0~1 变化，其工作原理与旋转感应电机相同。

当电机次级为金属板时，可将金属板看成若干根平行导条的并联，上述结论仍然成立。

3) 短定子直线电机结构

中低速磁浮列车牵引系统一般采用单边短定子直线感应电机驱动，电机初级定子安装在列车上，以约 4 mm 的铝板和钢板组成的复合轨道作为次级。直线感应电机初级铁

心由硅钢片叠压而成,其长度设计通常限定在 2 m 左右。初级铁心越长,布置电机极数则可以越多,更有利于减小直线感应电机端部效应影响。但直线电机过长的设计必然会使初级电阻、漏电抗增大,电机整体重量增加,对悬浮模块悬浮能力的要求必然提高。目前已成功研发运用的磁浮列车用直线感应电机中,日本磁浮列车用直线电机长 1.8 m,8 极;中车株机磁浮列车用直线电机长度设计限制于 2 m 内,采用 8 极设计,电机极距有一定自由量,若采用 9 极设计,电机极距减小,电机齿宽减小,等效气隙增大,额定频率增高,影响直线电机的品质因数,电机的制造和性能也不理想。介于各种因素及条件限制,中车株机磁浮列车用短定子直线感应电机设计参数为:长 1.82 m,8 极,极距 0.202 5 m。槽深和槽宽是一组相对变动的设计量,在槽距固定的条件下,槽宽则齿窄。为减小槽漏电感,槽越浅越好,但由于绕组的制约,槽越浅就越宽,齿就越窄。当齿宽过小时,等效气隙会变大,漏感也会增大。在制造可行性的基础上,电机齿宽为 1/3 齿距最为合适。直线感应电机初级线圈采用铝成型线以减轻电机重量,绕组每相串联匝数 72,保证在较大的滑差频率条件下,电机电流可以达到最大值。次级反应板为铝板和钢板的混合板,其宽度与初级铁心迭片厚度相同,均为 0.22 m。短定子直线感应电机结构如图 2-15 所示。

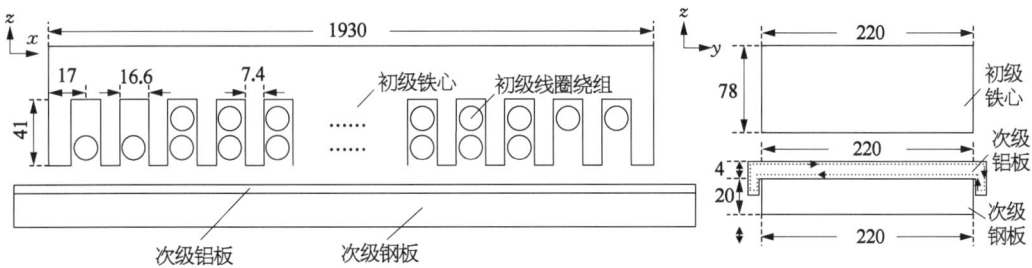

图 2-15 中低速磁浮列车用单边短定子直线感应电机结构图(单位:mm)

4) 短定子直线电机电磁特性

图 2-16 为短定子直线感应电机电磁推力曲线图。初级电流恒定时,电机启动电磁推力随着初级频率的升高而逐渐减小。初级频率较小时,电机电磁推力随着滑差率的减小而迅速减小;初级频率较大时,电机电磁推力先增至最大值,然后随着滑差率的减小而迅速减小。由于第二类纵向边端效应引起的入端效应波削弱了气隙主磁场,最大推力随着次级速度的增大而减小;次级速度越大,入端效应波透入深度越深,对气隙主磁场的削弱影响就越强,从而使得最大电磁推力越来越小。

图 2-17 显示了不同滑差频率下的电机推力波形曲线图。可以看出,高滑差频率曲线负斜率较小,低滑差频率曲线负斜率较大。滑差频率为 6 Hz 或 8 Hz 时,电机的启动电磁推力较大,电磁推力随着次级速度的增大而减小得最快;滑差频率在 10~15 Hz 范围内,电机的启动电磁推力较小,电磁推力随着次级速度的增大而减小得较缓慢。

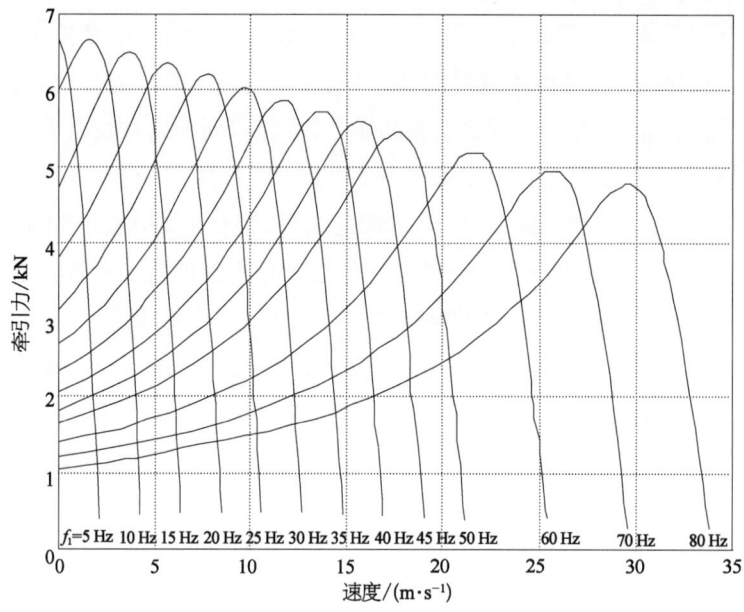

图 2‑16 短定子直线感应电机电磁推力曲线图

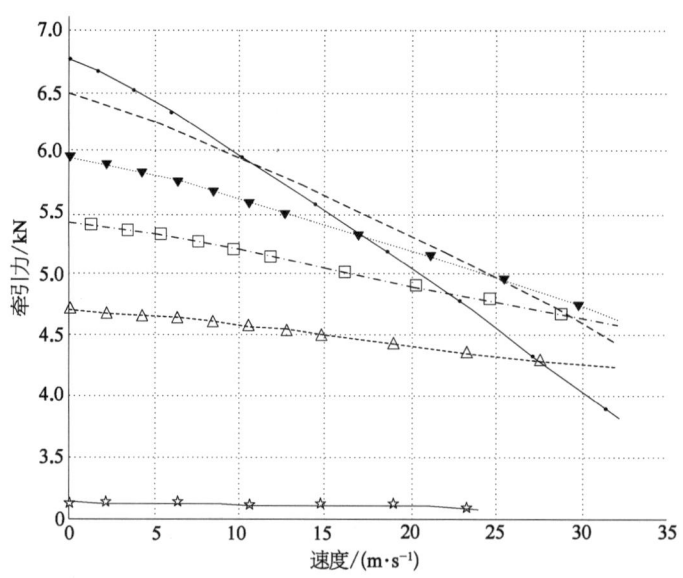

图 2‑17 短定子直线感应电机不同滑差频率下的电磁推力曲线图

在中低速磁浮驱动控制中,一般采用恒定滑差频率控制方式,因此其滑差频率值的选择显得尤为重要。在悬浮系统能承受的范围内,尽量使直线电机发挥出来的电磁推力越大且衰减越缓慢,则越好。在直线电机轮轨列车驱动控制中,由于没有悬浮系统的影响,对于滑差频率的选取可进一步降低要求,使直线电机电磁推力发挥出最佳性能。

2.2.2 牵引主电路

图 2-18 为长沙磁浮快线列车牵引驱动系统的系统结构图,可以看出从牵引接触网至驱动电机主要包括高压柜和逆变柜两个子系统,且牵引逆变器采用两电平全桥拓扑结构。

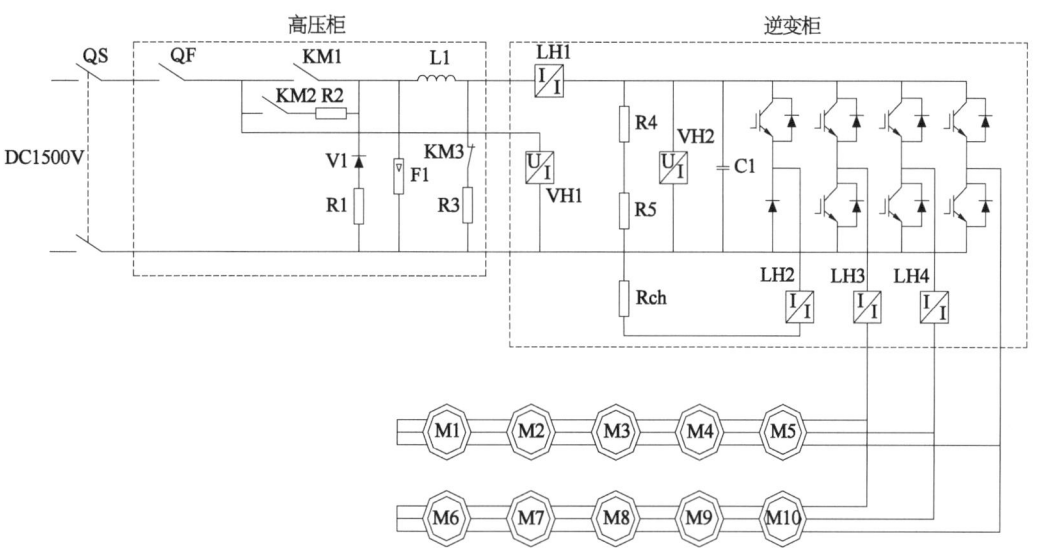

图 2-18 中低速磁浮列车牵引驱动系统

牵引逆变器作为整个交传系统的重要组成部分,它的基本功能是把从供电电网获得的直流电压变换成频率和幅值都可调的三相交流电压,给三相直线感应牵引电动机供电。根据中间储能元件的不同来分类,逆变器可分为电压型逆变器和电流型逆变器。目前,交流牵引多采用电压型逆变器,以下所指的牵引逆变器均指直-交变换电压型逆变器。当前牵引逆变器中开关器件以 IGBT 为主。如图 2-18 所示,中低速磁浮列车牵引逆变器采用 DC 1 500 V 供电,每辆动车上配置一台牵引逆变器,为 10 台直线牵引电动机提供三相 VVVF 电源。

牵引逆变器的核心部件为变流器模块,该变流器模块集成了逆变器的主要功能单元,分为控制组件和元件组件两大部分,可以较方便地从逆变器的侧面抽出,确保能在车辆底下极为有限的空间内较方便地对逆变器进行维护。

变流器模块集成了 8 个 IGBT 元件,作为三相逆变器的三相桥臂及制动桥臂。另外,模块还包括了热管散热器、温度传感器、门控单元、门控电源、脉冲分配、支撑电容器,达到很高程度的模块化和通用化。模块上 IGBT 元件之间以及与支撑电容的连接使用了低感母排(busbar),减少了线路上的杂散电感,省掉了吸收电路,使电路更为简洁可靠。模块上散热器采用了热管散热技术,使系统更简洁,且无环境污染。

逆变器由单片机和数字处理器(digital signal processing，DSP)组成的一个多处理器的驱动控制单元(drive control unit，DCU)控制，采用"恒定滑差频率控制"和"交流传动模块化设计"硬件，实现完全微机化、数字化的实时控制。借用微机自动化系统(microcomputer automation system，MICAS)中网卡板，对外连接多功能车辆总线(multifunction vehicle bus，MVB)，与中央控制单元(central control unit，CCU)联系起来，形成控制与通信系统。DCU内部则构成并行ASM总线和串行RS-485总线，实现网络化、信息化控制。脉冲分配单元和IGBT门控单元间的触发和反馈信号采用光纤传输，有极高的抗干扰能力和电隔离作用。逆变器设置了全面而有效的故障保护功能、模块级的故障诊断功能和一定程度的容错功能。

2.2.3 牵引控制技术

在中低速磁浮列车电力牵引中，牵引运行至少可以分为两个运行调节区，即起动加速区和恒压运行区。与传统轮轨机车不同，直线感应电机驱动的磁浮列车不存在黏着限制的问题。为了使列车尽快地起动和加速，在此运行区应当输出尽量大的恒定牵引力，显然电机必须恒磁通运行，这就需要通过控制电机的电流和滑差频率来实现。受逆变器输出电压限制，当电机端电机达到最大值后就进入恒压运行区。通过控制滑差频率为"临界滑差频率"值，可以使直线感应电机在推力-速度特性的最大值附近运行。

直线感应电机在工作时除产生推力外还会产生法向力，主要表现为吸力。法向力使车辆产生额外的重量，加重悬浮系统的负担和功耗。若法向力波动时，悬浮系统会受到干扰甚至悬浮失稳，所以必须对它进行限制。研究表明，控制电机的滑差频率可以将法向力限制在规定范围内。因为滑差频率越大，在铝反应板中产生的涡流就越大，而涡流与气隙磁场作用产生与吸引力相反的斥力，使合成法向力减小。

中低速磁浮列车直线感应电机牵引系统存在一个最优的转差频率值，只有以此转差频率运行才能保证直线感应电机产生的推力较大而法向力在预定允许的范围内波动，系统才能正常运行。否则牵引传动系统产生的法向力波动很大，将严重影响悬浮系统的正常运行，导致整个磁浮列车不能良好工作。所以，找到一种既能发挥良好的牵引力，又能减小驱动直线感应电机对悬浮控制影响的控制方法，是磁浮列车牵引控制系统的关键技术。在磁浮列车牵引控制中对法向力的限制是非常严格的，因此滑差频率通常取值较大。例如，某型磁浮列车在起动加速区滑差频率为13.69 Hz，而在恒压区该滑差频率接近"临界滑差频率"值。所以，牵引控制中多采用滑差频率恒定的控制方式。

采用电流-滑差频率控制方式可以有效地控制电机的推力并将法向力限制在规定的范围内。这种控制方式已在国内外磁浮列车的直线感应电机牵引控制中得到广泛应用。为得到较好的控制效果，牵引控制系统采用基于矢量变换的电流滑差频率控制方式。控制系统由初级频率控制和电流控制两部分组成。

磁场定向控制将交流电机空间磁场矢量的方向作为坐标轴的基准方向，通过坐标变换将电机定子电流正交分解为与磁场方向一致的励磁电流分量和与磁场方向垂直的转矩电流分量,像直流电机一样对励磁电流分量和转矩电流分量分别进行控制。牵引逆变器采用磁场定向控制可以分别对电动机的磁通和转矩电流进行检测和控制,自动改变电压和频率,使指令值和电压实际值达到一致,从而实现变频调速。直线感应电机恒滑差频率磁场定向控制方案如图 2-19 所示。

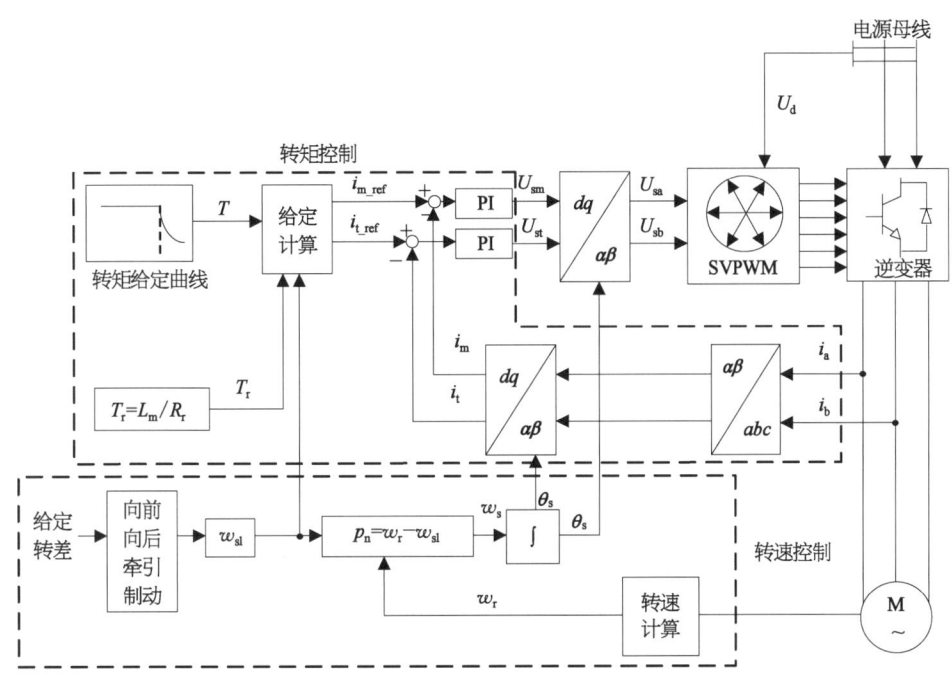

图 2-19 直线感应电机恒滑差频率磁场定向控制原理图

磁浮列车直线感应电机恒转差磁场定向控制方法采用恒定的转差频率作为控制系统的输入。磁场定向控制矢量控制用的两个给定量即给定励磁电流(i_{m_ref})和给定转矩电流(i_{t_ref}),由给定转矩(T)和转差频率(f_s)及电机参数决定。

直线感应电机恒转差频率磁场定向控制方法将转差频率给定作为控制系统的输入,经过分析牵引/制动、向前/向后各种工况组合确定其正负,将其与转子速度相加,作为定子速度。该控制方法的给定转矩电流和给定励磁电流推导结果如下:

$$i_{m\_ref} = \frac{\psi_r}{L_m} \tag{2-11}$$

式中 ψ_r——给定转子磁链。

$$i_{t\_ref} = (T \times L_r)/(\psi_r \times p \times L_m) \tag{2-12}$$

同时,

$$i_{\text{t\_ref}} = 2\pi f_s \times T_r \times i_{\text{m\_ref}} \qquad (2-13)$$

由式(2-11)和式(2-13)可得：

$$i_{\text{t\_ref}} = \frac{2\pi f_s \times T_r \times \psi_r}{L_m} \qquad (2-14)$$

由式(2-12)和式(2-14)可得：

$$i_{\text{t\_ref}} = \sqrt{\frac{2\pi f_s \times T \times L_r \times T_r}{p \times L_m \times L_m}} \qquad (2-15)$$

由式(2-13)可得：

$$i_{\text{m\_ref}} = \frac{i_{\text{t\_ref}}}{2\pi f_s \times T_r} \qquad (2-16)$$

式中　T_r——转子时间常数。

2.3　走行机构技术

2.3.1　悬浮架结构与解耦

悬浮架位于车体的下部，通过电磁铁从外侧环抱轨道。其基本结构组成为5个基本悬浮架单元＋横向机械控制系统（图2-20）。5个基本悬浮架单元从结构以及载荷传递上相对独立，各自实现与轨之间匹配。横向机械控制系统主要包含两组迫导向机构以及滑台装置，通过横向机械控制系统锁定5个悬浮架单元理想状态的横向位置，既实现了车辆内部之间的运动关系，又均匀传递了车体与悬浮架之间横向载荷。另外，悬浮架还包括第三轨受流器、扫石器等附属装置。因此，针对悬浮架结构运动及动力学特征，可以通过独立悬浮架单元以及横向机械控制系统两个方面来描述。

2.3.1.1　悬浮架单元

磁浮车辆车体由5组悬浮架单元共同支撑，其结构包括模块装配、电机悬挂装置、牵引装置、支撑轮装置、垂向滑橇装置、空气弹簧装置、空气管路、液压管路（图2-21）。根据不同的悬浮架单元位置，选择性布置基础制动装置、测速定位装置。

在受车体结构约束的情况下，对于悬浮架单元而言，每个单元都必须适应各种线路要求，在直线、过渡曲线、圆曲线的运动过程中，左右模块之间需要满足三个方向的自由度：

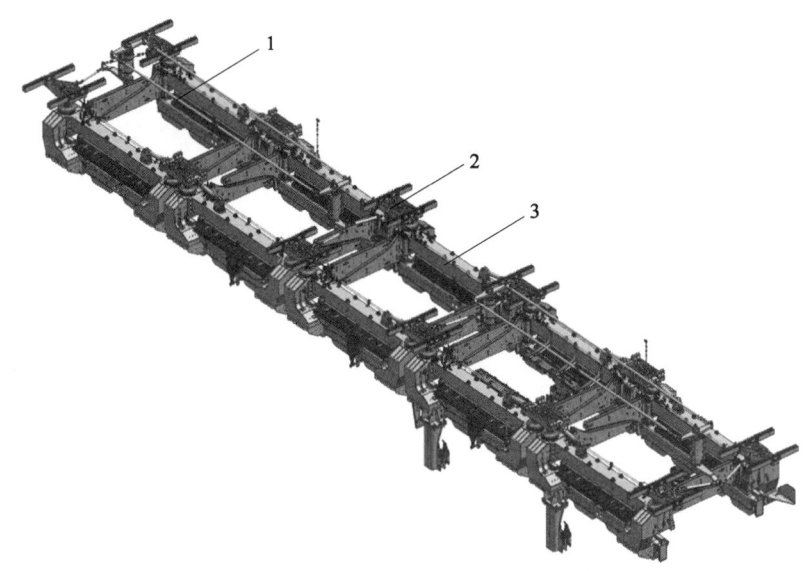

1—迫导向机构;2—滑台装置;3—悬浮架单元

图 2-20 悬浮架总图

前后错位适应内外轨不同弧长变化;左右拉开适应轨距要求;模块点头运动适应线路扭转。这部分功能主要通过悬浮模块实现。模块结构如图 2-22 所示。

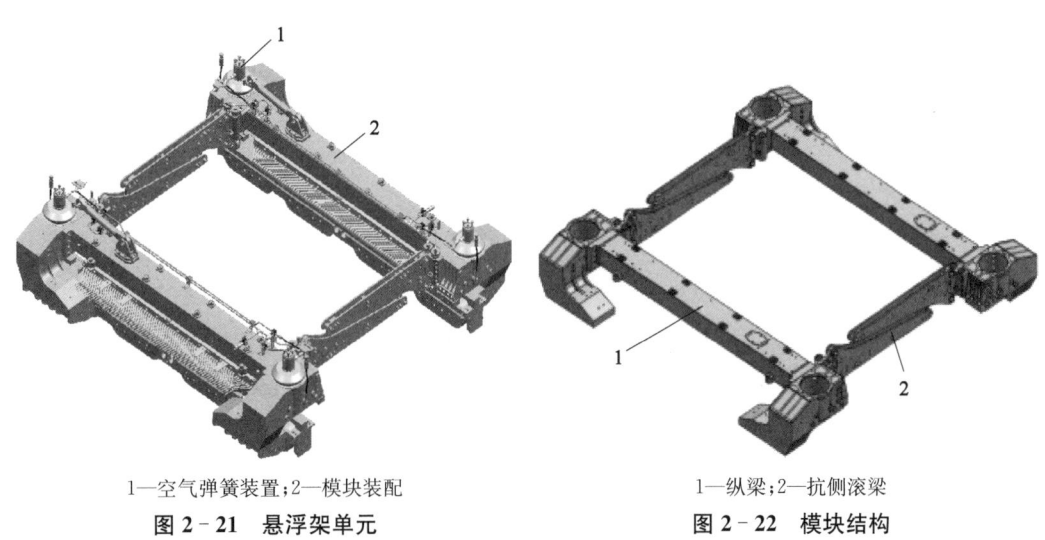

1—空气弹簧装置;2—模块装配

图 2-21 悬浮架单元

1—纵梁;2—抗侧滚梁

图 2-22 模块结构

2.3.1.2 悬浮架解耦

1) 扭转解耦

根据《磁浮铁路技术标准(试行)》(TB 10630—2019)规定,线路的最大横坡扭转率不宜大于 0.12°/m(注:《长沙磁浮交通工程设计暂行规定 2015》规定线路的最大横坡扭转率不宜大于 0.1°/m),而最大横坡角为 6°。基于一般情况,最大横坡角为 6°,扭转率设置为 0.1°/m,所以缓和曲线的长度至少要 60 m 以上。分析侧滚梁工作时考虑最坏的工况,故取较短缓和曲线的长度 $S=60$ m。

在缓和曲线上,曲线半径由直线部分的无穷大均匀变化为圆曲线的半径,其半径随缓和曲线的位置按选定的函数关系(比如三次抛物线)变化,超高也由零变为圆曲线的常数。由于存在超高的变化,故磁浮列车通过缓和曲线时,模块要发生扭曲。

由前面计算已知缓和曲线长度 $S=60$ m,则超高侧悬浮架的扭转角 Φ 可由下式算得:

$$\sin \Phi = \frac{h}{S} \Rightarrow \Phi = \arcsin\left(\frac{h}{S}\right) \quad (2-17)$$

技术要求规定线路的最大横向坡度为 6°,轨距为 1.86 m,则线路最大超高 $h=1860\times\sin 6°\approx 194$ mm,代入式(2-17)可解得扭转角 $\Phi = \arctan\left(\frac{0.2}{60}\right)=0.191°$。

以最坏的情况来考虑模块扭转所产生的垂向位移。这里假设列车过曲线时,悬浮模块以模块端部为扭转中心,如式(2-18)所示,则前后两抗侧滚梁垂向位移分别为

$$\Delta Z_1 = L_{M1} \times \sin \Phi \quad (2-18)$$

$$\Delta Z_2 = L_{M2} \times \sin \Phi \quad (2-19)$$

式中 L_{M1}——扭转中心到后抗侧滚梁的距离;

L_{M2}——扭转中心到前抗侧滚梁的距离。

取 $L_{M1}=253$ mm,$L_{M2}=2507$ mm,代入式(2-18)、式(2-19),可解得 $\Delta Z_1=0.84$ mm,$\Delta Z_2=8.36$ mm。

故可得,若要不约束悬浮架过缓和曲线时模块所产生的扭转,就要求抗侧滚梁结构在垂向上能提供约 9 mm 的运动余量。

2) 错位及横向解耦

抗侧滚梁通过安装支座与模块连接,故悬浮列车过曲线,左右模块发生错位时,抗侧滚梁安装支座同样也发生错位,并且错位量与模块相同。

左右模块通过曲线时的几何形态如图 2-23 所示。由于直线导轨副的作用,左右滑台和车体纵向位置不能改变,而且始终要和车体中心线保持垂直,图 2-23 中标出了 6 位滑台的连线。滑台和模块靠纵向拉杆连接,所以模块和滑台纵向移动量很小。因此,图中 L1/R1、L2/R2、L4/R4 和 L5/R5 都要发生错位,从原先的矩形结构错位成平行四边形结构,计算得出:

$$X_1 = X_4 = D\tan(2\beta) \quad (2-20)$$

$$X_2 = X_3 = D\tan \beta \quad (2-21)$$

式中 D——左右模块距离(取轨距 1.86 m);

  β——列车过 R 75 m 曲线时模块偏转角。

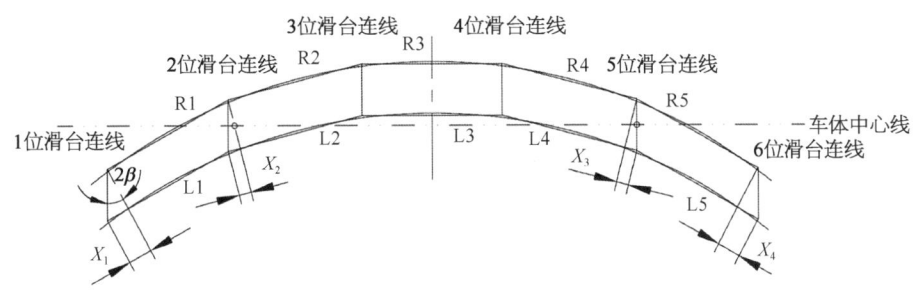

$L_1\sim L_5$—左侧的第 1 到第 5 模块；$R_1\sim R_5$—右侧的第 1 到第 5 模块；$X_1\sim X_4$—左右模块的错位量；2β—抗侧滚梁需要转动的角度

图 2‑23 整车过曲线几何形态

过 R 75 m 曲线时，计算得出 $X_1=X_4\approx 141.4$ mm，$X_2=X_3\approx 70.7$ mm。

从计算结果可以看出，过 R 75 m 曲线时，左右模块的错位量很大。牵引杆和滑台、模块的销连接如果有间隙的话也提供不了 141.4 mm 的错位量。抗侧滚梁由两块铝板连接而成，两块铝板之间的距离也不可能提供这么大的错位量。所以只能通过抗侧滚梁绕根部安装轴转动来提供错位量。

与此同时，如果考虑曲线上轨距不变，抗侧滚梁偏转后，左右片梁将被拉开，端部拉开的尺寸距离大约为 12 mm。

2.3.1.3 横向机械控制系统

横向机械控制系统主要包含两组迫导向机构以及滑台装置。整车左右两侧各有 6 个滑台，按其功能分为固定滑台和移动滑台。通过固定滑台设置确定车体与悬浮架的相对位置，形成车体通过曲线时的两个理论固定转心。移动滑台设置直线轴承，车体与滑台之间能够自由横向移动。

1）悬浮架和车体连接及几何约束

悬浮架和车体的连接形式影响着整列磁浮车辆在曲线上的运动学形态。磁浮车辆悬浮架在三个方面和车体发生连接，如图 2‑24 所示。

(1) 直线导轨副。直线导轨副的滑块安装在滑动台上，滑轨与车体底部采用螺栓连接，整个悬浮架与车体有 16 副直线导轨副配合。这样车体通过直线导轨副配合相对于构架可以发生横移，列车通过曲线特别是半径很小的曲线时，就会产生较大的相对横移，由于牵引杆连接滑台与模块，纵向牵引、制动力将由滑台直接传递到车厢。

(2) 迫导向机构转动销与车体的销接。整车装两套迫导向机构，与车体共有四处销接。在曲线上某些左右滑块的中心点在被动导向力的作用下将占据接近线路中心线的位置（图 2‑25 中的 D 点），该图中 A 点则相当于车体与下部悬浮架的固定转动点，由于连杆的定位，A 点将基本保持在线路中心线上，而车体销接点 B、C 将偏离左右模块中心线，通过机构作用强迫悬浮架导向。

(3) 滑台和车体的连接。第 2 和第 5 位滑台与车体刚性连接，连接处（A 点）构成了

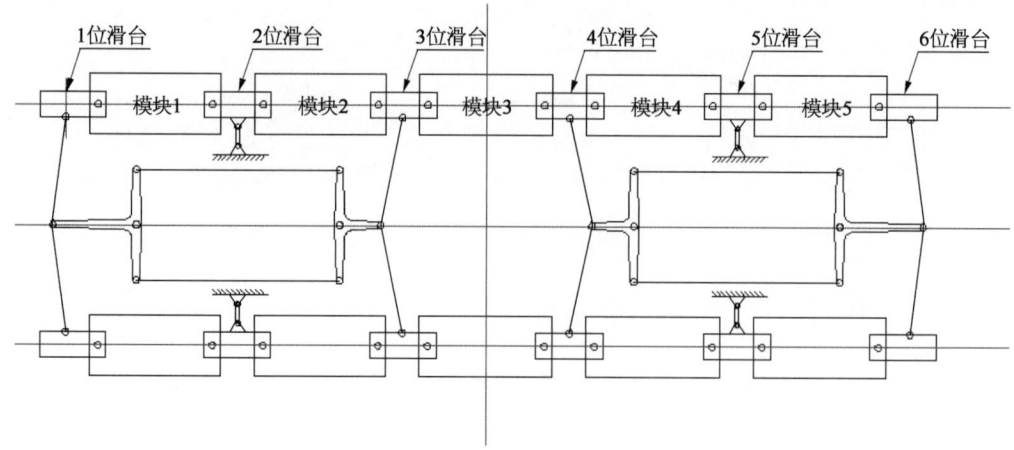

图 2-24 悬浮架和车体的连接

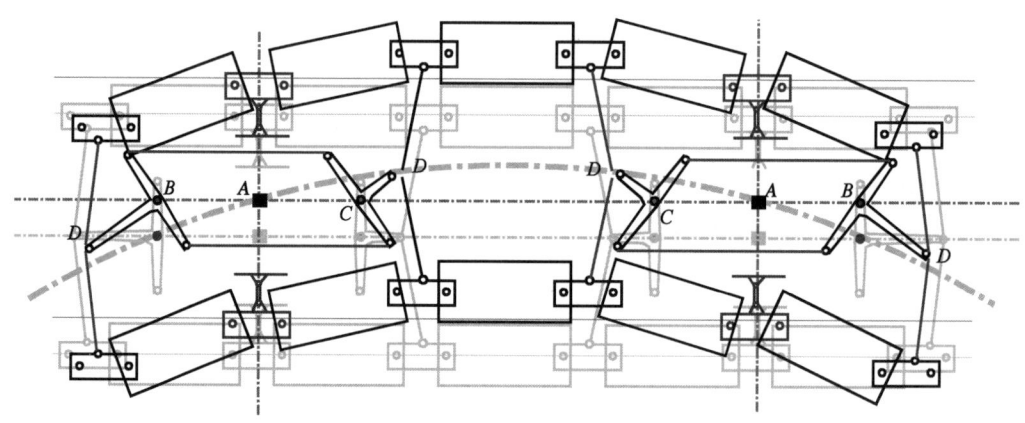

图 2-25 通过曲线时车体与悬浮架的位置与迫导向原理

整车过曲线时的转动中心。

悬浮架和车体的连接方式构成了车辆过曲线的几何约束：

(1) 当车辆通过曲线时，车辆的模块(5对/车)由于导向力作用，将紧随线路排列成曲线形状。此时，由于车体为一刚体，不能随曲线弯曲，各模块相对车体将产生平移和转角，由直线导轨副保证车体和模块之间的平移量。

(2) 各个直线导轨副以及转臂和车体的销接点由于车体的刚性，纵向(弧长方向)距离不会变化。

(3) 第2和第5位滑台横向于车体刚性连接，即在曲线上，第2和第5位左右滑台连线的中点始终是在车体中心线上的，这两个中点其实构成了5个悬浮模块过曲线的转动中心。这是曲线通过运动学分析的基础。不管悬浮模块相对于曲线是怎样的形态(内接、外切、相交)，车体中心线始终是第2和第5位左右滑台中点的连线。

2) 模块在曲线上的受力分析

悬浮架模块在曲线上的状态是磁浮车辆曲线通过分析的基础,是磁浮车辆曲线通过状态和各相关结构的几何关系分析的依据。

模块在曲线受到导向磁力、离心力、二系悬挂力和重力横向分力等共同作用,模块的状态是这些力综合作用的结果。模块在曲线的状态下可以分为相切、内接、相交以及内外横向滑橇和曲线接触极限状态等不同的情况。受力分析如图 2-26 所示。

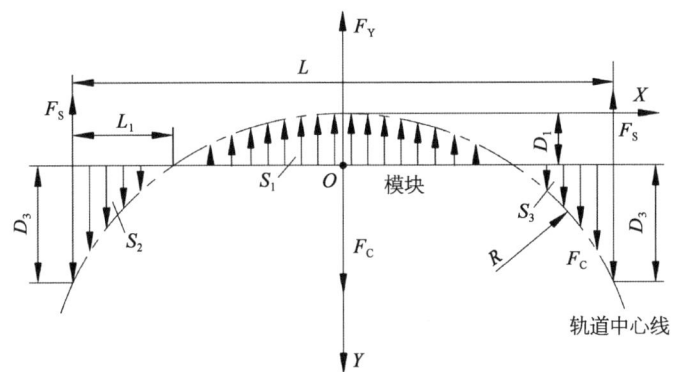

R—水平圆曲线半径;L—模块的长度(也就是悬浮磁铁的长度);L_1—模块与曲线交点到模块端部的距离;F_S—二系悬挂力横向分量;F_Y—重力的横向分量;F_C—离心力;S_i—模块和曲线围成的各部分面积;D_i—模块偏移轨道中心线的最大位移

图 2-26 模块在曲线上的受力图

模块沿曲线分布着导向磁力,导向磁力的大小与导向磁铁相对于轨道中心线的偏移量成正比,方向如图 2-26 所示。导向磁力的计算如下:

$$F_Y = 2F_0 \frac{z}{\pi W_m} \tan^{-1}\left(\frac{d}{z}\right) \tag{2-22}$$

式中 F_0——一个电磁铁的轴线与轨道轴线对齐时的额定悬浮力;

z——悬浮气隙;

W_m——磁极宽度;

d——电磁铁的轴线与轨道轴线的偏移量。

几何曲线通过分析时,可以只考虑导向磁力的影响。只要模块内外导向磁力相等,模块就能够平衡地通过曲线。从图 2-26 可以看出,为了使模块受力平衡,要求对式(2-22)在面积 S_1 上的积分等于在面积 S_2 和 S_3 上的积分之和:

$$\int_{S_1} \tan^{-1}\left(\frac{d}{z}\right) dx = \int_{S_2} \tan^{-1}\left(\frac{d}{z}\right) dx + \int_{S_3} \tan^{-1}\left(\frac{d}{z}\right) dx \tag{2-23}$$

通过计算得到,随着曲线半径的增大,$D_2 = D_3 = 2D_1$ 时,导向力平衡;在小曲线半径时，$D_2=D_3\approx 2D_1$ 时，导向力达到平衡。所以几何曲线通过分析时，取平衡位置为 $D_2=D_3=2D_1$ 处。

以上分析考虑的只是模块的几何曲线通过，实际中模块还要受到悬挂力、离心力和重力横向分量。当模块正好以一定的速度平衡通过曲线时，模块正好在这样的位置达到受力平衡。如果模块通过曲线的速度增大（或减小）或者受悬挂力的影响，模块就向外轨（或向内轨）横移，相对调整导向磁力的增大（或减小），从而达到受力平衡。可以说，曲线通过时平衡位置一直在 $D_2=D_3=2D_1$ 处左右。

在模块受到很大的横向力的情况下（如较大的侧风、大的曲线通过速度），横向力超过轨道所能够提供的最大导向磁力，模块向外轨移动，直到轨道和模块上的横向滑橇接触，靠横向滑橇提供横向力来导向。

在对车体几何曲线通过分析时，常常假设模块和曲线是内接的。因为内接时相关结构几何状态往往是极限情况，按这种假设计算出的各种几何量是极限值，为曲线通过提供判断依据。模块和曲线相交或外接时，相当于过比曲线半径更大的曲线，曲线通过性更好。所以几何通过时经常采用模块和曲线内接的方式进行简化分析，求出的就是最极限的值。

3) 车体相对于悬浮模块的横向位移

在车辆过曲线时，车体在滑台的滑槽上横向滑动，不同位置的横向位移不相等。车辆通过越小的曲线，车体相对于悬浮模块的横向位移就越大。而且当单个悬浮模块和曲线内接时，车体的横向位移也最大。模块相对于曲线如果是其他形态，车体相对横移量会略小一些。所以几何曲线通过分析时，假设单个悬浮模块和曲线内接。模块水平圆曲线通过分析如图 2-27 所示。

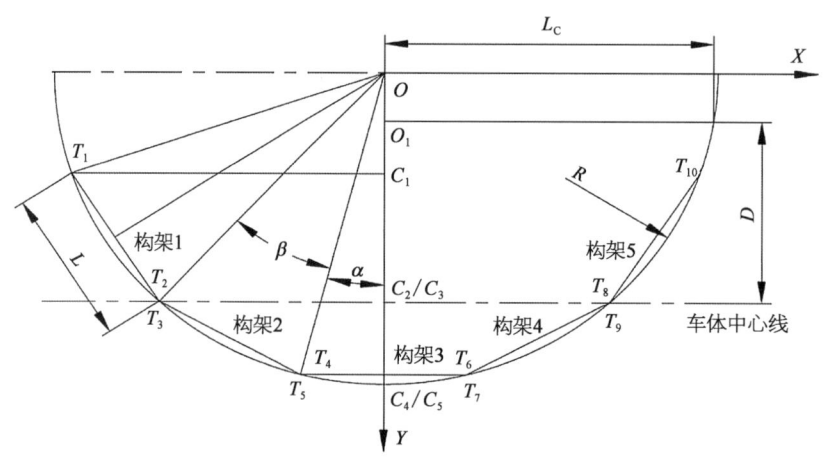

R—水平圆曲线半径；L—模块的长度（也就是导向磁铁或悬浮磁铁的长度），取 2.8 m；T_i($i=1\sim10$)—第 i 个空气弹簧；L_C—车端部车钩到悬浮架中点距离（Mc 车约 8.7 m；M 车约 7.8 m）；D—车端部与轨道中心线的距离；β—模块长度对应的中心角(rad)；α—模块长度对应的中心角之半(rad)

图 2-27 模块水平圆曲线通过分析

车辆的侧滚刚度很大,可以认为车厢的侧滚角等于各模块单元的侧滚角,也就是说车厢底板与构架平面仍然保持平行。

模块通过水平圆曲线的几何分析如下:水平面内建立直角坐标系(图2-27),沿轨道的前进方向建立 X 轴,以圆曲线的中心建立坐标原点 O,Y 轴通过原点 O 且垂直于 X 轴,其方向指向曲线外侧。

车厢地板下面与模块销接,每车四个销接点,每半车两个。在迫导向机构的作用下,车体中心线位于图2-27所示位置。

考虑结构的对称性,只讨论半车模型。因为 L 远小于 R,有

$$\beta = L/R \quad \alpha = \beta/2$$

在 $\triangle OT_2C_2$ 中,

$$OC_2 = R \times \cos(\beta + \alpha) = R \times \cos(3\alpha) = OC_3$$

同理可得:

$$OC_1 = R \times \cos(2\beta + \alpha) = R \times \cos(5\alpha)$$

$$OC_4 = R \times \cos \alpha = OC_5$$

曲线半径取 R 75 m 时,车体横向偏移量为

$$C_1C_2 = OC_2 - OC_1 = R[\cos(3\alpha) - \cos(5\alpha)] = 0.312\,9 \text{ m} = 209.4 \text{ mm}$$

$$C_2C_4 = OC_4 - OC_2 = R[\cos \alpha - \cos(3\alpha)] = 0.156\,7 \text{ m} = 104.7 \text{ mm}$$

根据结构要求,模块1~5各安装上空气弹簧,同侧相邻两个空气弹簧及端部第1、第10两个空气弹簧上安装滑块平台,滑块平台与车体底架下平面之间横向可相互滑动,纵向不能相互移动。第1个空气弹簧上的滑块平台的滑动量为 210 mm。第2、第3个空气弹簧上的滑块平台的滑动量很小(如果刚性连接在车体上,滑块平台成为车厢的转动中心,横向几乎不会滑动)。第4、第5个空气弹簧上的滑块平台的滑动量为 105 mm。

因此,滑台上总滑动量设计值应至少达到±210 mm。

由图2-27可知,车端部与轨道中心线的距离 D 为

$$D = O_1C_2 = C_1C_2 + O_1C_1 = 0.209\,4 + [R\cos(2\beta + \alpha) - \sqrt{R^2 - L_C^2}]$$

计算可得:

$$\text{Mc 车:} D = 0.388\,4 \text{ m} = 388.4 \text{ mm}$$

$$\text{M 车:} D = 0.287\,4 \text{ m} = 287.4 \text{ mm}$$

4) 迫导向机构对模块曲线通过性的影响

(1) 迫导向机构的设计。从前面的分析可知,模块1滑台与车体的横向距离为

312.9 mm，模块 3 滑台与车体的横向距离为 156.7 mm。

迫导向机构过曲线时的运动学形态如图 2-28 所示，由于对称性，图中只画出了前三个模块。

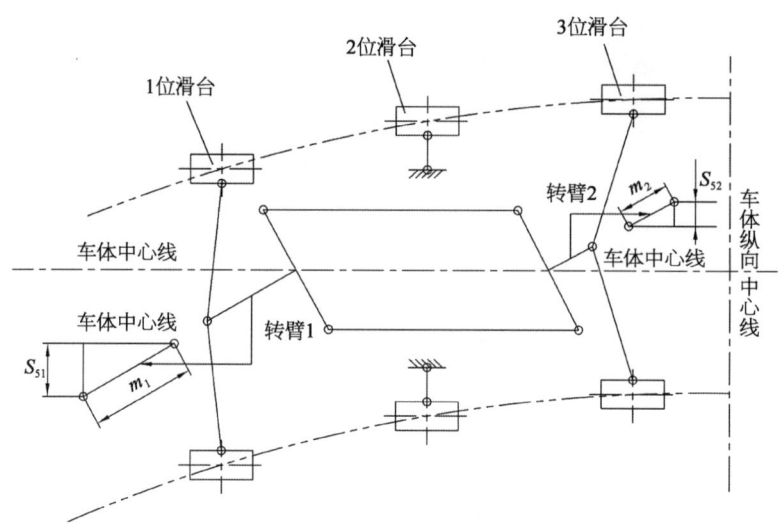

图 2-28　钢缆平行四边形过曲线的运动学形态

图 2-28 中，S_{51} 为模块 1 滑台与车体的横向距离，$S_{51}=312.9$ mm；S_{52} 为模块 2、3 共用滑台与车体的横向距离，$S_{52}=156.7$ mm；γ 为转臂转过的角度；m_1、m_2 为转臂长。

γ 取值大，转臂就可以设置短一些；γ 取值小，转臂就必须设置长一些。γ 受结构限制，不宜太大。设计时选定 $\gamma=35°$。

$$m_1 = S_{51} \div \sin 35° = 0.545\ 5\ \text{m}$$

$$m_2 = S_{52} \div \sin 35° = 0.273\ 2\ \text{m}$$

故取 $m_1=0.6$ m，$m_2=0.3$ m。

在 R 50 m 曲线上，转臂实际的转角 $\gamma=\sin^{-1}(S_{51}/m_1)=\sin^{-1}(S_{52}/m_2)=31.4°$。过曲线时，一般情况下模块和曲线是相交的，即 S_{51} 要小于 312.9 mm，实际的转角也略小于 31.4°。

(2) 曲线通过和迫导向机构的关系。迫导向机械机构和空气弹簧构成了悬浮架的悬挂系统，由空气弹簧垂向刚度传递垂向载荷，迫导向机构和空簧的横向刚度传递横向载荷。当车体在曲线上受到未平衡离心力和侧风影响时，钢管平行四边形机构的形态和受力情况如图 2-29 所示。

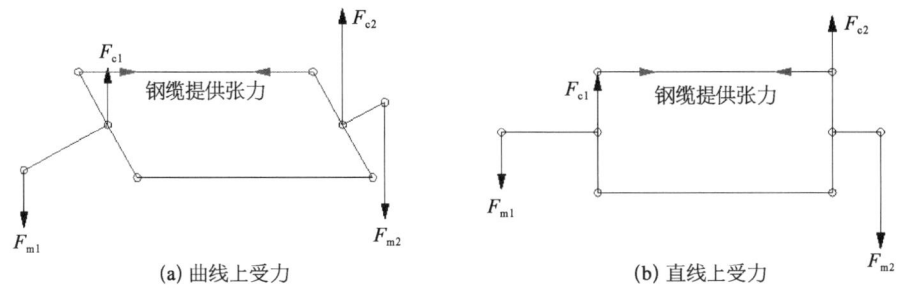

(a) 曲线上受力　　　　　　　　　　(b) 直线上受力

F_{ci}—车体对钢缆机构的拉力；F_{mi}—模块导向力所产生的横向力

图 2-29　钢管平行四边形机构受力分析

从受力分析图中可以看出，整个迫导向机构力是平衡的，而且 F_m 使转臂对中心销有一定的转矩：$T_i = F_{mi} m_i \cos \delta$。其中，$m_i$ 为各转臂的长度；δ 为转臂转过的角度。

由于钢缆的作用，$T_1 = T_2$，从而可以推导出：

$$F_{c1} = F_{c2}/2 \qquad F_{m1} = F_{m2}/2$$

也就是整个迫导向机构可以把横向力（未平衡的离心力和侧风力）平均地分配到各个模块的悬挂系统上，使所有的模块受力状态相同，从而使得各个模块沿着曲线达到最合理分布。

2.3.2　悬浮架动力学

2.3.2.1　悬浮架单元动力学

基于悬浮架单元垂向动力学特征，通常考虑沉浮、侧滚和点头三个运动，而忽略横移运动和摇头运动。悬浮架单元结构如图 2-30 所示，在轨道上的动力学模型如图 2-31 所示。悬浮架单元主结构为左右以及前后对称结构，基于此，通过右半部分以及前半部分

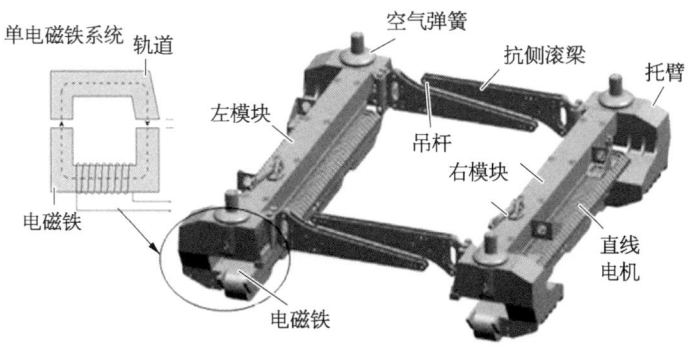

图 2-30　低速磁浮列车悬浮架单元结构

的受力分析就可以获知整个悬浮架的受力情况。悬浮架左、右模块为刚体,模块之间通过前、后两组弹簧阻尼单元连接,可用 K_b、C_b 表示,这里刚度和阻尼可能来源于弹性件以及结构件两个方面。每个刚体都有三个自由度,分别为沉浮、侧滚和点头。F_{1l}、F_{2l}、F_{1r} 和 F_{2r} 分别为车体通过四个空气弹簧传给悬浮架的作用力。

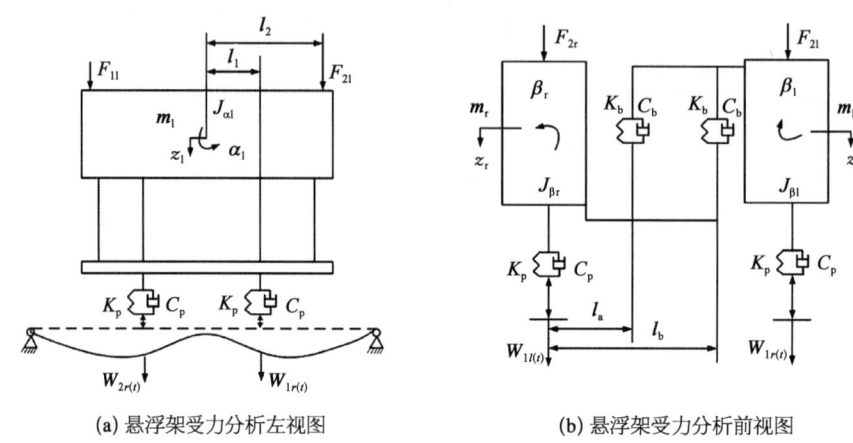

(a) 悬浮架受力分析左视图　　(b) 悬浮架受力分析前视图

图 2-31　悬浮架动力学模型

电磁力 F_{zij} 和吊杆力 F_{bij} 可由下式描述:

$$F_{zij} = \frac{\mu_0 N^2 A}{4} \frac{I_{ij}^2}{\delta_{ij}^2} \quad i=1,r \quad j=1,2 \tag{2-24}$$

$$F_{bij} = k_b z_{bij} + c_b \dot{z}_{bij} \quad i=1,r \quad j=1,2 \tag{2-25}$$

式中　I_{ij}——电磁铁电流;

　　　μ_0——空气磁导率;

　　N,A——电磁铁线圈匝数和磁极面;

　δ_{ij},z_{bij}——悬浮气隙和吊杆的形变,可由悬浮架的左、右模块位姿的参数和几何约束解出。

在研究车轨动力学问题时,将电磁铁与轨道梁之间的电磁力在系统平衡点处进行线性化,进而等效为弹簧阻尼力(磁隙刚度 K_p 和磁隙阻尼 C_p),采用达朗贝尔原理和虚功原理,可以得到考虑沉浮、侧滚和点头三个自由度的整个悬浮架动力学方程。

沉浮运动:

$$\left.\begin{aligned}m_1\ddot{z}_1 &= \sum_{i=1}^{2}F_{i1} - \sum_{i=1}^{2}K_p(2z_1-W_{i1}) + m_1 g - \sum_{i=1}^{2}C_p(2\dot{z}_1-\dot{W}_{i1}) \\ m_r\ddot{z}_r &= -\sum_{i=1}^{2}C_p(2\dot{z}_r-\dot{W}_{ir}) - \sum_{i=1}^{2}K_p(2z_r-W_{ir}) + \sum_{i=1}^{2}F_{ir} + m_r g\end{aligned}\right\} \tag{2-26}$$

侧滚运动：

$$\left.\begin{aligned}J_{\beta l}\ddot{\beta}_l =& -2K_\beta\beta_l - K_b[(l_\alpha^2+l_b^2)\beta_l + 2l_\alpha l_b\beta_l + (l_\alpha+l_b)(z_l-z_r)]\\&-2C_\beta\dot{\beta}_l - C_b[(l_\alpha^2+l_b^2)\dot{\beta}_l + 2l_\alpha l_b\dot{\beta}_l + (l_\alpha+l_b)(\dot{z}_l-\dot{z}_r)]\\ J_{\beta r}\ddot{\beta}_r =& -2K_\beta\beta_r - K_b[(l_\alpha^2+l_b^2)\beta_r + 2l_\alpha l_b\beta_r - (l_\alpha+l_b)(z_l-z_r)]\\&-2C_\beta\dot{\beta}_r - C_b[(l_\alpha^2+l_b^2)\dot{\beta}_r + 2l_\alpha l_b\dot{\beta}_r - (l_\alpha+l_b)(\dot{z}_l-\dot{z}_r)]\end{aligned}\right\} \quad (2-27)$$

点头运动：

$$\left.\begin{aligned}J_{\alpha l}\ddot{\alpha}_l =& -C_p[l_1(\dot{W}_{1l}-\dot{W}_{2l}) + 2l_1^2\dot{\alpha}_{tl}] - (F_{1l}-F_{2l})l_2\\&-K_p[2l_1^2\alpha_l + l_1(W_{1l}-W_{2l})]\\ J_{\alpha r}\ddot{\alpha}_r =& -(F_{1r}-F_{2r})l_2 - K_p[2l_1^2\alpha_r + l_1(W_{1r}-W_{2r})]\\&-C_p[2l_1^2\dot{\alpha}_r + l_1(\dot{W}_{1r}-\dot{W}_{2r})]\end{aligned}\right\} \quad (2-28)$$

式中 $K_p, C_p, K_\beta, C_\beta$——电磁力垂向刚度和阻尼，以及侧滚角刚度和阻尼；

$\quad\quad K_b, C_b$——等效抗侧滚装置的刚度和阻尼；

$\quad F_{1l}, F_{1r}, F_{2l}, F_{2r}$——左前、右前、左后和右后的空气弹簧作用在悬浮架上的车体垂向载荷；

$\quad W_{1l}, W_{1r}, W_{2l}, W_{2r}$——左前、右前、左后和右后的轨道不平顺性；

$\quad z_l, z_r, \alpha_l, \alpha_r, \beta_l, \beta_r$——悬浮架单元的左右两边的垂向位移、点头角度和侧滚角度。

选取 X、$\dot{X}$、$\ddot{X}$ 分别为广义的位移、速度和加速度，定义如下：

$$\boldsymbol{X} = [z_l, \alpha_l, \beta_l, z_r, \alpha_r, \beta_r]^T, \quad \dot{\boldsymbol{X}} = [\dot{z}_l, \dot{\alpha}_l, \dot{\beta}_l, \dot{z}_r, \dot{\alpha}_r, \dot{\beta}_r]^T,$$

$$\ddot{\boldsymbol{X}} = [\ddot{z}_l, \ddot{\alpha}_l, \ddot{\beta}_l, \ddot{z}_r, \ddot{\alpha}_r, \ddot{\beta}_r]^T$$

选取 M、C、K 和 P 分别表示质量矩阵、阻尼矩阵、刚度矩阵和广义载荷矩阵，由式(2-26)~式(2-28)可知其具有如下形式：

$$\boldsymbol{M} = [m_l, J_{\alpha l}, J_{\beta l}, m_r, J_{\alpha r}, J_{\beta r}]$$

$$\boldsymbol{K} = \begin{bmatrix} 2K_p & 0 & 0 & 0 & 0 & 0 \\ 0 & 2K_pl_1^2 & 0 & 0 & 0 & 0 \\ K_b(l_a+l_b) & 0 & K_b(l_a+l_b)^2+2K_\beta & -K_b(l_a+l_b) & 0 & 0 \\ 0 & 0 & 0 & 2K_b & 0 & 0 \\ 0 & 0 & 0 & 0 & 2K_bl_1^2 & 0 \\ -K_b(l_a+l_b) & 0 & 0 & K_b(l_a+l_b) & 0 & K_b(l_a+l_b)^2+2K_\beta \end{bmatrix}$$

$$C = \begin{bmatrix} 2C_p & 0 & 0 & 0 & 0 & 0 \\ 0 & 2C_p l_1^2 & 0 & 0 & 0 & 0 \\ C_b(l_a+l_b) & 0 & C_b(l_a+l_b)^2+2C_\beta & -C_b(l_a+l_b) & 0 & 0 \\ 0 & 0 & 0 & 2C_p & 0 & 0 \\ 0 & 0 & 0 & 0 & 2C_p l_1^2 & 0 \\ -C_b(l_a+l_b) & 0 & 0 & C_b(l_a+l_b) & 0 & C_b(l_a+l_b)^2+2C_\beta \end{bmatrix}$$

$$P = \begin{bmatrix} m_l g + \sum_{i=1}^{2} F_{il} + \sum_{i=1}^{2} C_p \dot{W}_{il} + \sum_{i=1}^{2} K_p W_{il} \\ (F_{1l}-F_{2l})l_2 - C_p l_1(\dot{W}_{1l}-\dot{W}_{2l}) - K_p l_1(W_{1l}-W_{2l}) \\ 0 \\ m_r g + \sum_{i=1}^{2} F_{ir} + \sum_{i=1}^{2} C_p \dot{W}_{ir} + \sum_{i=1}^{2} K_p W_{ir} \\ (F_{1r}-F_{2r})l_2 - C_p l_1(\dot{W}_{1r}-\dot{W}_{2r}) - K_p l_1(W_{1r}-W_{2r}) \\ 0 \end{bmatrix}$$

因此,悬浮架单元动力学方程[式(2-26)~式(2-28)]可由下式统一描述:

$$M\ddot{X} + C\dot{X} + KX = P \quad (2-29)$$

其中悬浮架单元动力参数见表 2-1。

表 2-1 悬浮架单元动力学参数

参数	取值	参数	取值	参数	取值
m_i/kg	950	$K_p/(\text{N} \cdot \text{m}^{-1})$	1.8×10^7	$C_\beta/(\text{N} \cdot \text{s} \cdot \text{m}^{-1})$	800
$J_{\alpha i}/(\text{kg} \cdot \text{m}^2)$	751.3	$C_p/(\text{N} \cdot \text{s} \cdot \text{m}^{-1})$	2×10^5	$K_\beta/(\text{N} \cdot \text{m}^{-1})$	1.2×10^5
$J_{\beta i}/(\text{kg} \cdot \text{m}^2)$	106.4	l_a/m	0.55	L_2/m	1.15
L_1/m	0.7	l_b/m	1.45		

2.3.2.2 迫导向机构动力学

以第一位 T 形臂为例,其受力示意如图 2-32 所示。除重力外,T 形臂还受到与车体铰接的约束反力、长拉杆约束反力和与移动滑台之间的作用力。

图 2-32 中的符号说明如下:$F'_{\text{J\_T\_beam\_x/y/zi}}$($i=1,\cdots,4$)表示第 i 位 T 形臂与车体之间的 $x/y/z$ 方向铰接约束反力;$F'_{\text{T\_beam\_x/y/zL/Ri}}$($i=1,\cdots,4$)表示第 i 位长 T 形臂与纵向长拉杆之间的 $x/y/z$ 方向作用力;$F'_{\text{T\_beam\_slide\_x/y/zL/Ri}}$($i=1,\cdots,4$)表示第 i 位长 T 形臂与滑台之间的 $x/y/z$ 方向作用力。

T 形臂具有摇头一个自由度,因此其运动方程如下:

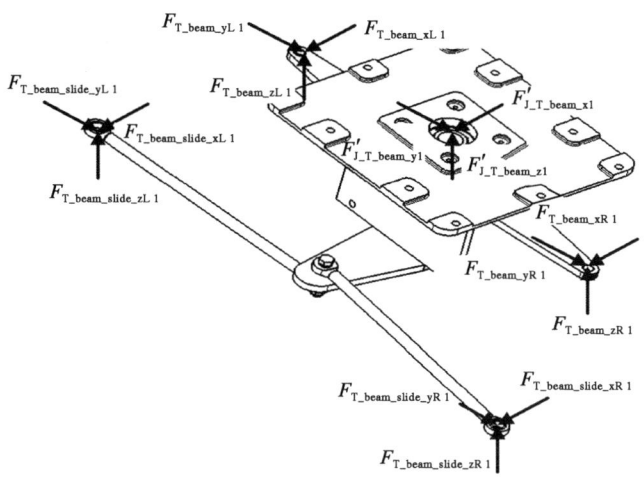

图 2-32 纵向长拉杆及 T 形臂受力示意图

$$I_{\text{T\_beamzz}}\ddot{\gamma} + k_{12}(F_{\text{T\_beam\_xL1}} - F_{\text{T\_beam\_xR1}}) + k_{13}(F_{\text{T\_beam\_slide\_xL1}} - F_{\text{T\_beam\_slide\_xL1}})$$
$$+ l_{11}(F_{\text{T\_beam\_yL1}} - F_{\text{T\_beam\_yR1}}) + l_{12}(F_{\text{T2\_beam\_slide\_yL1}} - F_{\text{T2\_beam\_slide\_yR1}}) = 0 \quad (2-30)$$

式中 $I_{\text{T\_beamzz}}$——T 形臂绕 z 轴的转动惯量；

l_i, k_i——各作用力点与 T 形臂重心之间的 x、z 方向的距离。

2.3.2.3 整车动力学

由车辆各部件的受力和轨道车辆动力学理论可知，构架、车体是典型的多体系统，中低速磁浮车辆各刚体部件详细的运动自由度见表 2-2，构架和车体具有 6 个自由度。车辆拓扑图如图 2-33 所示。

表 2-2 各刚体模型的自由度

刚体	数量	x	y	z	α	β	γ
构架	10	√	√	√	√	√	√
防侧滚梁	20						√
吊杆	20				√	√	
车体	1	√	√	√	√	√	√
定位滑台	4						
非定位滑台	8		√				
牵引拉杆	10					√	√
长 T 形臂	2						√
短 T 形臂	2						√
纵向长拉杆	4						√
迫导向连杆	8						√

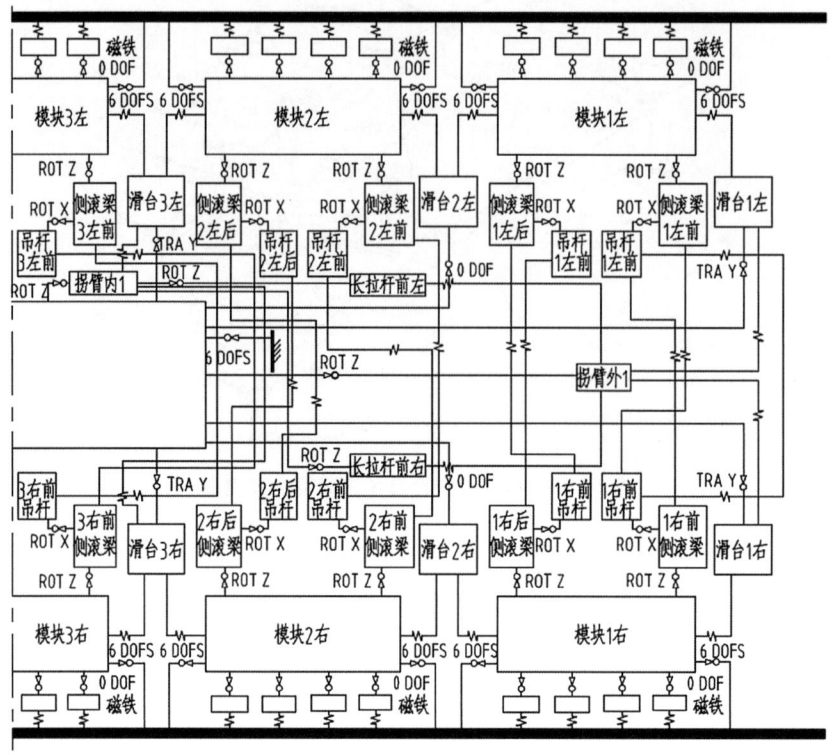

图 2-33 车辆拓扑图

采用 SIMPACK 铁路模块建模,整个车辆建立在一个沿轨道前进且能反映轨道不平顺的移动平台上,每个走行机构有 4 对悬浮线圈,整车共有 20 对悬浮线圈,移动平台由 20 对假想移动点组成。模块通过悬浮控制等效弹簧元件支承在这 20 对假想移动点组成的移动平台上。

左、右模块抗侧滚建模与实际结构一致,因此抗侧滚梁和吊杆在模型中作为独立刚体处理。

车辆的迫导向机构建模与实际结构一致,但为了简化模型,迫导向机构中全部采用杆件来替代钢缆。

车辆的二系空气簧支承采用了垂向限位,以防止车辆过曲线时产生过度侧滚,影响曲线通过的平稳性和安全性,也可以加强车辆的抗侧风能力;为了保护空气簧不至于产生过大的水平变形,空气簧横向也采用了限位措施。

滑台是本车辆结构中的一个特殊部件,在其他轨道车辆中很少用到,滑台相对车辆仅有横向平移自由度,每个滑台支承在两个空气簧上(端部除外),而这两个空气簧又分别位于相邻的两个模块上,与实际结构相一致。

2.4 车-磁-轨耦合技术

中低速磁浮列车线路以高架为主,如何确定桥梁的设计要求非常关键,要求太高会增加工程建设成本,不利于系统推广,而要求太低则有可能导致车辆运行过程中轨道梁剧烈振动,甚至使车辆失去稳定悬浮。磁浮车-磁-轨耦合技术主要解决磁浮车辆、悬浮控制、轨道桥梁之间的相互作用关系,确保磁浮车辆在运行过程中的安全性、平稳性和乘坐舒适性。

2.4.1 二系悬挂刚度对动力学的影响规律

本节通过数值仿真分析空簧刚度对单电磁体-柔性轨道系统的影响。

车辆载荷取空车,轨道频率选用 26.1 Hz,间隙反馈系数、速度反馈系数取 10 000 和 370。空簧原始刚度取 9.6×10^4 N/m,在数值仿真中,在空簧原始刚度 k_0 的基础上分别乘以 0.5、1、1.5 和 2 的放缩系数,以此改变二系悬挂刚度。二系悬挂刚度对动力学的影响规律如图 2-34 和图 2-35 所示。

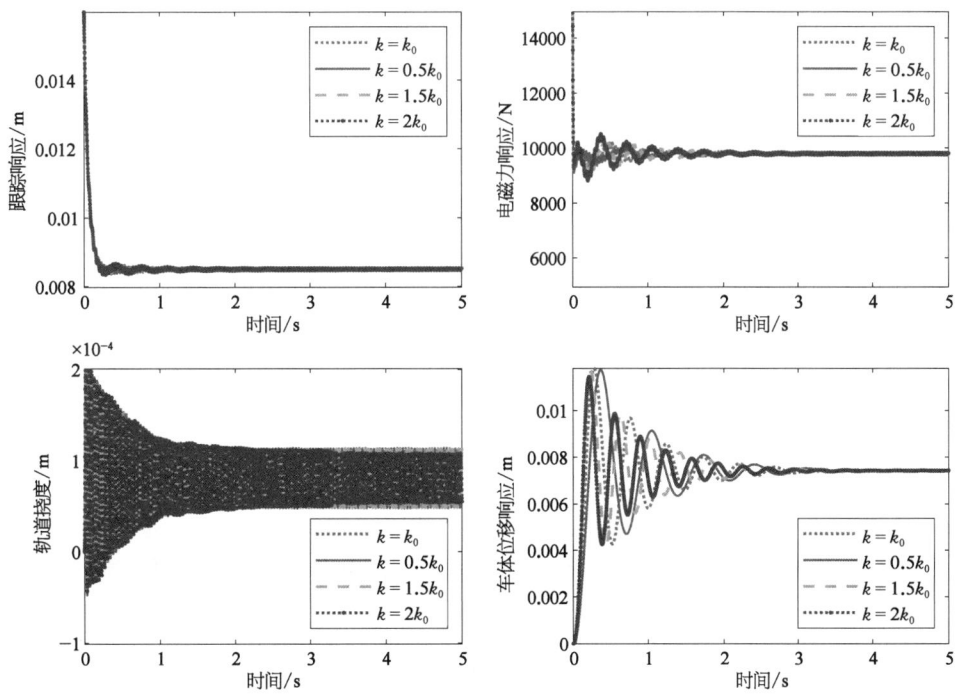

图 2-34 二系悬挂刚度对动力学的影响规律

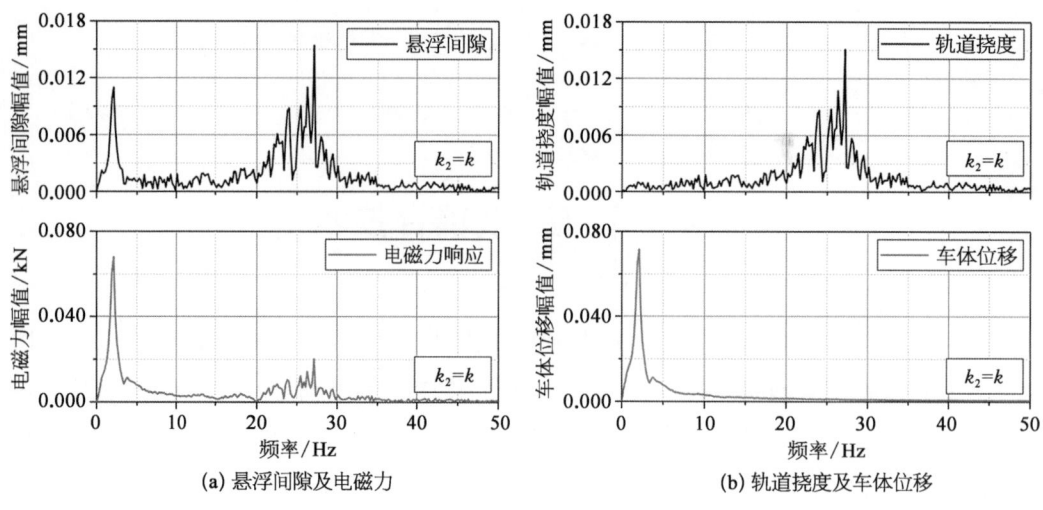

图 2‑35 原始二系刚度状态下的频谱图

对比图 2‑34 和图 2‑35 可以发现：轨道梁在 26.1 Hz 的固有频率附近有明显的振动，振幅受二系悬挂刚度影响较小，同时轨道梁阻尼较小，使得振动衰减慢，持续振动时间长；车体振动曲线光滑，振动频率以二系悬挂频率为主，因此二系悬挂刚度越高，车体振动频率就越大；车体振动持续时间大约为 3 s，相对于轨道梁振动收敛速度快较，主要因为二系悬挂较轨道梁的阻尼比更大；二系悬挂刚度对车体振动动态幅值影响较小，最大振幅 4.5 mm。悬浮间隙以及悬浮电流受到车体和轨道梁振动的共同影响，其振动曲线中包含轨道梁和二系悬挂频率成分，其中电磁力主要受到车体振动影响；二系悬挂刚度变大，悬浮间隙以及悬浮电流调整幅值也变大。为了后续清晰表达轨道梁振动特点，后续单点研究多采用 7 Hz 轨道梁结构。

2.4.2 轨道频率对动力学的影响规律

本节通过数值仿真分析轨道频率对单电磁体‑柔性轨道系统的影响。

车辆载荷取空车工况，间隙反馈系数、速度反馈系数取 10 000 和 370，控制频率为 11.3 Hz，二系悬挂频率为 2.1 Hz。结合现有中低速磁浮混凝土和道岔结构一阶垂向弯曲频率，数值仿真中轨道频率分别选用 7 Hz、15 Hz、20 Hz、26.1 Hz 和 39.15 Hz。悬浮间隙和电磁力等响应如图 2‑36 所示。

观察图 2‑36 可以发现：轨道梁振动频率以固有频率为主，同时由于轨道梁固有频率的改变是通过轨道梁刚度来调整的，因此固有频率低的梁弯曲刚度越低，轨道梁平衡点的位移偏移也越大，而且在振动过程中动态振动幅值也越大；上述分析中变形最大的是 7 Hz 的轨道梁，静态偏移量接近 6 mm，动态最大振幅达到 0.56 mm，但其相对收敛速度最快；车体振动曲线光滑且按照二系悬挂频率 2.1 Hz 振动，同时车体振动曲线出现上下

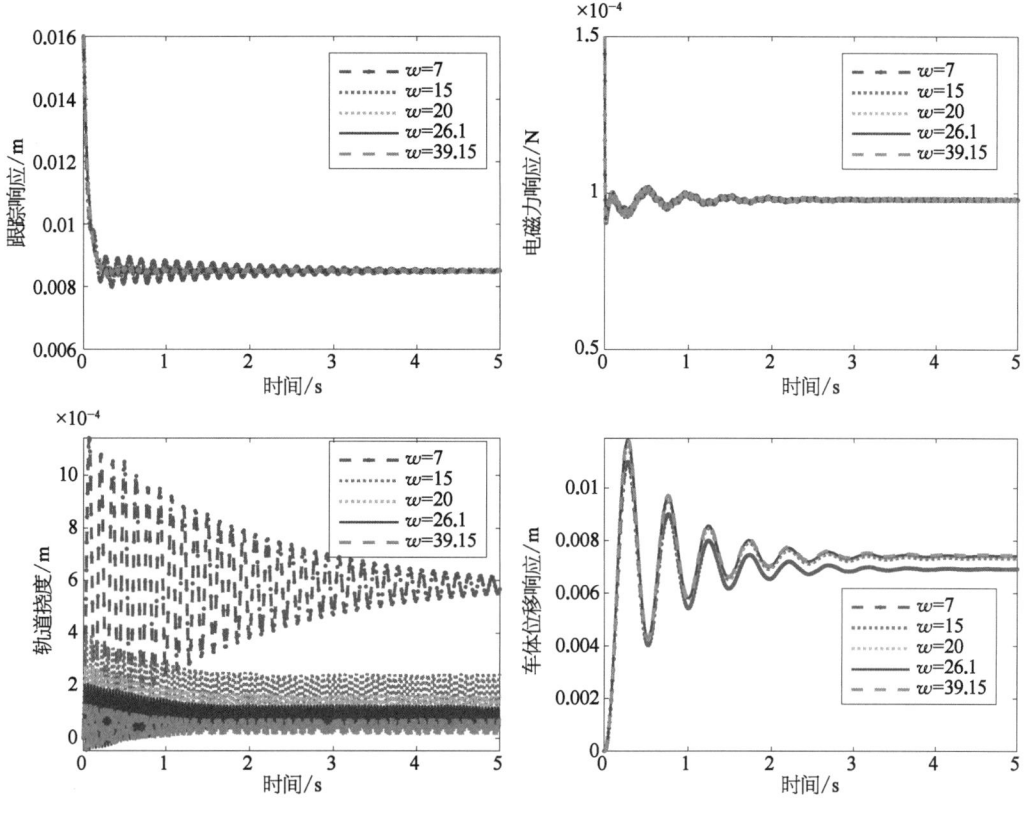

图 2-36 轨道频率对动力学的影响规律

偏移,这主要是由于轨道变形导致的整体车体位移偏移;悬浮间隙以及电磁力受到车体和轨道梁振动的共同影响,其振动响应都包含轨道梁频率和二系悬挂频率 2.1 Hz 成分,其中电磁力主要受车体振动影响;同时随着轨道梁频率增高,悬浮间隙响应的振动频率也越高,但其振动幅值会随之降低。

2.4.3 控制参数的影响

1) k_p 的影响

下面通过数值仿真分析控制参数 k_p 对单电磁体-柔性轨道系统的影响。其中车辆载荷取空车工况,轨道频率取 7 Hz,二系悬挂频率为 2.1 Hz,控制参数 k_d 取 370。通过改变 k_p 实现控制频率的变化,k_p 初始值设置为 10 000,分别乘以 0.5、1、2、3 和 4 以改变控制频率。改变后的具体值见表 2-3,其相应情况悬浮间隙和电磁力响应、轨道挠度和车体位移响应如图 2-37 所示,比例系数为 10 000 时的频谱分析如图 2-38 所示。

表 2-3 控制系统参数 k_p

物 理 参 数	参数值1	参数值2	参数值3	参数值4	参数值5
控制频率/Hz	5.6	11.3	18	22.8	26.7
控制增益 k_p	5 000	10 000	20 000	30 000	40 000

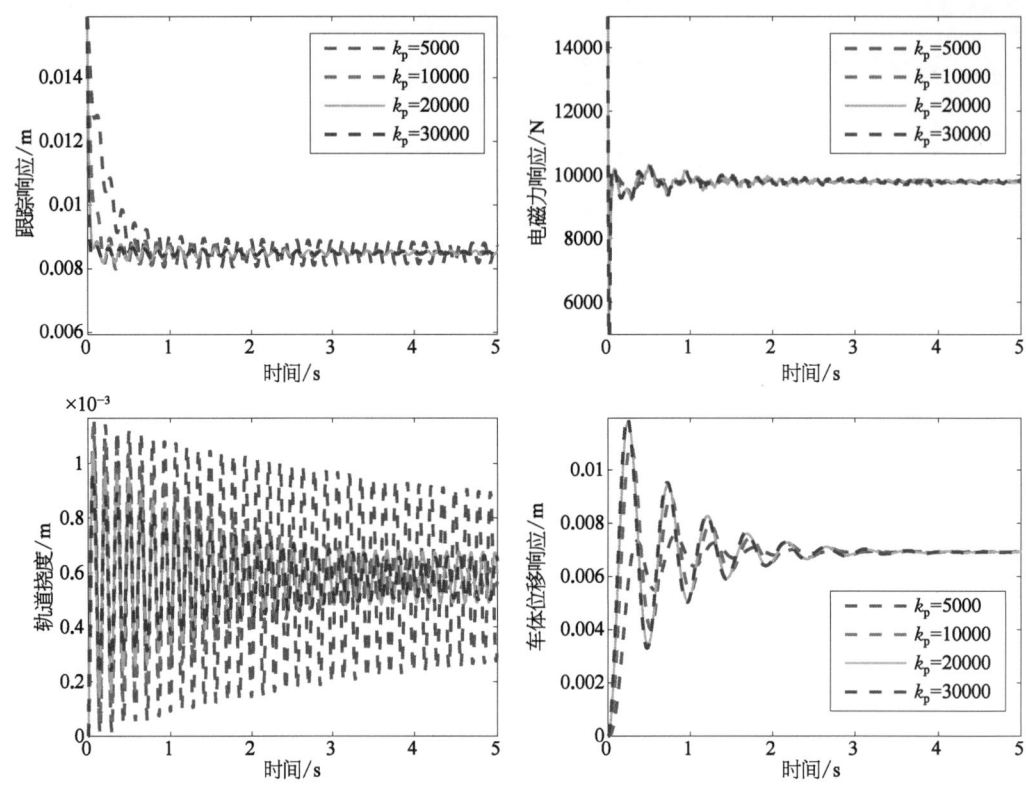

图 2-37 k_p 对动力学的影响规律

观察图 2-37 和图 2-38 可以发现:轨道梁和车辆按照各自固有频率振动,轨道梁振动频率为 7 Hz,车体振动频率为 2.1 Hz,振动频率不会随着 k_p 变化而变化;k_p 对于轨道梁的振动幅值和收敛性有一定影响,k_p 越大,轨道梁振动相对幅值越大,其中 k_p=10 000 时,轨道梁振动收敛性最快;改变 k_p,车体振动收敛性变化很小,大约在 3 s 内车体趋于平稳,k_p=20 000 和 k_p=30 000 时,车体振动幅值都为 5 mm,相对幅值最大,k_p=5 000 时,车体振动幅值相对较小;悬浮间隙以及电磁力受到车体和轨道梁振动的共同影响,悬浮间隙主要受轨道梁频率 7 Hz 影响,而电磁力主要受二系悬挂频率 2.1 Hz 影响;随着 k_p 的增加,悬浮间隙向目标位置收敛变快,另外 k_p 越大悬浮间隙波动越小;不同 k_p 条件下,电磁力波动变化不大。当 k_p 取 40 000 时,仿真结果不收敛。因此,k_p 选取受到悬浮间隙、轨道振动以及车体振动制约,后续模型 k_p 初始值选取 10 000。

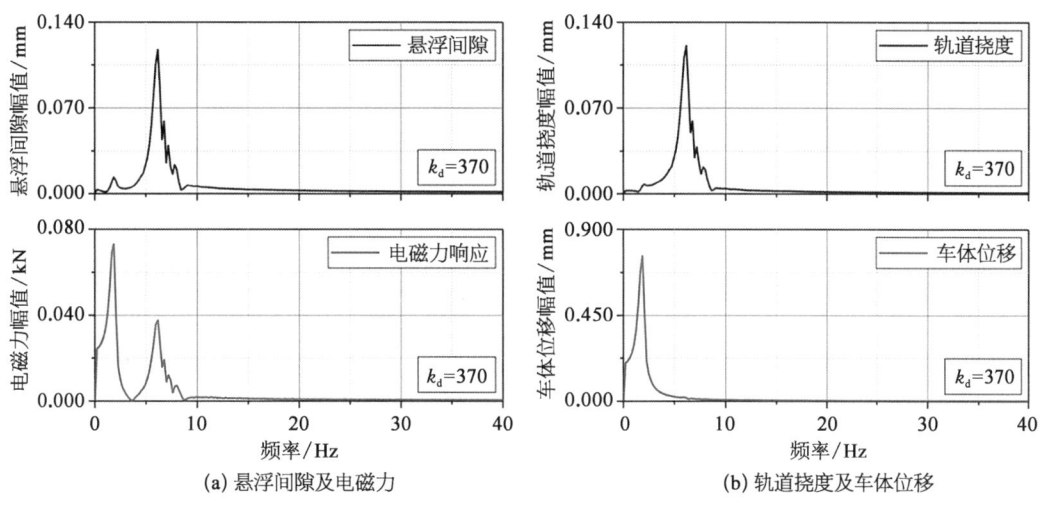

图 2-38 相应频谱图（$k_p = 10\,000$）

2）k_d 的影响

下面通过数值仿真分析控制参数 k_d 对单电磁体-柔性轨道系统的影响。其中车辆载荷取空车工况，选定轨道频率为 7 Hz，二系悬挂频率为 2.1 Hz，控制频率 11.3 Hz，控制参数 k_p 取 10 000。控制参数 k_d 初始值设置为 370，分别乘以 0.2、0.5、1 和 2 改变控制系统阻尼（表 2-4）。悬浮间隙和电磁力响应、轨道挠度和车体位移响应如图 2-39 所示。

表 2-4 控制系统参数 k_d

物理参数	参数值 1	参数值 2	参数值 3	参数值 4
控制频率/Hz	11.3	11.3	11.3	11.3
控制增益 k_p	10 000	10 000	10 000	10 000
控制增益 k_d	74	185	370	740
阻尼比	0.4	1	1.3	4

观察图 2-39 可以发现：轨道桥梁的振动频率以 7 Hz 频率为主，k_d 取 370 时，轨道振动收敛性最好，k_d 取 185 和 74 时的收敛性几乎相同，而 $k_d = 740$ 时，振动收敛性最差；车体按照 2.1 Hz 频率振动，k_d 越大，车体振动收敛性略好。对于悬浮间隙而言，$k_d = 74$ 时，悬浮间隙逐渐向目标位置靠近且第一次通过平衡位置后，悬浮间隙呈现向上运动的趋势，这主要是因为系统阻尼太小。对比不同控制参数的表现，k_d 值越大，响应第一次达到平衡位置时间越长，且 $k_d = 740$ 时，悬浮间隙波动最大。电磁力的差别主要表现在从初始状态到达平衡位置的一小段时间，当 k_d 较小时，系统阻尼不足，电磁力围绕平衡位置点有较大的波动。结合上述分析，后续综合模型 k_d 初始值选取 370。

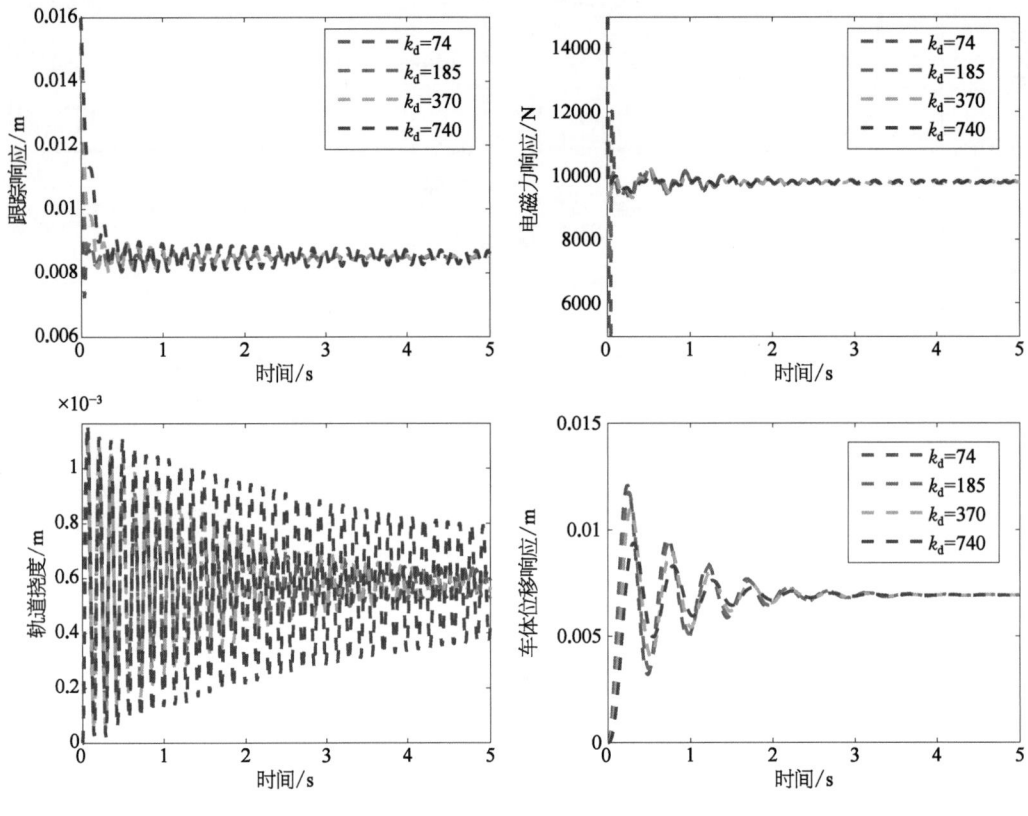

图2-39 k_d 对动力学的影响规律

综上可得如下结论：

以单点模型为对象研究在自由起浮过程中的轨道梁及车体按照各自固有频率振动。二系悬挂刚度直接影响车体的振动频率，但对轨道桥梁振动影响较小；在未发生共振现象时，轨道频率直接影响轨道的振动响应，但是对车体的振动影响较小；悬浮间隙波动表现出对轨道的跟随性，电磁力则表现出对车体载荷波动的对抗性。控制参数 k_p、k_d 的选取受到悬浮间隙、轨道振动以及车体振动制约，需要根据实际参数合理选取。

2.4.4 整车动力学建模和验证

基于单电磁铁的车轨耦合数学模型，虽然有利于机理的探讨，但是进行了大量简化，再做更精确的动力学分析时，往往不够有效。因此，需要建立整车的车轨耦合动力学模型，并验证模型的有效性。

根据车辆子系统、控制系统和轨道子系统的分析，可将车辆-轨道耦合系统的动力学方程表示如下：

$$\left.\begin{array}{l}M_V\ddot{X}_V+C_V\dot{X}_V+K_VX_V=F_{TrV}\\ M_{Tr}\ddot{X}_{Tr}+C_{Tr}\dot{X}_{Tr}+K_{Tr}X_{Tr}=F_{VTr}+F_{TuTr}\\ M_{Tu}\ddot{X}_{Tu}+C_{Tu}\dot{X}_{Tu}+K_{Tu}X_{Tu}=F_{TrTu}\end{array}\right\} \quad (2-31)$$

式中 下标 V、Tr、Tu——车辆、轨道和轨道子系统；

M，C，K——各子系统的质量、阻尼和刚度矩阵；

X，$\dot{X}$，$\ddot{X}$——广义位移、速度和加速度向量；

F_{TrV}，F_{VTr}——悬浮电磁铁与轨道间的动态相互作用载荷；

F_{TuTr}，F_{TrTu}——轨道和道岔之间的动态相互作用载荷。

此外，可通过子结构法快速建立任意编组的列车子系统动力学模型，如图 2-40 所示。然后对组装好的列车-轨道-道岔动态相互作用模型集成到 UM 软件中，这里采用 Park 方法求解该模型，求解的时间间隔设置为 0.000 2 s。Park 方法与二阶的 A-stable BDF 方法相比具有更小的截断误差，其预测公式为

$$q_{i+1,p}=4q_i-6q_{i-1}+4q_{i-2}-q_{i-3} \quad (2-32)$$

$$v_{i+1,p}=\frac{1}{6h}(10q_{i+1,p}-15q_i+6q_{i-1}-q_{i-2}) \quad (2-33)$$

校正公式为

$$\left.\begin{array}{l}q_{i+1}=q_{i+1,p}+\delta q_{i+1}\\ v_{i+1}=v_{i+1,p}+\dfrac{\delta q_{i+1}}{\alpha},\ \alpha=0.6h\\ a_{i+1}=\dfrac{1}{6h}(10v_{i+1}-15v_i+6v_{i-1}-v_{i-2})=a_{i+1,p}+\dfrac{\delta q_{i+1}}{\alpha^2}\end{array}\right\} \quad (2-34)$$

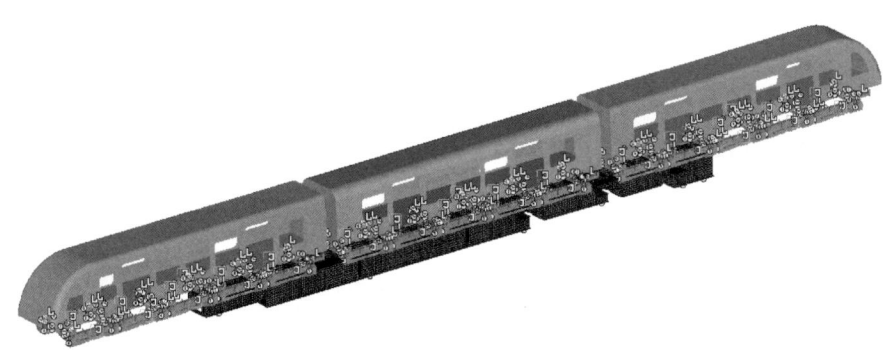

图 2-40 磁浮列车-轨道系统刚柔耦合动力学模型

目前，中低速磁浮线路（商业线和试验线）普遍采用混凝土简支梁，考虑到简支梁有限元建模的便捷性以及该种梁型的边界条件较为明确，为验证所建模型的有效性，以进一步

完善车辆-道岔耦合系统动力学模型,研究人员在试验过程中获得了单节车辆通过 25 m 混凝土简支梁的动态响应数据,建立了 25 m 的轨道-桥梁有限元模型。对试验车辆以 20 km/h 的速度通过该线路的桥梁跨中截面处的垂向动位移和垂向加速度实测与仿真结果进行了对比,如图 2-41 和图 2-42 所示。

从图 2-41 可以看出,空载状态的试验车辆以 20 km/h 通过 25 m 混凝土简支梁时,该梁跨中截面处的垂向动位移时程曲线仿真结果与实测结果吻合较好,主要反映在以下两点:① 进、出桥两个阶段的动位移曲线斜率基本一致;② 垂向动位移幅值均约为 1.7 mm。此外,在实测结果的第 2~4 s 时间段内,桥梁表现出了轻微的上拱现象,这主要是因为相邻的混凝土简支梁之间通过共同的桥墩连接,在一定程度上存在弱耦合作用,而仿真模型中未考虑桥墩和多跨桥梁参振的影响。

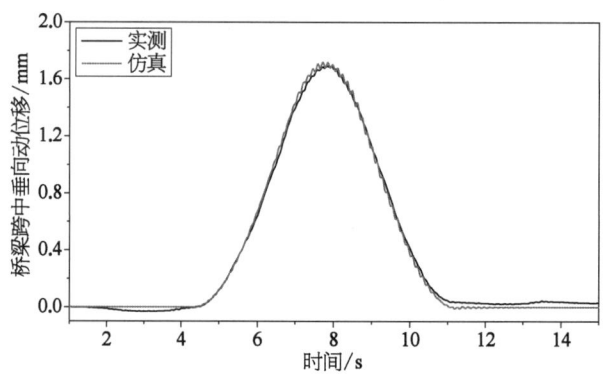

图 2-41 桥梁跨中垂向动位移仿真与实测对比

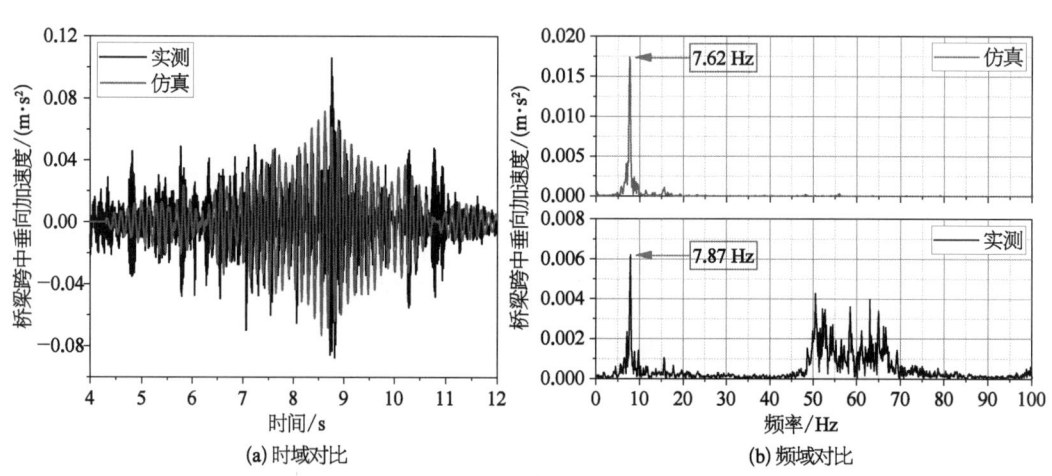

图 2-42 桥梁跨中垂向加速度仿真与实测对比

从图 2-42a 可以看出,桥梁跨中的垂向加速度幅值实测结果高于仿真结果,实测值不超过 0.12 m/s²，仿真值不超过 0.08 m/s²；在车辆的通过阶段，仿真的加速度波形与实测结果较为吻合。从图 2-42b 可以进一步看出，桥梁跨中垂向加速度主频的实测和仿真结果较为接近，分别为 7.87 Hz 和 7.62 Hz，表明建立的线路有限元模型可以有效地反映线路结构的实际情况；但值得注意的是，仿真结果中主频下贡献的振动幅值比实测结果大，这种差异可能是由悬浮控制算法及其参数、轨道不平顺等因素导致；同时，在实测结果的 50~70 Hz 范围内还存在局部的优势振动频率成分，这些局部的优势振动频率可能为轨排的扭转振动模态，与此同时仿真结果没有表现出这一特性，这是因为有限元模型中没有考虑扭转模态。因此，实测的桥梁跨中垂向加速度幅值比仿真结果大，是由主频和高阶局部优势振动模态叠加贡献所致。

由以上分析可知，车辆-轨道-桥梁系统刚柔耦合动力学模型的建模思路是可行的，可以按照该方法建立列磁轨关系和动力学模型，并基于该模型开展相关研究。

第 3 章

列车总体

轨道交通车辆是一种跨专业、跨领域、综合性强的现代交通运输工具。列车的总体设计必须在满足市场需求的基础上，结合当前科技研发的新成果，达到高性能、高可靠性、低成本的列车车辆系统目标。车辆总体设计包括横向和纵向两个维度，横向是指明确车辆与外部系统之间的接口关系，即边界条件或使用条件，保证其他系统的正常工作；纵向是指理清车辆内部各物理子系统间的关系，保证系统功能不缺失也不交叉重复，实现车辆总体的设计目标。车辆纵向设计主要包括运输能力、舒适性、安全性、环境友好性等总体性能、基本结构尺寸、车辆外形以及对各系统和部件设计目标的确定。本书重点对 100 km/h 速度等级列车以 3 节车辆编组为例进行介绍。

3.1 总体技术要求

3.1.1 使用条件

1）环境条件

（1）正常工作的海拔高度符合《轨道交通　设备环境条件　第1部分：机车车辆设备》(GB/T 32347.1—2015)规定的海拔分级 G1.4。

（2）环境温度符合《轨道交通　设备环境条件　第1部分：机车车辆设备》(GB/T 32347.1—2015)规定的空气温度分级 T3，基准温度分级宜选择 TR2。

（3）最湿月月平均最大相对湿度不大于90%（该月月平均温度为25℃）。

（4）风速达到 74 km/h(8级)时，列车限速 30 km/h 缓慢运行；风速超过8级时，列车停止运转，线上停车。

（5）车辆能承受一般的风、沙、雨、雪的侵袭及车辆清洗时清洗剂的作用，车辆在线路上运行时的最大风速不大于8级。

2）线路条件

中低速磁浮线路宜采用高架形式，正线一般为双线，辅线为单线。根据现行标准和工程化经验，中低速磁浮列车适应线路条件主要包括轨距、曲线半径、最大坡度、横坡角、轨排、道岔及站台参数等。

（1）轨距。轨距影响车宽、车厢内地板最大有效面积、车辆动力学及运行平稳性等技术指标。目前，国内中低速磁浮交通有 1 860 mm 和 2 000 mm 两种轨距。研究表明，在这两种轨距条件下，车辆动力学性能优良，适配 2.8 m、3 m 宽车体。综合考虑国内运营及在建线路现状（轨距以 1 860 mm 为主）、运能定位、限界及经济性等因素，根据《磁浮铁路技术标准(试行)》(TB 10630—2019)制定过程,推荐采用 1 860 mm 轨距。

(2) 曲线半径。线路曲线半径根据线路设计、运行速度、车辆曲线通过能力以及施工难易程度等因素合理选用。地铁车辆最小平曲线一般为 R 300 m,最小竖曲线为 R 5 000 m,中低速磁浮列车以其独特的走行机构在曲线通过能力上较地铁具有一定优势。表 3-1 为目前国内在运营及在建中低速磁浮线路曲线半径情况。

表 3-1 国内在运营及在建线路曲线半径情况　　　　　　　　单位:m

曲线类型	长沙磁浮快线	北京地铁 S1 线	清远磁浮旅游专线	凤凰磁浮观光快线
最小平曲线半径	100	100	100	75
最小竖曲线半径	1 500	1 500	1 500	1 500

(3) 最大坡度。最大坡度除考虑车辆正常运行工况外,还需考虑车辆故障、救援工况及坡道长度,与牵引变流器、电机的热容量以及长大下坡时紧急制动能力(制动闸片的热容量)等因素,若坡道设置过大,对系统容量要求过高,车辆配置高,经济性下降。根据列车故障运行和救援能力分析,线路最大坡道要求如下:正线最大坡度不宜大于 50‰,困难地段不大于 60‰。

(4) 线路横坡角。钢轮钢轨的横坡角设置根据车辆倾覆安全度决定,而磁浮交通不存在翻车的情况,重点考虑曲线通过、舒适性两个方面。根据《湖南省中低速磁浮交通设计标准》(DBJ43/T 007—2017)及工程化经验,建议最大横坡角不大于 6°,横坡角变化率不大于 0.1°/m。

(5) 轨排。与传统轮轨铁路轨道相比,轨排不仅承受和传递列车重力、导向力、牵引力和制动力,还与车载电磁铁、直线电机和悬浮传感器构成电磁回路,实现列车悬浮、导向、驱动及制动等功能。轨排的性能参数、结构尺寸及安装公差等影响列车的运行安全和品质,其中轨道不平顺是引起列车振动、车轨作用力增大的主要根源,对列车平稳舒适和行车安全都有重要的影响。轨道平顺性是轨道结构综合性能和承载能力的重要体现,根据对磁浮车辆激扰作用的方向,轨道不平顺可分为轨距、轨排磁极面平面度、高低、轨向等。

因此,在进行车辆与轨排参数匹配设计时,既要满足车辆可靠运行对轨排的要求,又要避免因对轨排要求过高而导致系统造价增加。轨排技术条件见表 3-2。

表 3-2 轨排技术参数

序号	项目	技术条件
1	感应板	
1.1	感应板尺寸参数	如图 3-1 所示

(续表)

序号	项目	技 术 条 件
1.2	感应板材料及性能	(1) 感应板推荐采用电导率较高的铝合金,符合《一般工业用铝及铝合金挤压型材》(GB/T 6892—2015)的规定,其导电率不小于59%IACS; (2) 抗拉强度不小于230 MPa,屈服强度不小于220 MPa,伸长率不小于8%
1.3	感应板表面不平整度	不大于 0.5 mm/2 m
1.4	感应板分段长度	感应板一般为直线形。在曲线地段,采用分段的直线感应板拟合曲线,其分段长度应根据平面曲线半径的不同而不同,感应板长度为0.8~3 m
1.5	感应板之间的间隙	1~2 mm,接缝两侧须进行可靠的电连接
2	F轨	
2.1	F轨尺寸参数	如图3-2所示
2.2	F轨材料及性能	饱和磁通密度不小于1.4 T,宜选用Q235B或Q235D
2.3	F轨面高低	单磁极面沿轨道方向的平面度不大于1.5 mm/4 m且不大于3 mm/10 m(测量弦长4 m或10 m)
2.4	F轨轨向	单磁极面沿轨道方向的直线度不大于1.5 mm/4 m且不大于3 mm/10 m(测量弦长4 m或10 m)
3	轨枕	
3.1	轨枕宽度	(200±10) mm(推荐)
3.2	轨枕间距	(1) 正线1 200 mm,轨排接头位置等特殊地段不小于600 mm; (2) 距站台30 m范围内轨枕中心距(600±10) mm; (3) 车辆段轨枕间距不大于1 400 mm
3.3	轨枕上下表面平面度	≤0.5 mm
4	轨排	
4.1	轨距	(1 860±1) mm
4.2	轨排尺寸参数	如图3-3所示
4.3	轨排长度	标准长度宜为12 m,非标准长度宜为1.2 m的整数倍,最短不应小于3.6 m
4.4	四磁极面平面度	±1.5 mm/3 m
4.5	相邻F轨缝隙	≤40 mm
4.6	相邻F轨缝隙间距	≥500 mm
4.7	接头处F轨上下/左右错位	≤1 mm

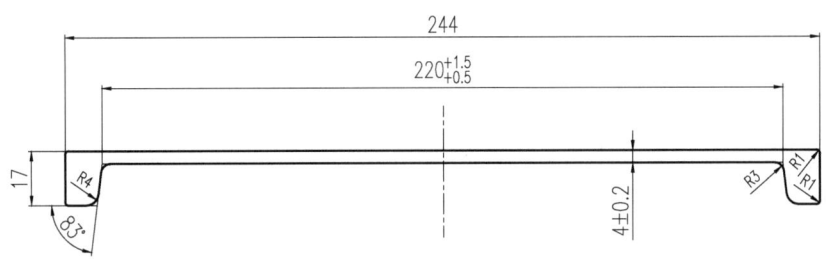

图3-1 感应板尺寸

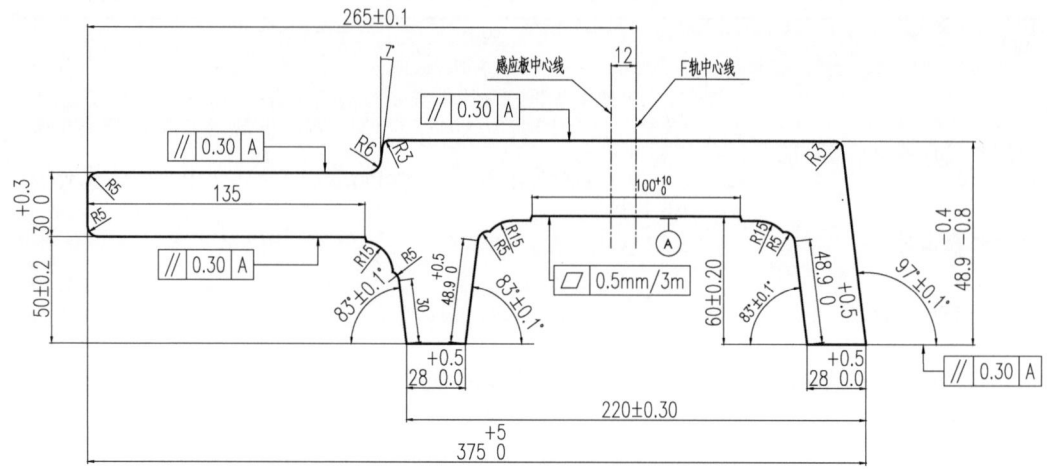

图 3-2　F 轨尺寸

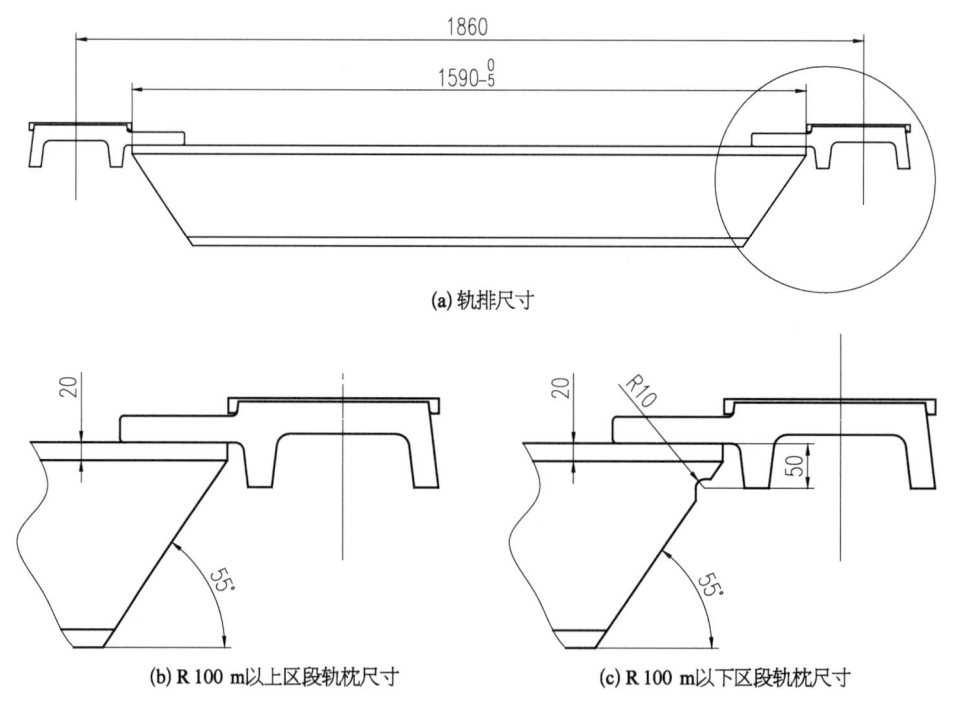

(a) 轨排尺寸

(b) R 100 m 以上区段轨枕尺寸　　(c) R 100 m 以下区段轨枕尺寸

图 3-3　轨排尺寸与轨枕尺寸

(6) 道岔。道岔主要技术指标见表 3-3。

(7) 站台参数。站台高度不大于 830 mm；站台边缘至线路中心线的距离在车辆半宽的基础上增加 100 mm。

表 3-3 道岔主要技术指标

项 目	参 数	备 注
通过速度	直线:满足线路最高运行速度通过 侧线:不大于 25 km/h	侧向未平衡离心加速度不大于 0.4 m/s²
动作时间	相邻道岔转辙时间不应大于 15 s	
道岔梁挠度	竖向:不大于 $L/3\,800$ 横向:不大于 $L/2\,600$	L 为道岔梁跨度
自振频率	小于 10 Hz	

3) 供电条件

世界各国城市轨道交通的供电电压大多在 DC 600～1 500 V,我国《城市轨道交通直流牵引供电系统》(GB/T 10411—2005)中规定城市轨道交通供电系统选择直流电压为 DC 750 V 和 DC 1 500 V 两种。目前除北京、天津等城市采用 DC 750 V 外,大部分新建轨道交通的城市采用 DC 1 500 V。DC 1 500 V 与 DC 750 V 比较有以下优点:

(1) 牵引电网供电质量提高,降低地铁迷流数值,增加牵引供电距离,减少牵引变电所数量。

(2) 便于供电线路实现地下、地面和高架的连接。

中低速磁浮列车主要运用于市区、市域(郊)交通,采用与地铁相同的电压供电,有利于变电站的设置和建设,具有与地铁变电站兼容的可能性。目前国内外中低速磁浮交通线路如日本东部丘陵线、韩国仁川机场线以及长沙磁浮快线、北京地铁 S1 线等均采用 DC 1 500 V 的牵引供电电压。除此之外,中低速磁浮列车主要在高架线路运行,布置在线路上的接触轨与地面有较大的距离,地面人员不易接近,因此中低速磁浮车辆普遍采用接触轨-受流器的方式供电。

供电条件见表 3-4。

表 3-4 供电条件

项 目		参 数
受电方式		侧边受流轨受流
供电电压	额定供电电压	DC 1 500 V
	电压变化范围	DC 1 000～1 800 V
	列车过电压保护值	DC 1 980 V
受流轨中心高度(距轨面)		650 mm

4) 车辆限界

城市轨道交通车辆采用动态包络线制定限界标准[《地铁限界标准》(CJJ/T 96—

2018)],限界由车辆限界、设备限界、建筑限界三者构成。考虑中低速磁浮交通运营模式基本和现有城市轨道交通相仿,速度等级差异不大,区别在于走行机构与F轨的作用关系不同于钢轮/钢轨系统,为保持与现有城轨限界标准的一致性,中低速磁浮交通限界采用城市轨道交通的限界体系对各专业方向进行限界约束,即车辆设计制造受控于车辆限界,线路设备布置由设备限界进行限定,建筑断面设计尺寸需满足建筑限界要求。

根据标准规定,车辆限界是指计算车辆空车与重车在平直轨道上按区间最高速度并附加瞬时超速、规定的过站速度运行,计及规定的车辆和轨道的公差值、弹性变形量、车辆振动、二系悬挂故障、悬浮故障等状态下运行的各种限定因素而产生的车辆各部位横向和竖向动态偏移后形成的动态包络线,并以基准坐标系表示的界线。

目前,中低速磁浮交通运营时间短且线路少,运营数据不多,车辆限界相关标准尚需进一步验证。根据国内工程化经验,以2800 mm车宽为例,车辆限界及控制点坐标分别如图3-4和表3-5所示。

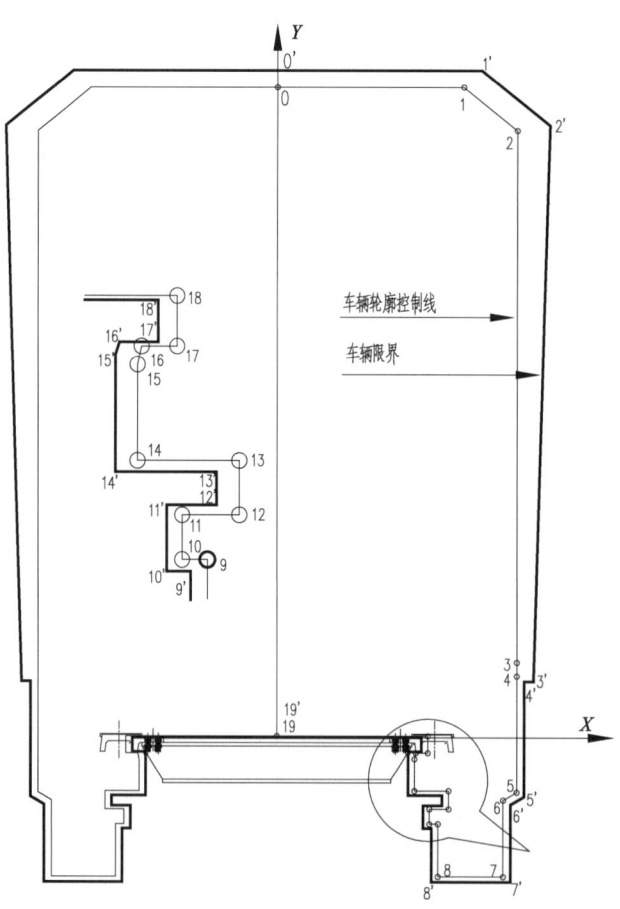

图3-4 车辆轮廓控制线及车辆限界

表 3-5 车辆限界坐标

控制点	X 坐标	Y 坐标	控制点	X 坐标	Y 坐标
0	0	3 813	10′	862	−520
1′	1 201	3 813	11′	862	−390
2′	1 597	3 498	12′	974	−390
3′	1 504	320	13′	974	−331
4′	1 451	320	14′	774	−331
5′	1 451	−339	15′	774	−103
6′	1 373	−384	16′	782	−80
7′	1 373	−825	17′	852	−80
8′	912	−825	18′	852	0
9′	912	−520	19′	0	0

3.1.2 车辆基本参数

1) 车辆型式

中低速磁浮车辆全部为动车,其中分为带司机室车辆(Mc 车)和无司机室车辆(M 车)。

2) 基本尺寸

车辆基本尺寸见表 3-6。

表 3-6 车辆基本尺寸

项　　目	参　数
Mc 车车体长度	≤16 000 mm
M 车车体长度	15 000 mm
Mc 车车辆长度(车钩连接面之间的距离)	16 355 mm
M 车车辆长度(车钩连接面之间的距离)	15 600 mm
车辆定距	8 400 mm
模块中心距	2 800 mm
车辆宽度	2 800 mm
车辆高度(轨面至车顶高)	≤3 780 mm
车体地板面距轨面高度(落浮状态)	960 mm
客室车门开宽度	1 300 mm
客室车门开启时门槛以上高度	1 850 mm
每辆车的相邻客室车门中心距离	7 170 mm

(续表)

项　　目	参　数
相邻车与车客室门中心线之间的距离	8 430 mm
贯通道通过宽度	≥850 mm
贯通道通过高度	≥1 900 mm
线性轴承导轨安装面距轨面高度	560 mm
车钩中心线距轨面高度	680 mm

注：轨面指 F 轨磁极面。

3) 车辆重量

车辆重量作为车辆综合性的技术指标，与系统功能、性能要求等因素密切相关，100 km/h 速度等级磁浮车辆整备状态下重量为：Mc 车不大于 24.5 t；Mc 车不大于 23 t。

4) 悬浮能力

车辆悬浮力来自车载电磁铁与 F 轨之间的电磁吸力，限制电磁铁电磁力的因素有很多，如磁路结构、导磁材料、安匝数、悬浮间隙和漏磁等。根据电磁学原理，忽略绕组漏磁通，不计铁心及轨道磁阻，静态磁场下电磁铁电磁力为

$$F = \mu_0 \times S \times (NI)^2 / (2\delta^2) \tag{3-1}$$

式中　μ_0——真空中磁导率；
　　　S——电磁铁磁极面与轨道作用面积；
　　　N——电磁铁绕组匝数；
　　　I——控制线圈电流；
　　　δ——悬浮间隙。

根据式(3-1)可知，在悬浮控制间隙不变的情况下，理论上通过增大电磁铁磁极作用面积和安匝数可提升悬浮力，但实际上受电磁铁和 F 轨的结构尺寸、材料磁饱和以及绝缘耐受极限等因素的制约，悬浮力被限定在一定范围内。

相关研究和工程化经验表明，基于材料磁饱和效应、电磁铁温升及使用寿命的考虑，电磁铁的额定工作电流不宜超过 40 A。车辆运行过程中悬浮间隙不断变化，平均值在 9 mm 左右。根据电磁铁台架试验数据可知，当线圈电流为 40 A，悬浮间隙为 9 mm 时，单台电磁铁静态悬浮力为 41.4 kN（电磁铁长度为 2.72 m）。考虑涡流损耗、磁滞损耗、横向分力以及载荷不均度等因素，实际应用时单台电磁铁最大悬浮力一般按照静态悬浮力的 80% 进行设定，约为 3.5 t。目前，国内已运营中低速磁浮车辆均采用 5 模块悬浮架，每辆车有 10 台电磁铁，相应的车辆最大悬浮力为 35 t。

表3-7为国内外电磁铁悬浮力对比情况。从表中可以看出,国内中低速磁浮车辆电磁铁的悬浮能力已达到国际领先水平,相比日本的HSST系统,每延米的最大悬浮能力提升了11.2%。

表3-7 国内外电磁铁悬浮能力对比

项 目	日本东部丘陵线（2005年）	韩国仁川机场线（2014年）	长沙磁浮快线（2015年）	北京地铁S1线（2016年）	清远磁浮旅游专线凤凰磁浮观光快线（2019年）
车辆最大悬浮力/t	28	26.5	33	35	35
悬浮架模块数/个	5	4	5	5	5
模块中心距/m	2.5	2.7	2.8	2.74	2.8
电磁铁数量/车	10	8	10	10	10
电磁铁长度/m	2.42	2.62	2.72	2.65	2.72
电磁铁的每延米悬浮力/(t·m^{-1})	1.157	1.264	1.213	1.32	1.287

5）载客量

载客量与车辆自重、站立面积和最大悬浮能力等相关。站立面积不能太大,否则容易超载;也不能太小,易导致过于拥挤,影响乘坐舒适性。地铁车辆属大运量轨道车辆,《地铁设计规范》(GB 50157—2013)规定,车辆定员和超员立席人数应分别按照6人/m^2、9人/m^{2}进行计算。中低速磁浮交通属于中运量轨道车辆,适用于大城市内非骨干线、市域（郊）线及旅游观光线等,对乘坐舒适性关注较多。根据《市域（郊）铁路设计规范》(TB 10624—2020)的规定,车辆定员和超员立席人数分别按照4人/m^2、6人/m^{2}进行计算,中低速磁浮车辆载客量计算参照此规范执行,但超员情况下不得超出车辆最大悬浮力。

中低速磁浮车辆座椅主要采用典型的"横排+纵排"布置方式,如图3-5所示。基于车辆基本尺寸的要求,车辆载客量见表3-8。

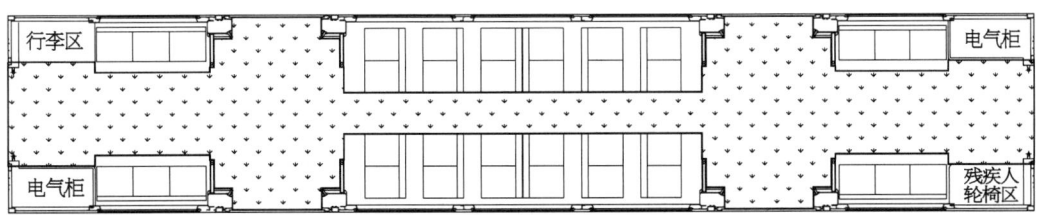

图3-5 M车客室座椅布置

表 3-8 车辆载客量

载荷工况	Mc车	M车	备 注
坐席(AW0)	34	36	带轮椅区车坐席减少3个
定员(AW2,4 人/m^2)	108	120	
超员(AW3,6 人/m^2)	175	200	

3.1.3 列车动力特性

列车动力特性主要包括牵引和制动性能,是列车安全运行的重要保障。性能指标与最高运行速度、站间距、追踪间隔、乘坐舒适性等因素相关,不能一味地追求高标准,应与线路运营需求相适应。一般而言,市区人口密集,站间距短、车辆追踪间隔小,为提高平均旅行速度,需要快启速停,其启动加速度和制动减速度要求较高,但由于站间距较小,其最高运行速度较低。而市域(郊)线路,客流相对较小,站间距较大,列车运行速度较高,车辆追踪间隔较长,区间高速运行距离占比较大,加速和制动距离对平均旅行速度影响小,牵引加速度和制动减速度略小,这样有利于系统的经济性。

1) 牵引性能

列车牵引性能见表 3-9。

表 3-9 列车牵引性能参数

项 目	参 数	备 注
最高运行速度	100 km/h	
启动加速度(0~40 km/h)	≥1.0 m/s^2	定员(AW2)情况下,在平直干燥线路上,额定电压 DC 1 500 V 供电
平均加速度(零至最高速度)	≥0.45 m/s^2	
退行速度	≤10 km/h	
联挂速度	≤5 km/h	
洗车工况下速度	3 km/h	
牵引冲动极限	≤0.75 m/s^3	

城市轨道交通车辆的牵引特性曲线一般分为恒转矩区、恒功区和自然特性区,而中低速磁浮列车牵引特性曲线有所不同。列车运行过程中直线电机除产生牵引力外,在初级和次级间还存在法向力,法向力的大小随着电机气隙、转差频率等运行条件的变化而变化。对于悬浮系统,法向力的存在对悬浮控制造成干扰,不利于悬浮稳定性。综合考虑牵引力、法向力和悬浮控制等方面,牵引控制主要采取恒滑差频率控制方式,在保证足够牵引力的同时又对法向力加以抑制,使其限定在一定范围内且波动不大,从而减小对悬浮控制的影响。

目前，100 km/h 磁浮列车牵引控制采用恒滑差频率控制方式，其牵引特性曲线如图 3-6 所示，主要分为从启动到额定速度的恒转矩区和从额定速度到最高速的自然特性区。在额定速度前，电机恒电流运行，牵引力基本恒定（不考虑端部效应）；额定速度时电机输出功率达到最大值；在额定速度后，电机恒电压运行，牵引力反比于速度的平方下降，电机输出功率不断减小。

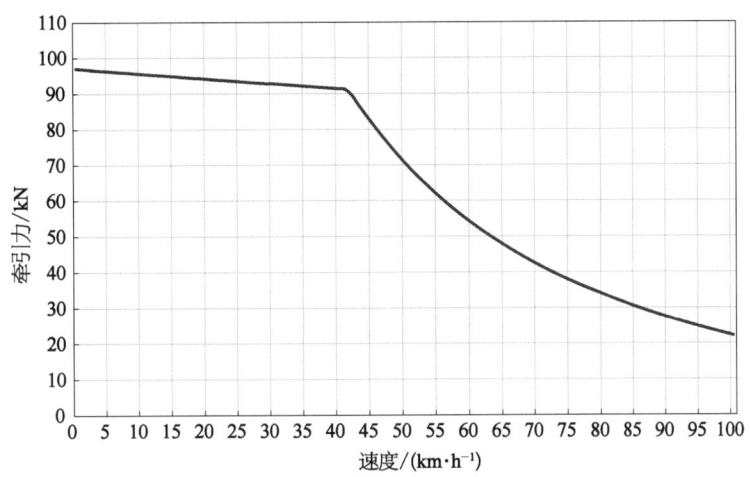

图 3-6　100 km/h 磁浮列车牵引特性曲线

2）制动性能

从制动功能及作用上分类，磁浮列车制动主要有常用制动、快速制动、紧急制动、非常制动、保持制动和停放制动几类。常用制动和快速制动采用电制动优先、电制动不足时由液压制动补充的混合制动方式。停放制动由垂向滑橇与 F 轨之间的摩擦实现，垂向滑橇与 F 轨摩擦制动方式也称为滑橇制动。非常制动采用"紧急制动＋滑橇制动"的联合制动方式。除停放制动外，不论何种载荷工况、使用何种制动模式，平直干燥无油漆轨道上的列车均应符合表 3-10 的要求。

表 3-10　列车制动性能

项　目	参　数	备　注
常用制动平均减速度	≥0.8 m/s²	列车在最高运行速度时，从给出制动指令到列车停止
快速制动平均减速度	≥1.0 m/s²	
紧急制动平均减速度	≥1.0 m/s²	
紧急制动响应时间	≤1.5 s	
电-液制动转速度换点	≤12 km/h	
常用/快速制动冲动极限	≤0.75 m/s³	

列车电制动特性与最高速度、牵引系统能力相关,100 km/h 磁浮列车的电制动曲线如图 3-7 所示。图中电制动力为理论值,实际情况受网压波动、测速精度等因素影响,存在一定的波动。

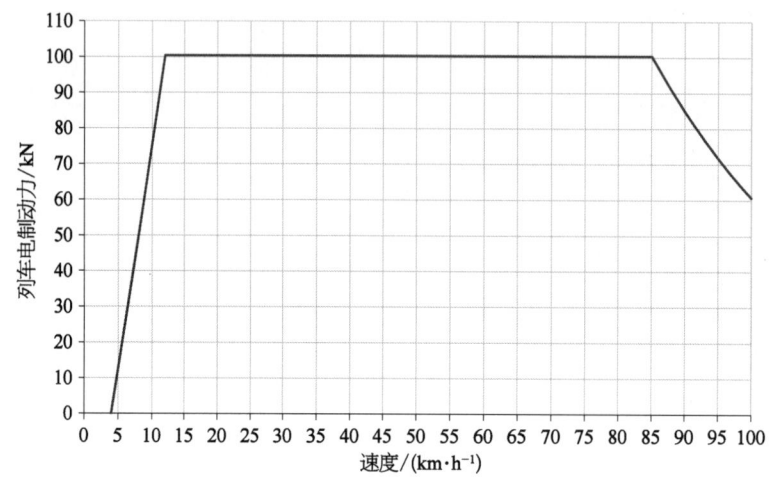

图 3-7　100 km/h 磁浮列车电制动特性曲线

3) 故障运行和救援能力

列车故障运行和救援能力是指列车出现故障时自身运行以及为其他故障列车提供救援的能力,是车辆设计的重点考虑要素,尤其是牵引和制动系统。该指标设置得既不能太高,也不能太低。设置得太高,会导致车辆配置过高,增加车辆重量和成本,造成资源浪费;设置得太低,会导致车辆对线路条件适应性降低,对线路要求高,故障情况下对线路运营组织也会产生较大影响。综合考虑车辆与线路匹配设计的经济性,列车故障运行和救援能力见表 3-11。

表 3-11　列车故障运行和救援能力(以 3 节编组为例)

工况		功能描述
故障运行	工况 1	列车最大载荷工况,丧失一节车牵引动力时,仍能在线路不大于 50‰ 的坡道上启动,并运行至终点站,退出服务
	工况 2	列车最大载荷工况,牵引正常,同一个电磁铁上出现 2 个悬浮点故障时,故障点依靠垂向滑橇支撑,应能在线路不大于 50‰ 的坡道上启动,限速 50 km/h,运行至邻近车站,退出服务
	工况 3	列车空载,牵引正常,悬浮全部失效,施放车辆支撑轮,限速 10 km/h,应能在线路不大于 50‰ 的坡道上启动,并运行至下一站后退出服务

(续表)

工况		功 能 描 述
救援	工况1	列车最大载荷,牵引失效,悬浮正常时,一列空载列车应能牵引或推送一列故障列车在线路不大于50‰的坡道上启动,并运行至下一车站清客后退出服务或返回车辆段
	工况2	列车空载,牵引失效,悬浮正常时,一列空载列车应能牵引或推送一列故障列车在线路不大于60‰的坡道上启动,并运行至下一车站后退出服务或返回车辆段

3.1.4　噪声要求

车辆噪声符合《铁路应用声学有轨车辆内的噪声测量》(ISO 3381—2021)、《铁路应用声学有轨车辆辐射噪声测量》(ISO 3095—2013)、《城市轨道交通列车噪声限值和测量方法》(GB 14892—2006)和《市域(郊)铁路设计规范》(TB 10624—2020)的相关规定,主要指标如下所示。

1) 车内噪声指标

(1) 列车在露天、平直线路的自由声场条件下停放,司机室和客室内沿车辆纵向中心线、距地板高度(1.2 ± 0.2) m 或(1.6 ± 0.2) m 处,测得的等效声级不大于 65 dB(A)。

(2) 列车在露天、平直线路的自由声场条件下,以恒定速度运行时,司机室和客室内沿车辆纵向中心线、距地板高度(1.2 ± 0.2) m 或(1.6 ± 0.2) m 处,测得的等效声级不应大于 69 dB(A)。

2) 车外噪声指标

(1) 列车在露天、平直线路的自由声场条件下停放,辅助设备正常工作时,在车外距轨道中心 7.5 m、距轨面高度(1.2 ± 0.2) m 处,测得的等效声级不大于 68 dB(A)。

(2) 列车在露天、平直线路的自由声场条件下,分别以(60 ± 3) km/h 恒定速度运行时,在车外距轨道中心 7.5 m、距轨面高度(1.2 ± 0.2) m 处,测得的等效声级不应大于 75 dB(A)。

3.1.5　运行平稳性

参照《机车车辆动力学性能评定及试验鉴定规范》(GB/T 5599—2019)规定的测试方法,列车垂向及横向运行平稳性指标 $W<2.5$。

3.1.6　振动和冲击性能

列车各种设备的振动和冲击性能应符合《轨道交通机车车辆设备冲击和振动试验》(GB/T 21563—2018)的要求。

3.1.7 防火安全要求

车辆设计须有良好的防火性能,以便最大限度地防止火灾发生。

防火设计符合 EN 45545 的所有部分,防火安全等级结合具体线路条件确定。

3.1.8 防水防尘要求

车体和安装在车体外电器箱的防水满足《城市轨道交通车辆组装后的检查与试验规则》(GB/T 14894—2005)。

地板下的设备外罩箱的 IP 等级不低于 IP54,车外直线电机、悬浮控制、空调机组及车端跨接等电连接器的 IP 等级不低于 IP67,根据功能的不同分别满足《外壳防护等级(IP代码)》(GB/T 4208—2017)。

3.1.9 气密性

列车在不同的运行速度下承受着不同的气压。当列车高速交会或高速通过隧道时,周围空气的流速和压力都会发生急剧变化,这种变化可以通过压力波的变化表现出来。其中最不利的情况是在隧道中会车。若列车不密封,压力波就会传到车厢内,当车内空气压力的变化量和变化率超过一定值时,就会刺激旅客耳朵鼓膜,引起耳胀耳痛,影响乘坐舒适性,严重时会头晕恶心,甚至耳膜破裂。因此,相关标准对气压变化率进行了规定:对于密闭车辆,司机室和客室空气压力变化应符合任意 3 s 内不大于 800 Pa,任意 1 s 内不大于 500 Pa。

研究表明,客室气压变化率主要受车辆气密性和隧道净空横断面面积影响,较好的密封性能对隧道净空横断面的选取起着重要作用。实际工程设计时综合考虑速度、限界和经济性等因素,对二者进行合理匹配,避免单一方面对车辆或隧道净空横断面要求过高。根据经验,100 km/h 以下车辆一般不考虑气密性,120 km/h 车辆根据线路条件的实际情况确定。

3.1.10 环保要求

环保符合《机车车辆非金属材料及室内空气有害物质限量》(TB/T 3139—2021)的规定。

3.1.11 电磁兼容性

轨道交通是由供电、车辆、通信信号等设备构成的一个复杂的电气系统,强、弱电共存使得轨道交通的电磁兼容问题非常突出,甚至影响到行车安全。车辆的电磁兼容设计主要考虑以下两方面:

(1) 车辆各类设备之间以及车辆和外部环境之间的电磁兼容性。中低速磁浮列车电磁环境与城市轨道交通车辆差异不大,应满足《轨道交通 电磁兼容 第3-1部分:机车车辆 列车和整车》(GB/T 24338.3—2018)和《轨道交通 电磁兼容 第3-2部分:机车车辆 设备》(GB/T 24338.4—2018)的要求。

(2) 车辆对非电离辐射和医疗辅助设施的生物影响(如心脏起搏器)。针对该问题,《手术植入物有源植入式医疗器械 第2部分:心脏起搏器》(GB 16174.2—2015)和ICNIRP导则《限制时变电场和磁场曝露的导则(1 Hz~100 kHz)》等标准对磁场发射限值进行了规定:

① 对于直流磁场,磁通量密度不应大于1 mT。

② 对于低频磁场,应满足ICNIRP导则的要求,限值如图3-8所示。

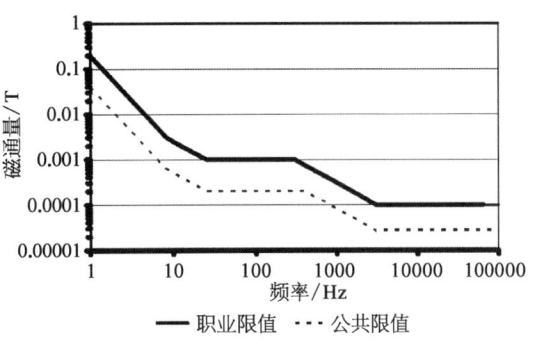

图3-8 交变磁场限值

3.1.12 使用寿命

车体、悬浮架构架等车辆主要结构设计寿命为30年,其他部件根据维护保养要求确定。

3.1.13 可靠性、可用性、可维修性和安全性

列车的可靠性、可用性、可维修性和安全性满足(所有部分)《轨道交通 可靠性、可用性、可维修性和安全性规范及示例》(GB/T 21562)的相关要求。

1) 可靠性

(1) 动力、控制、信息传输等设有冗余。

(2) 通过采取相应的结构与措施确保车辆及其零部件的可靠性。

(3) 各种接插件有良好的定位结构,不存在插错的可能。

2) 可用性

(1) 车辆上的所有标识、说明与显示或图码表示符合相关标准规定。

(2) 列车满足救援的要求。

(3) 车辆上所有系统须使用统一的时间源。

3) 可维修性

(1) 车辆设计有利于保养与维修,最大限度地减小维修工作量、降低维修成本。

(2) 车辆零部件在设计中考虑"换件修"的方便性,各组件采用模块化结构,各零部件具有良好的通用性和互换性。

4) 安全性

(1) 保证列车运行时的安全性,并具有一定的安全余量。

（2）保证电路中出现故障不造成运行危险或对旅客和乘务员造成危害,危害正常运行的故障必须能够立即识别,并按故障导向安全的原则进行设计。

（3）保证紧急故障时有相应的应急功能,如车门紧急解锁、应急照明、应急通风等。

（4）所有电气设备箱/壳体都有良好接地,确保操作及检修维护人员的安全。

（5）车辆高压电气设备具有相关的安全保护措施,包括安全联锁,确保维护和检修人员的安全,同时高压电气设备的放电不会对车辆低压控制电路造成损害。

（6）配置乘客紧急报警装置,具有乘务员与乘客间双向通信功能。

（7）车辆内有各种警告标识,包括标在司机室内的紧急制动装置、高压设备、消防设备及电器箱内的操作警示标识等。

（8）车辆设计充分考虑设备烧损的火灾隐患,以及设备炸裂的安全隐患,采取必要的安全设计结构和措施,确保安全。

3.2　列车编组及设备布置

3.2.1　列车编组

列车编组与线路近远期客流需求、行车间隔时间、线路坡度、供电系统容量等因素密切相关,主要包括车辆型式、编组辆数、动拖比三个要素。城市轨道交通列车编组有固定编组和灵活编组两种方式,以固定编组为主。

中低速磁浮列车每节车辆均为动车,每节车均配有相对独立的牵引系统,列车编组比较灵活,但考虑到牵引供电能力和合理的站台长度,编组车辆一般不宜多于 6 节。目前,中低速磁浮线路客流相对不大,以 3 节编组为主,预留重联运行的接口。建议近期或非高峰客流时段采用 3 节编组运行,远期或高峰客流时段采用 2 列车重联运行,实现远期和高峰时段"大编组、高密度"、近期和非高峰时段"小编组、高密度"的灵活运行方式,减少能耗。

图 3-9 为 3 节编组列车,由"=Mc1+M+Mc2="组成,"="表示全自动车钩,"+"表示半永久性牵引杆。

第3章 列车总体

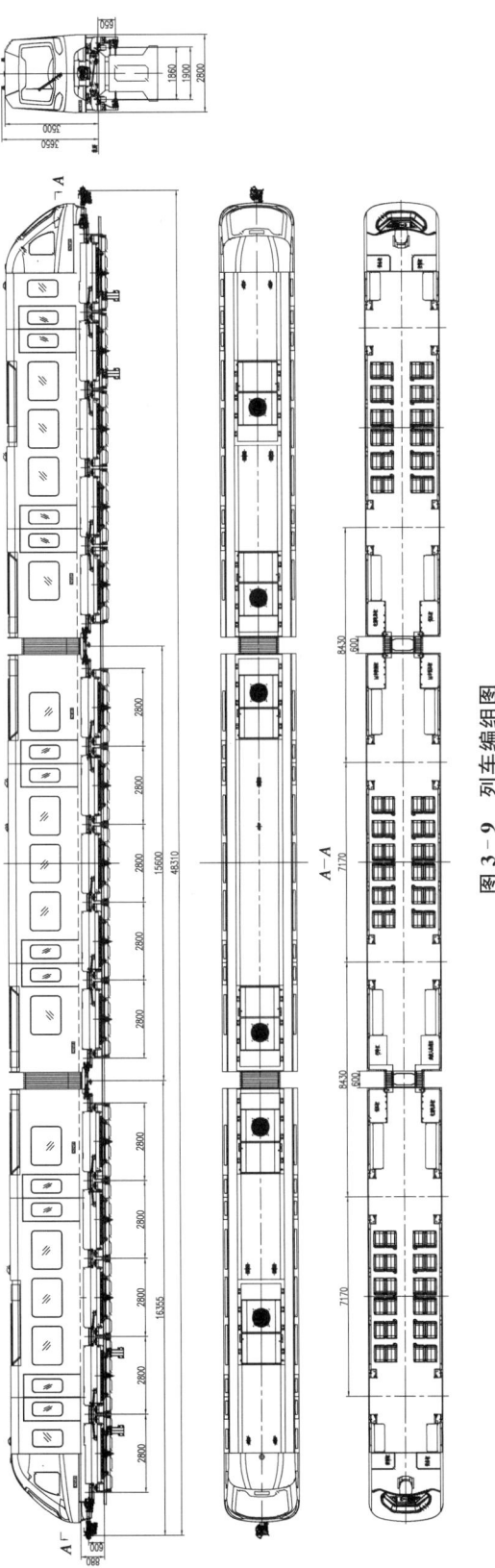

图 3-9 列车编组图

3.2.2 设备布置

中低速磁浮车辆车厢地板以上设备布置与城市轨道交通车辆基本相同,车顶主要布置顶置单元式空调机组、PIS天线和信号天线等,车内布置电气柜、与旅客乘坐界面密切相关的PIS、座椅等设备。而由于中低速磁浮车辆结构的特殊性,底架设备布置与城市轨道交通车辆的差异较大,此处重点介绍底架设备布置。

1) 底架设备布置考虑要素

(1) 设备空间。基于车辆小曲线通过、设备冷却通风、检修维护等要求,重点考虑横向稳定机构与分线盒、设备之间,设备与悬浮架及附属设备(牵引拉杆、直线电机和测速装置等)之间的安全间隙,结合限界分析,确定各悬浮架单元区域允许的设备布置空间。

(2) 重量分配。各悬浮架单元区域设备布置尽量均衡。

(3) 布线、布管。根据系统设备配置、电气原理和管路管理图,考虑电磁兼容、布线和布管的路径合理,尽量减少管线的长度。

(4) 一致性。对于端车和中车均有的设备,布置尽量保持一致,便于平台化和模块化设计。

2) 底架设备布置总体要求

针对中低速磁浮车辆结构特点,底架设备总体布局要求如下:

(1) 车体底架中央布置牵引、辅助等尺寸较大设备。

(2) 两侧布置悬浮控制器、制动、分线箱等小型设备。

(3) 主辅电缆、制动、空气管路沿中央设备和两侧设备间区域纵向布置。

(4) 控制、通信类电缆采用车体中央地板型腔走线,根据底架设备位置在地板下方适量布置若干分线盒,为底架各种设备提供控制电源、传输信号。

Mc车和M车底架主要设备布置分别如图3-10和图3-11所示。

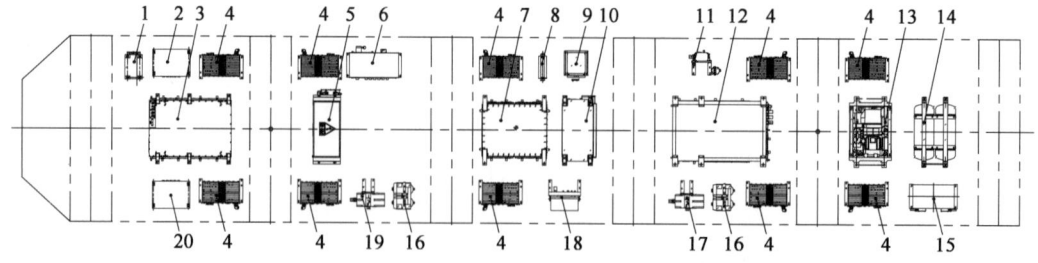

1—库用插座;2—DC 330 V分线箱1;3—悬浮电源;4—悬浮控制器;5—DC 330 V蓄电池;
6—高压分线箱;7—高压电器柜;8—接地电阻;9—避雷器箱;10—电抗器;11—液压支撑单元;
12—牵引逆变器;13—空压机;14—总风缸;15—DC 110 V蓄电池;16—制动蓄能器;
17—电液控制单元1;18—辅助气控单元;19—电液控制单元2;20—DC 330 V分线箱2

图3-10 Mc车底架设备布置

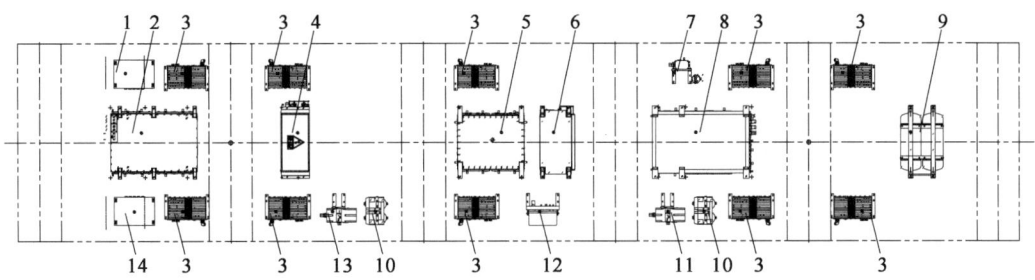

1—DC 330 V 分线箱 1；2—悬浮电源；3—悬浮控制器；4—DC 330 V 蓄电池；5—高压电器柜；
6—电抗器；7—液压支撑单元；8—牵引逆变器；9—总风缸；10—制动蓄能器；11—电液控制单元 1；
12—辅助气控单元；13—电液控制单元 2；14—DC 330 V 分线箱 2

图 3-11　M 车底架设备布置

3.3　工业设计

工业设计工作包含车辆内外造型、色彩、人机工程等多个部分。

"更轻、更快、更经济"的磁浮交通系统具有科技含量高、低噪声、建设成本低、周期短、占地少、环保低耗、环境适应性好等诸多优点，因此不仅可用于城市公共轨道交通，也特别适用于市区到旅游景点和郊区，以及市域、中等距离城市群的交通线路。

1）服务于通勤线路、机场快线的磁浮列车工业设计

车头及外形设计体现现代列车的造型特点和功能要求，要与列车整体造型相协调。车头造型设计、车厢外部造型、色彩设计要求新颖、独特、美观、现代，并融入区域特色，充分体现线路特点，确保符合各项功能要求，营造良好的驾驶环境。对需要油漆的车下设备，其颜色要求一致，并与列车整体造型与色调相融合。

列车内饰设计需满足合同要求和基本设计标准要求。设计过程中积极采用先进的设计理念，为用户提供符合功能和审美需求的设计方案。应尽量满足部件的模块化、简统化要求，以便于维修维护，并考虑轻量化设计。设计所选用的材料、结构、工艺方法等需符合成本要求。列车应考虑妇孺儿童及残障人士等人群的便捷性与安全性。

长沙磁浮快线工业设计效果如图 3-12 所示。

2）服务于旅游线路的磁浮列车工业设计

针对服务于旅游线路的"观光"列车或"主题"列车，工业设计要为磁浮车辆带来更多积极的影响和赋能，超越客户期待，吸引客户眼球，能为客户创造价值。在列车设计中，除

图 3-12 长沙磁浮快线工业设计效果

遵循基本设计原则外,还需要体现品牌文化,并且融入地域文化,综合提升乘客体验。

车头及外形设计体现高科技现代元素或与当地民俗特色融合,实现交通服务升级,提升旅客的乘坐品质。可依托数字化、智能化设备打造列车科技场景新体验。车内客室设计应在"观光"列车或"主题"列车定位上考虑总体布局的功能性、实用性、舒适性。根据客户需求,设计特色餐饮空间、豪华包房、艺术展示空间、观景区、儿童主题车厢等,达到"是列车也是景观,是出行也是旅行"的设计目标。

第 4 章

车厢及车端连接装置

车厢及车端连接装置主要包括车体、车内装饰、车钩和贯通道等结构部件。车体是车辆上部主要承载单元,车钩和贯通道用于列车之间及编组内车辆之间的连接。本章重点从各部件的功能要求、技术参数和结构组成等方面进行介绍。

4.1 车 体

车体作为磁浮车辆车厢主体的主要结构部件,其核心设计目标是保证列车的承载和安全、可靠、节能、舒适。与城市轨道交通车辆类似,考虑轻量化要求,采用大型铝合金型材焊接的整体承载结构,为车辆各种设备和乘客提供承载平台。

4.1.1 结构组成

车体结构为轻型、整体承载铝合金模块化全焊接结构,车体由顶盖、侧墙、底架、端墙、司机室骨架五大模块组成,各大部件通过焊接的方式连接。车体总体结构如图 4-1 所示,车体断面如图 4-2 所示。

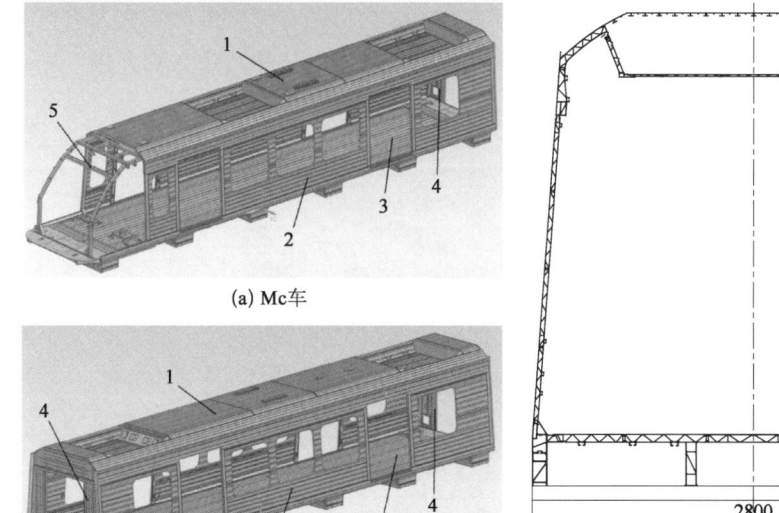

1—顶盖;2—侧墙;3—底架;4—端墙;5—司机室骨架

图 4-1 车体总体结构

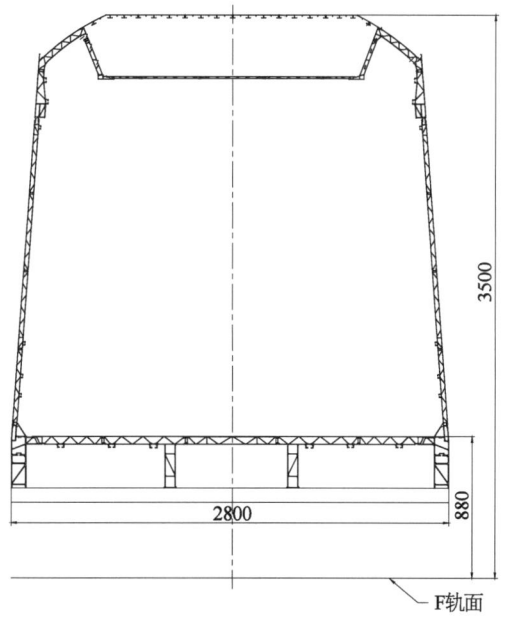

图 4-2 车体断面

1) 顶盖

顶盖结构由顶盖长梁、圆弧顶盖、空调底板、空调隔墙梁、顶盖端梁等部件组成(图4-3)。

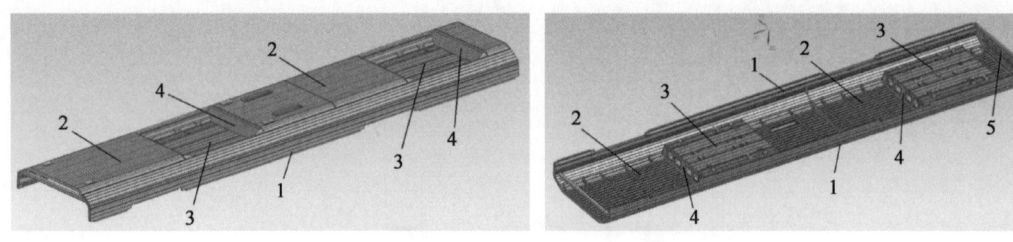

1—顶盖长梁;2—圆弧顶盖;3—空调底板;4—空调隔墙梁;5—顶盖端梁

图4-3 Mc车车体顶盖结构

顶盖长梁位于顶盖的左右两侧,提供与侧墙的连接接口。顶盖上设有空调平台,用于安装空调,从平台端板开孔向客室送回风,平台开长方形孔,用于主动废排排风。

顶盖其余区域为单层圆弧顶盖;圆弧顶盖由型材插接组成,在中间长圆弧顶盖开有空调废排孔。空调平台由型材插接组成,用于提供空调的安装。

2) 侧墙

侧墙采用分块结构,左右两侧侧墙均由大侧墙、Ⅰ端小侧墙、Ⅱ端小侧墙组成。

侧墙上部与顶盖相连,下部与底架边梁相连,各个单元在车门处分开。每侧侧墙的门洞一侧由两根门立柱和侧墙板组成(图4-4),门立柱和侧墙板都为中空铝型材,在门立柱上设计有C形槽,用于车门安装、门立柱罩和内装墙板安装等。侧墙板由4块型材拼焊而成,其上设计有C形槽,用于座椅安装、内装墙板安装、车窗安装和贴防寒棉之用。

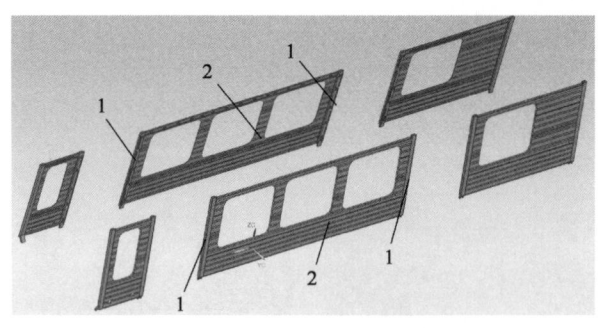

1—门立柱;2—侧墙板

图4-4 Mc车车体侧墙结构

3) 底架

底架由底架边梁、长地板、底架端梁、滑台横梁、牵引梁、短纵梁等部件组成(图4-5)。

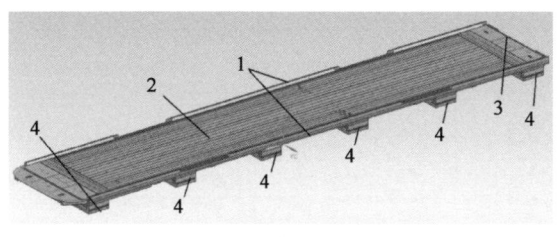 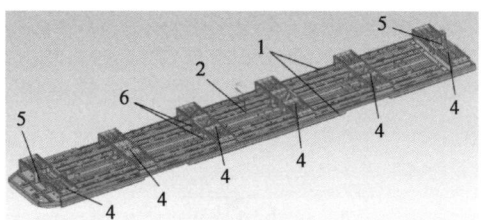

1—底架边梁；2—长地板；3—底架端梁；4—滑台横梁；5—牵引梁；6—短纵梁

图 4-5 Mc 车车体底架结构

底架边梁位于底架底板左右两侧，是底架与侧墙连接的关键部件。

长地板采用 5 块型材拼焊而成，在客室内形成上表面的水平地板，用于安装客室地板、座椅及载客。在底架地板下面设计有安装设备的 C 形槽，用于安装电器设备、管路、线槽或支撑架等。

滑台横梁每节车布置 6 个，底架组焊完成后整体加工（图 4-6），保证 6 个滑台横梁与悬浮架连接面的平面度和直线度要求。悬浮架通过线性轴承与滑台横梁连接，传递牵引力和制动力等。

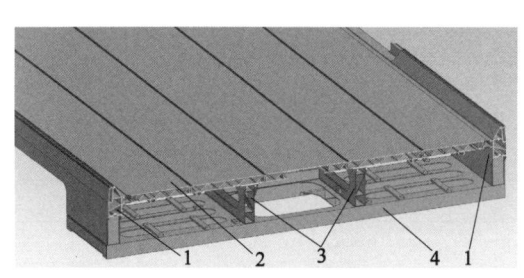 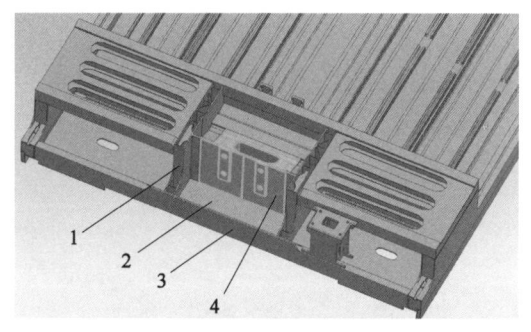

1—底架边梁；2—长地板；3—短纵梁；4—滑台横梁　　1—短纵梁；2—长地板；3—底架端梁；4—牵引梁

图 4-6 滑台横梁与其他底架部件组焊　　图 4-7 牵引梁与其他底架部件组焊

牵引梁与底架端梁、长地板、短纵梁连接，形成一个箱形结构（图 4-7），保证车钩区纵向力的传递。

短纵梁位于长地板和滑台横梁中间，以加强滑台横梁的刚度，防止滑台横梁变形。

4）端墙

端墙由端墙立柱、端墙板拼焊而成，端墙立柱型材型腔内设计有局部凸起，用于镶嵌钢螺套，以满足贯通道安装需求（图 4-8）。贯通道通过螺栓连接的方式与车体相连。

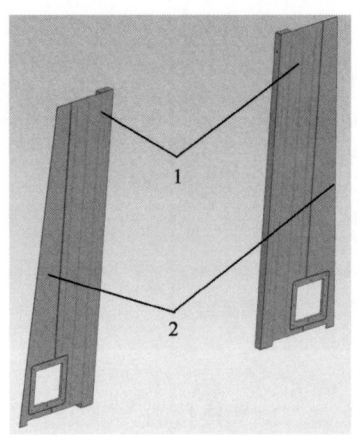
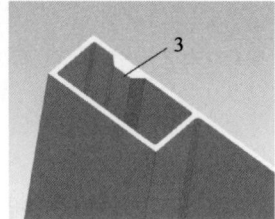

1—端墙立柱；2—端墙板；3—凸起

图 4-8　车体端墙结构

5）司机室骨架

司机室骨架结构采用壁厚 4 mm 的 80 mm×80 mm 的型材折弯拼焊而成（图 4-9）。

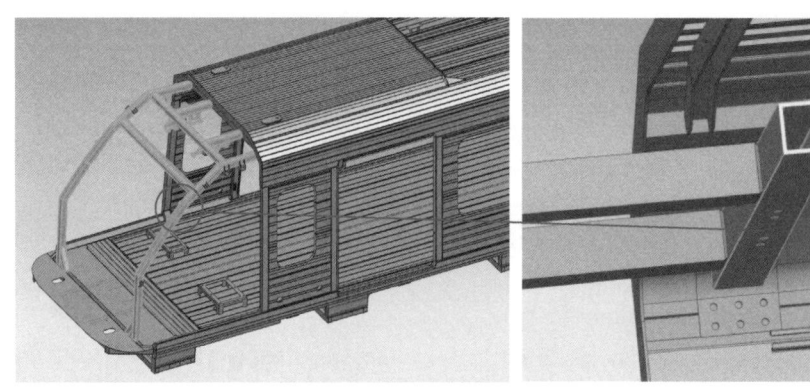

图 4-9　车体司机室骨架结构

4.1.2　材料选用

车体的主要结构材料为大型铝合金中空挤压型材，其材料为 6000 系铝合金，结构部件的挤压件大多采用 6005 A(AlMgSi0.7)，在需加强的部位采用 6082(AlMgSi1)。根据强度需要，确定合适的热处理方法，低应力水平的非结构部件采用 5083(AlMg4.5Mn0.7)。车体各部件使用材料见表 4-1。

表 4-1 车体部件使用材料

车体部件		使 用 材 料
底架	底架边梁	ENAW6005A-T6
	长地板	ENAW6005A-T6
	牵引梁	ENAW6082-T6
	底架端梁	ENAW6005A-T6
顶盖	顶盖长梁	ENAW6005A-T6
	圆弧顶盖	ENAW6005A-T6
	空调底板	ENAW6005A-T6
侧墙	门立柱	ENAW6005A-T6
	侧墙板	ENAW6005A-T6
端墙	端墙立柱	ENAW6005A-T6
	端墙板	ENAW5083-H111
司机室骨架		ENAW6005A-T6

4.1.3 技术要求

车体主结构应采用模块化设计。车体为整体承载的铝合金型材轻量化焊接结构,设计寿命应不低于30年。

车体应设有架车支座和车体吊装座以便车辆拆装、起吊。

车体强度应能承受纵向压缩力不小于 350 kN,纵向拉伸力不小于 280 kN;在全寿命周期内,正常运营载荷下车体不应产生永久变形与疲劳损伤。

车体刚度应能确保在正常运营载荷下车门运动不受阻,与悬浮架的横向位移不受阻。

车体进行静强度试验,在承受最大垂直载荷和承受沿车钩中心线施加的纵向静态作用力时,车体应力均不应超过材料许用应力。

车体结构满足下列工况下的强度要求:一列 AW0 以 5 km/h 速度连挂一列施加制动且处于悬浮状态的 AW3 列车时,冲击能量全部由能量可复原的车钩缓冲器吸收。

4.1.4 主要结构参数

车体主要结构参数见表 4-2。

表 4-2　车体主要结构参数

项目	参数
车体长度	Mc 车：15 510 mm M 车：15 000 mm
车体宽度	2 800 mm
车体地板距轨面高度	880 mm
车顶距轨面高度	3 500 mm
客室车门数量	2 套/侧/节
客室车门中心距	7 170 mm
车体门洞	2 063 mm×1 700 mm
车钩中心高度	600 mm（距 F 轨滑橇面）
滑台横梁数量	6 个/节
滑台横梁中心距	2 800 mm

4.2　内　　装

内装是旅客乘车时接触的主要界面,对乘坐体验影响较大,设计时主要考虑以下要素：
（1）总体布局及装饰应具有现代美学特点。
（2）适合于乘客群体的人机工程学设计。
（3）完全协调一致的颜色和质地。
（4）良好的密闭性以及防尘、防水和隔声。
（5）使用不显眼的紧固件/装配件。
（6）在易磨损部位采用较高耐久性的表面喷涂。

（7）材料、安装方法、密封和地板布等应符合安全、环保以及不受气候条件影响等。

（8）安装牢固可靠、材料经久耐用和易于保养清洁。

内装主要包含顶部结构（中顶板、出风格栅、侧顶板）、侧部结构（侧窗、侧墙、门立柱罩、隔音隔热材料）、端部结构（端墙、端部电气柜、司机室后隔墙）、地板结构（地板布、边缘挡板）、内部设施（座椅、立柱与扶手）以及司机室内饰等（图 4-10）。

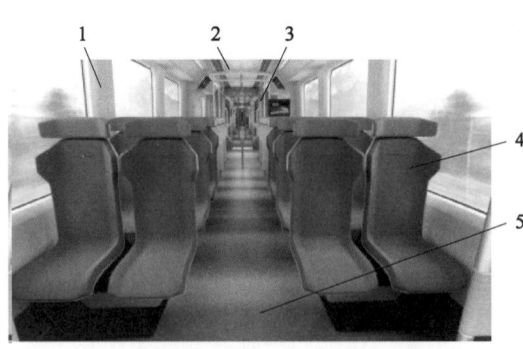

1—侧部结构；2—顶部结构；3—端部结构；
4—内部设施；5—地板结构

图 4-10　车辆内装部件构成

内装的典型布局如图 4-11 所示,总体效果如图 4-12 所示。

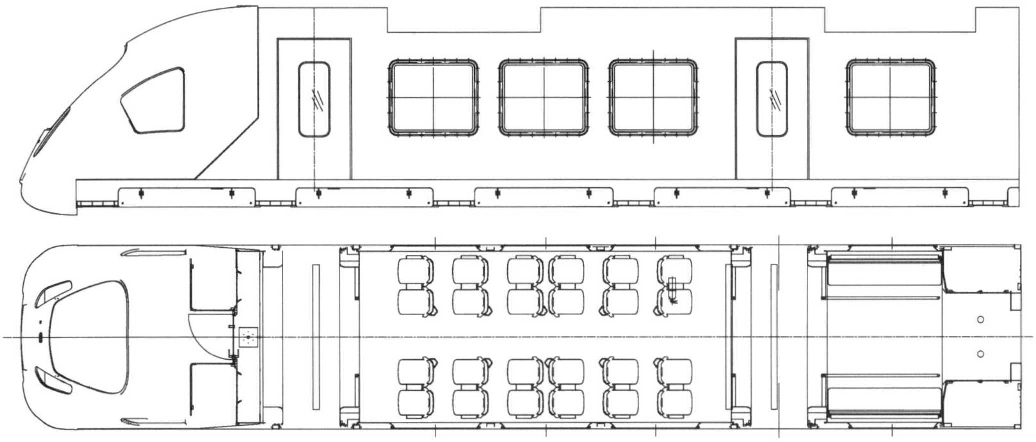

(a) 内装布局图

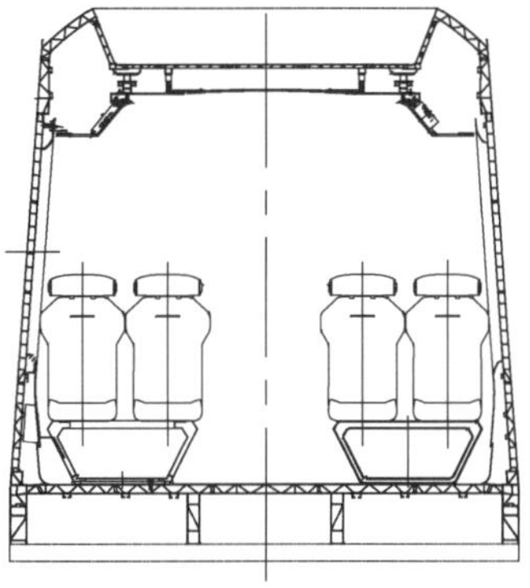

(b) 内装断面图

图 4-11 内装总体布局

1) 中顶板及出风格栅

在车辆顶部中央设置中顶板,中顶板由全宽型模块组成,起到装饰作用。

中顶板采用轻质材料并进行结构设计,常见材料包括铝蜂窝复合材料、芳纶蜂窝复合材料,以及设置了加强结构的铝板等,表面一般进行油漆处理。

图 4-12 内装总体效果

中顶板两侧设出风格栅,用于引导风道吹出的气流。出风格栅一般采用 6 系铝型材,表面可采用油漆或喷塑处理。

2) 侧顶板

在顶部两侧设置侧顶板,侧顶板采用铰链连接,以便打开后接触到门操纵机构和线槽,进行设备的检修和维护。

侧顶板常见材料包括 6 系铝型材、芳纶蜂窝复合材料等,表面一般进行油漆处理。顶部结构组成如图 4-13 所示。

3) 侧墙

侧墙由模块化结构组成。

侧墙材料一般选用玻璃纤维复合材料、碳纤维复合材料、铝蜂窝复合材料,以及设置了加强结构的铝板等,表面通常采用油漆处理。

对于铝板结构,表面可采用陶瓷喷涂工艺,耐磨性、防刻划性及环保性能更佳。

1—侧顶板;2—中顶板;3—出风格栅

图 4-13 顶部结构组成

图 4-14 侧窗

4) 侧窗

根据客室座位布置设置一定数量的侧窗(图 4-14),运营速度等级不大于 100 km/h 时,可采用单层钢化玻璃结构,钢化玻璃应符合《铁道车辆用安全玻璃》(GB 18045—2000)的要求。

客室侧窗采用整体密封式设计,能承受所有内部和外部的压力差,包括在高架桥上的会车以及遭遇台风等。

车窗玻璃能从车体外侧更换。

图 4-15 门立柱罩

5) 门立柱罩

门立柱罩的目的是容纳车门立柱机构,同时为上下车门的乘客提供扶手,并提供车门紧急解锁、紧急报警等接口(图 4-15)。

6) 立柱与扶手

客室内应根据总体布置要求和人机工程学的各种规定合理地设置数量充足、美观适用的水平扶手杆和立柱,要充分考虑到站立乘客与座位乘客间的相对距离(图4-16)。立柱与扶手采用不锈钢材料,立柱一般可采用直径38 mm、壁厚2.5 mm的不锈钢焊接管,扶手一般可采用直径32 mm、壁厚2 mm的不锈钢焊接管,表面可拉丝或喷塑处理。

立柱与扶手要求安装牢固,并不得有可能伤害乘客的任何瑕疵,保证列车在包括紧急制动在内的任何操作状态下,均能承受乘客作用于立柱与扶手上的力。

图4-16 立柱与扶手布置

图4-17 客室座椅

7) 座椅

客室座椅沿客室横、纵向布置,座椅材质可采用玻璃纤维复合材料、软包织物材料、不锈钢材料等(图4-17)。

座椅廓形应符合人机工程学要求,具有良好的可清洗性能和防滑性能,椅面经久耐用,不易破损,结构坚固,应能承受UIC 566规定的载荷要求。

8) 司机室后隔墙及端部电气柜

如图4-18所示,端部电气柜罩板根据客室整体造型、屏柜检修需求、屏柜功率等进行结构设计及防火等级设计,比如完整性要求或隔热要求一般按照EN 45545标准执行。

图4-18 司机室后隔墙及端部电气柜

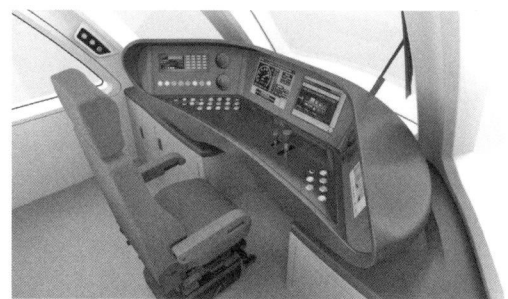

图4-19 司机室内饰

9) 司机室内饰

司机室内饰一般造型复杂,宜采用树脂基纤维增强复合材料成型,结构上分为墙板、顶板等,表面油漆处理(图4-19)。

4.3 车端连接装置

车端连接装置主要包括车钩缓冲装置和贯通道装置,通过它们使列车车辆相互连接,实现相邻车辆之间的纵向力传递,以及通道和空气管路的连接。

4.3.1 车钩

车钩是中低速磁浮车辆的重要部件,用来连接列车各车辆,传递和缓和列车运行、调车和救援时产生的纵向冲击力,保证车辆不受损坏。车钩按功能及位置分为全自动车钩与半永久车钩。

全自动车钩位于列车编组的头尾端,其作用是保证车组之间机械、电路和风路的自动连接和手动分解。

半永久车钩用于列车编组内部两车之间的连接,其作用是保证车组单元内部车辆的机械连接和风路连接,连接和分解时需要人工手动操作。

4.3.1.1 全自动车钩

1) 结构组成

全自动车钩主要由机械车钩(330连挂系统)、电气车钩、缓冲装置等组成,如图4-20所示。

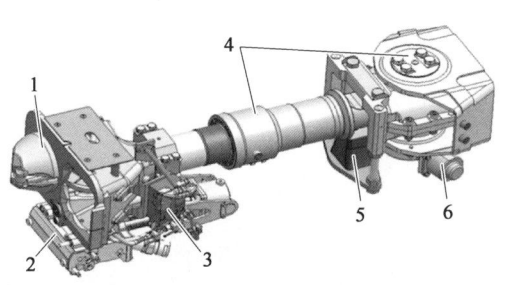

1—330连挂系统;2—电钩;3—控制系统;
4—缓冲系统;5—支撑系统;6—对中装置

图 4-20 全自动车钩结构组成

车钩缓冲装置采用可复原的"EFG2+胶泥"缓冲器,其满足以下要求:

(1) 一列AW0列车以不大于5 km/h速度连挂一列悬浮状态处于制动的AW3列车时,其冲击能量由缓冲器吸收,同时保证列车及其所有车载设备绝对安全。

(2) 车钩能承受列车在坡道救援时因突然实施紧急制动,救援列车与被救援列车间所产生的作用力。

2) 主要技术参数

全自动车钩主要技术参数见表4-3。

表 4-3 全自动车钩主要技术参数

项 目	参 数
纵向压缩屈服载荷	≥350 kN
纵向拉伸屈服载荷	≥280 kN
车钩长度(钩尾座安装面到钩头连接面)	1 345 mm
最大垂直摆动角度	±6°
最大水平摆动角度	±25°
EFG2 缓冲器压缩行程	≤50 mm
EFG2 缓冲器压缩最大阻抗力	≤350 kN
EFG2 缓冲器拉伸行程	≤40 mm
EFG2 缓冲器拉伸最大阻抗力	≤240 kN
胶泥缓冲器压缩行程	≤100 mm
胶泥缓冲器压缩最大阻抗力	≤350 kN
车钩连挂范围	垂直方向：±90 mm 水平方向：±170 mm
对中角度	±15°

4.3.1.2 半永久车钩

1) 结构组成

半永久车钩由半永久车钩 A 和半永久车钩 B 两部分组成，半永久车钩 A 带有凸锥，半永久车钩 B 带有凹锥，连挂时凸锥导入凹锥内部，并通过连接卡环连接到一起。

半永久车钩 A 由安装座、钩尾销、橡胶轴承、加长杆和风管连接器等组成，如图 4-21 所示。

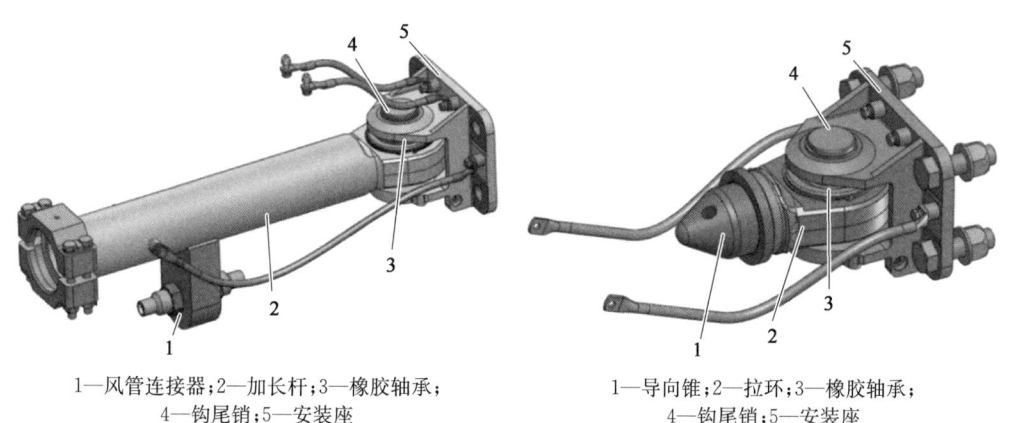

1—风管连接器；2—加长杆；3—橡胶轴承；
4—钩尾销；5—安装座

图 4-21 半永久车钩 A 结构组成

1—导向锥；2—拉环；3—橡胶轴承；
4—钩尾销；5—安装座

图 4-22 半永久车钩 B 结构组成

半永久车钩 B 由安装座、钩尾销、橡胶轴承、拉环和导向锥等组成，如图 4-22 所示。

在半永久车钩上集成了直通式的总风管连接器,可以在连接车钩的同时完成列车内部总风的连接。

2) 主要技术参数

半永久车钩主要技术参数见表4-4。

表4-4 半永久车钩主要技术参数

项　　目	参　　数
纵向压缩屈服载荷	≥350 kN
纵向拉伸屈服载荷	≥280 kN
车钩长度(A+B,钩尾座安装面之间距离)	1 180 mm
最大垂直摆动角度	±6°
最大水平摆动角度	±30°
牵引装置行程	压缩:5 mm 拉伸:5 mm

4.3.2 贯通道

贯通道连接相邻的两节车辆,在两节车辆之间形成一个可靠、安全、无阻碍的乘客通道,能够适应车辆正常运行条件下贯通道产生的各种复杂运动,具有安全、舒适、低噪、防漏、防尘、耐候性强等特点。

4.3.2.1 结构组成

贯通道采用自支撑方式,不需车钩支撑,结构简单,主要包括折棚组成、踏板组成、踏板支撑、渡板组成、渡板连杆组成等,如图4-23所示。

1) 折棚组成

折棚组成包括折棚棚布、车体框、折棚中间框、下裙边等。

每个折棚组成由波纹状折棚构成,折棚采用月牙形双层结构,折棚棚布由硅橡胶制成,具有防火、强度高、防老化等特性。每折棚布缝制边缘用铝型材制成的中间框压夹,折棚端部与车体框压夹。车体框上设有安装孔,其与车体通过螺钉连接,车体框上安装有车体框密封条,其可实现折棚组成与车端的密封。

2) 踏板支撑

踏板支撑由折弯板和支撑筋板焊接而成,折弯板上开有安装孔,其与车体端墙和地板面的螺纹孔通过螺钉

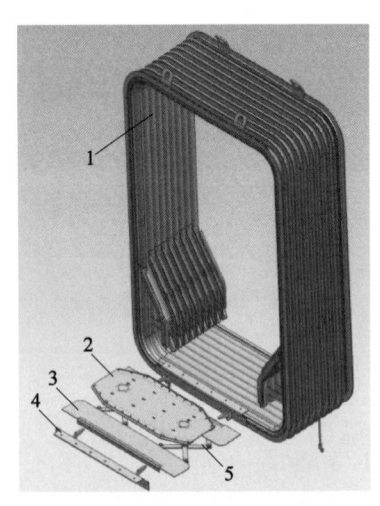

1—折棚组成;2—渡板组成;3—踏板组成;
4—踏板支撑;5—渡板连杆组成

图4-23 贯通道结构组成

连接,且折弯板还为踏板组成的折页提供了安装接口。支撑筋板主要作用是支撑踏板组成,其上还设计有渡板连杆组成的安装孔,为渡板连杆组成提供了安装接口。

3) 踏板组成

踏板组成由踏板折页、踏板及紧固件等组成,踏板为不锈钢加工而成,踏板通过不锈钢折页与踏板支撑的折弯板通过螺钉连接。踏板可以翻起进行检查和维护工作,渡板组成搭接在踏板上,运行时踏板主要为渡板组成提供运动支撑。

4) 渡板组成

渡板组成由渡板、中央磨耗板、侧翼磨耗板、渡板安装座以及紧固件等组成。渡板和中间渡板由花纹不锈钢板加工而成,渡板安装座焊接在渡板两侧,其与渡板连杆组成配合,实现渡板组成的安装,中央磨耗板和侧翼磨耗板避免了渡板组成与踏板组成金属间接触。渡板组成能够适应车辆的各种运行工况,同时也能为乘客提供一个平稳的通过过道。

5) 渡板连杆组成

每套贯通道有 2 套渡板连杆组成,其为四连杆结构,主体为不锈钢,主要包括边连杆、中间连杆、中心销轴、销轴、连杆接头和紧固件等。其主要功能是为渡板提供安装支撑,在曲线变化时使渡板与之跟随运动。

4.3.2.2 主要技术参数

贯通道主要技术参数见表 4-5。

表 4-5 贯通道主要技术参数

项　　目	参　　数
上部自由通道宽度	≥1 300 mm
下部自由通道宽度	≥800 mm
通道净高	≥1 900 mm
通道与地板面高差	≤20 mm
车端距离	600 mm
隔音量	≥29 dB(A)

第 5 章

司 机 室

司机室的结构和设备布置应符合人机工程学的要求和美学原理,保证整个司机室具有友好的人机界面、便利的操作空间、充分的瞭望条件。司机室采用单司机执乘,司机位布置于司机室的中间位置,司机室操纵台位于司机室正前方。本章对司机室的结构和设备布置进行介绍。

5.1 总体布置

司机室的设计应根据乘务人员的身材尺寸及其所执行的操作任务来进行。整个司机室将采取有效措施防止外来光线等干扰因素影响司机的正常工作,其应具有良好的隔音、隔热、降噪以及保温功能。材料选用环保材料,司机的手和腿经常接触的零部件采用舒适的材料。

司机室的视野和照明应符合 UIC 651 的要求,保证司机室有足够的亮度使乘务员能方便地走动与观察。仪表灯的亮度及时间记录灯避免炫目并区别于总照明。当额外的灯光被使用时,司机应不感到刺眼。

司机室总体布置如图 5-1 所示。

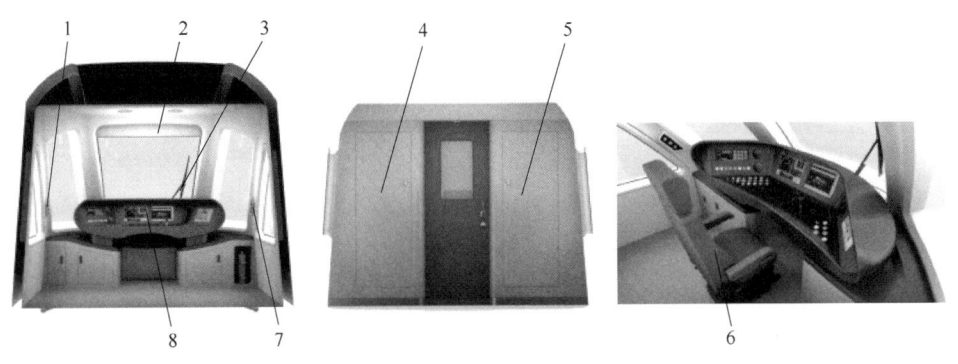

1—左门控面板;2—遮阳帘;3—刮雨器;4—控制柜;5—设备柜;
6—司机座椅;7—右门控面板;8—操纵台

图 5-1 司机室总体布置示例

5.2 操纵台设备布置

整个操纵台分成台面板组成、左柜组成和右柜组成。台面板中部留出记点平台。台面板组成分为面板 1 组装、面板 2 组装、面板 3 组装、面板 4 组装、面板 5 组装、司机控制器。左柜组成布置灭火器和暖风机等设备。右柜组成布置刮雨器水箱及注水口、接口箱电气安装等,如图 5-2 所示。

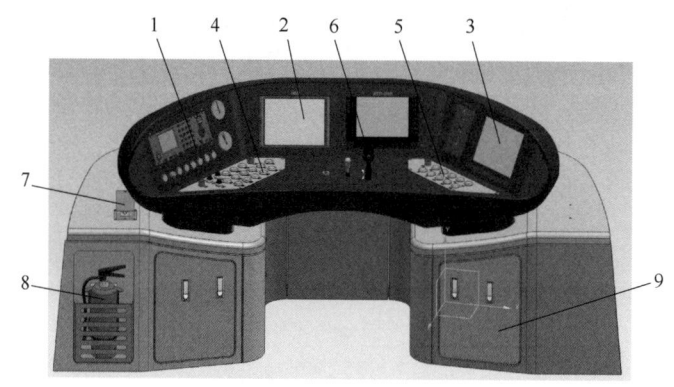

1—面板 1 组装;2—面板 2 组装;3—面板 3 组装;4—面板 4 组装;5—面板 5 组装;
6—司机控制器;7—插座;8—灭火器;9—接口箱组装(柜内)

图 5-2 操纵台设备布置

操纵台骨架采用航空铝铆接/焊接工艺,台面板和仪表座内部也用铝合金骨架支撑,外部采用玻璃钢或其他复合材料,柜体面板采用 PUR 夹芯面板。材料符合环保要求,整体配合均匀美观。

1) 面板 1 组装

面板 1 组装主要部件名称及功能如图 5-3 和表 5-1 所示。

表 5-1 面板 1 组装功能

名称	功能描述
喷水控制	红色自复位按钮,用于刮雨器喷水工作
刮雨器控制	四位自锁旋钮,用于控制刮雨器工作:旋钮打到"间歇"位时,刮雨器间歇性工作;旋钮打到"停止"位时,刮雨器停止工作;旋钮打到"慢速"位时,刮雨器慢速工作;旋钮打到"快速"位时,刮雨器快速工作

(续表)

名称	功能描述
列车门关好	绿色指示灯,列车所有车门关好指示
客室照明	绿色指示灯,客室照明点亮指示
所有制动缓解	绿色指示灯,所有制动缓解指示
制动施加	红色指示灯,制动施加指示
旁路指示	红色指示灯,旁路指示
起浮指示	绿色指示灯,列车悬浮指示
速度表	显示列车速度
单针压力表	显示列车总风压力
车载电台	车载电台主机

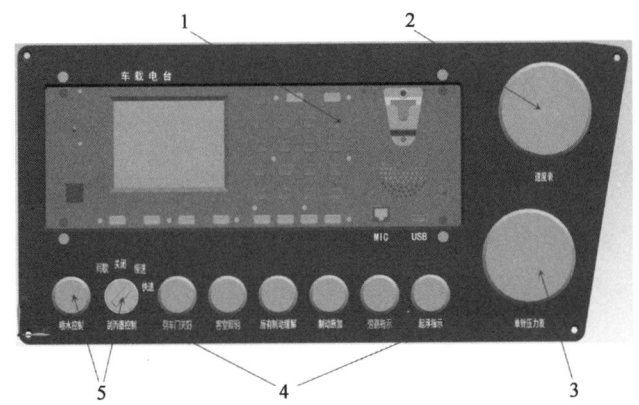

1—车载电台;2—速度表;3—单针压力表;4—指示灯;5—刮雨器控制开关

图 5-3　面板 1 组装图示

2）面板 2 组装

面板 2 组装如图 5-4 所示。

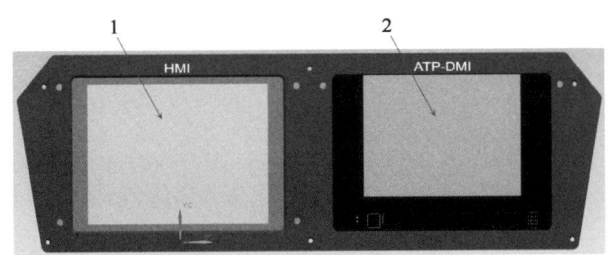

1—HMI 显示屏;2—ATP 显示屏

图 5-4　面板 2 组装图示

3) 面板 3 组装

面板 3 组装如图 5-5 所示。

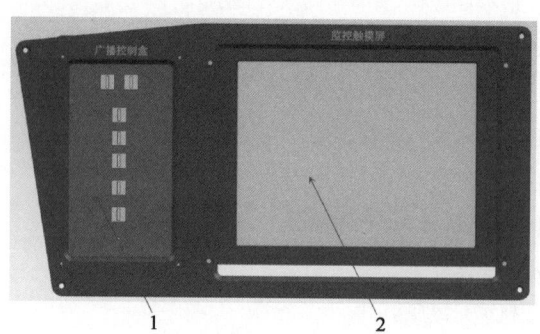

1—PIS 系统广播控制盒（带话筒）；2—PIS 系统监控触摸屏
图 5-5 面板 3 组装图示

4) 面板 4 组装

面板 4 组装主要部件名称及功能如图 5-6 和表 5-2 所示。

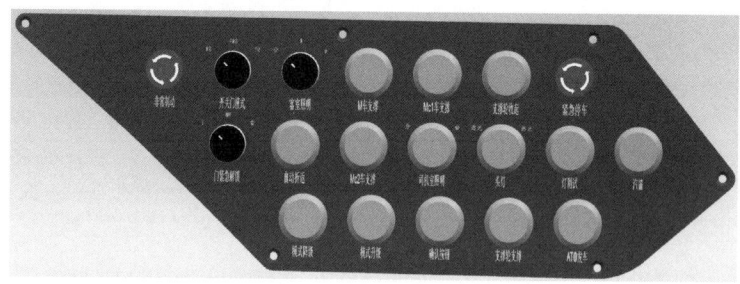

图 5-6 面板 4 组装图示

表 5-2 面板 4 组装功能

名 称	功 能 描 述
非常制动	红色蘑菇头按钮，非常停车，按下断高断、落车、实施紧急制动
开关门模式	三位自锁旋钮（带保护盖），用于列车开关门模式选择：旋钮打到"自动"位时，列车车门自动开关；旋钮打到"半自动"位时，列车车门自动开、手动关；旋钮打到"手动"位时，列车车门手动开关
客室照明	三位自复旋钮（带保护盖），用于客室照明的开关：旋钮打到"合"位时，客室照明点亮；旋钮打到"分"位时，客室照明关闭
M 车支撑	红色带灯自复位按钮，按下按钮，M 车支撑轮支撑
Mc1 车支撑	红色带灯自复位按钮，按下按钮，Mc1 车支撑轮支撑
支撑轮收起	绿色带灯自复位按钮，按下按钮，列车支撑轮收起

(续表)

名　称	功　能　描　述
紧急停车	红色蘑菇头按钮,紧急停车,按下断高断、实施紧急制动
门紧急解锁	三位自锁旋钮(带保护盖),用于门紧急解锁的开关;旋钮打到"左"位时,列车左侧门解锁;旋钮打到"右"位时,列车右侧门解锁;旋钮打到"OFF"位时,列车左、右侧门不解锁
自动折返	黄色带灯自复位按钮(带保护盖),用于发出自动折返模式指令;当列车处于自动折返驾驶模式时,指示灯点亮
Mc2车支撑	红色带灯自复位按钮,按下按钮,Mc1车支撑轮支撑
司机室照明	二位自锁旋钮,用于开关司机室照明;旋钮打到"合"位时,司机室照明点亮;旋钮打到"分"位时,司机室照明关闭
头灯	二位自锁旋钮,切换头灯远、近光
灯测试	绿色带灯自复位按钮,按下按钮,测试操纵台和门控面板相关指示灯是否正常工作
汽笛	黑色自复位按钮,按下按钮,鸣笛
模式降级	黑色自复位按钮,按下按钮,完成模式降级
模式升级	黑色自复位按钮,按下按钮,完成模式升级
确认按钮	黑色自复位按钮,按下按钮,完成模式确认
支撑轮支撑	红色带灯自复位按钮,按下按钮,支撑轮支撑
ATO发车	绿色带灯自复位按钮,按下按钮,触发ATO发车指令

5) 面板5组装

面板5组装主要部件名称及功能如图5-7和表5-3所示。

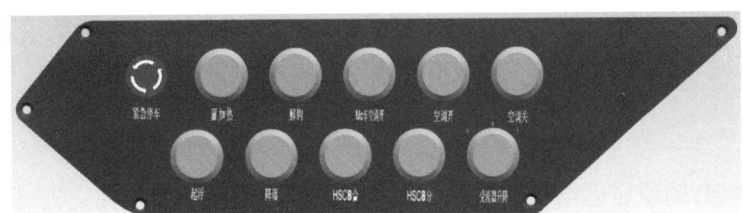

图5-7　面板5组装图示

表5-3　面板5组装功能

名　称	功　能　描　述
紧急停车	红色蘑菇头按钮,紧急停车,按下断高断、实施紧急制动
窗加热	黄色带灯自复位按钮,按下按钮后,开启窗加热,用于前窗玻璃除霜加热,防止形成水雾,以免影响视线

(续表)

名称	功能描述
解钩	白色带灯自复位按钮，按下按钮后解电钩
Mc车空调开	绿色带灯自复位按钮，按下开启Mc车Ⅰ位端空调
空调开	绿色带灯自复位按钮，按下开启整列车空调
空调关	绿色带灯自复位按钮，按下关闭整列车空调
起浮	绿色带灯自复位按钮，按下发出悬浮指令，列车起浮
降落	红色带灯自复位按钮（带保护盖），按下发出降落指令
HSCB合	绿色带灯自复位按钮，按下发出合高断指令
HSCB分	红色带灯自复位按钮，按下发出合高断指令
受流器升降	三位自复旋钮，控制受流器的升降

5.3 前窗设备布置

司机室前窗布置一个可调的前窗遮阳帘和电动刮雨器，刮刷面积符合司机视野要求。

5.4 侧墙设备布置

司机室左、右侧墙靠近司机的位置分别布置左门控面板和右门控面板，用于列车车门的开关控制。

门控面板主要部件名称及功能如图5-8和表5-4所示。

表5-4 左、右门控面板功能

名称	功能描述
左(右)门开	红色带灯自复位按钮，在列车左(右)门允许情况下用来打开左(右)侧车门；自动和半自动模式时，自动开门；手动模式时，手动开门。红灯亮时表示左(右)侧车门允许打开

（续表）

名　称	功　能　描　述
左(右)门关	绿色带灯自复位按钮，按下关闭左(右)侧车门。绿灯亮时表示左(右)侧车门全关
按钮预留接口	预留，作为以后增加新功能的备用按钮

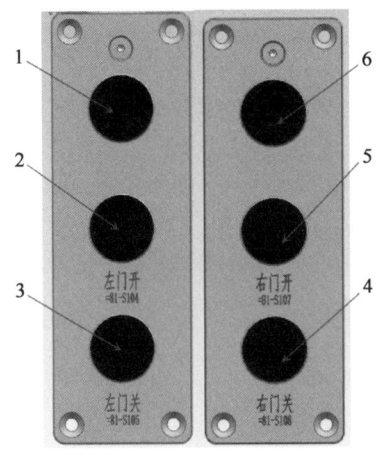

1—面板塞；2—左门开按钮；3—左门关按钮；4—右门关按钮；
5—右门开按钮；6—面板塞

图 5-8　左、右门控面板布置图

第 6 章

悬 浮 架

悬浮架为磁浮车辆的走行机构,位于车体下方,从外侧环抱在F轨上,采用连续布置结构。悬浮架是磁浮车辆最重要的部件之一,其结构是否合理直接影响磁浮车辆的运行品质、动力性能以及行车安全。本章对悬浮架的主要功能、主要技术参数和结构组成进行介绍。

6.1 主要功能

1) 垂向承载功能

每节车悬浮架通过6组滑台装置(12个滑台)支撑车体,垂向载荷传递路径如图6-1所示。

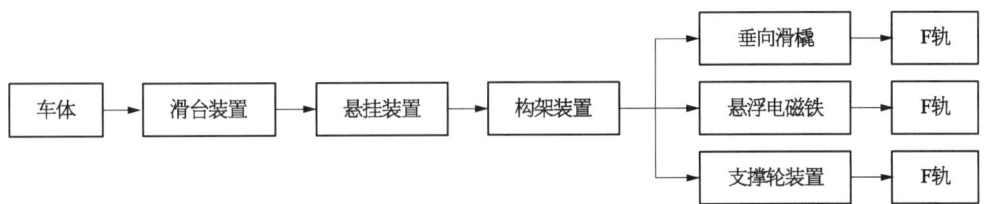

图6-1 垂向载荷传递路径

2) 传递牵引力和制动力

安装在悬浮架上的直线电机在牵引过程中产生牵引力,在制动过程中产生电制动力。另外,制动夹钳通过夹紧F轨产生摩擦力,实现机械制动。

电机纵向载荷传递路径如图6-2所示。机械制动力传递路径如图6-3所示。

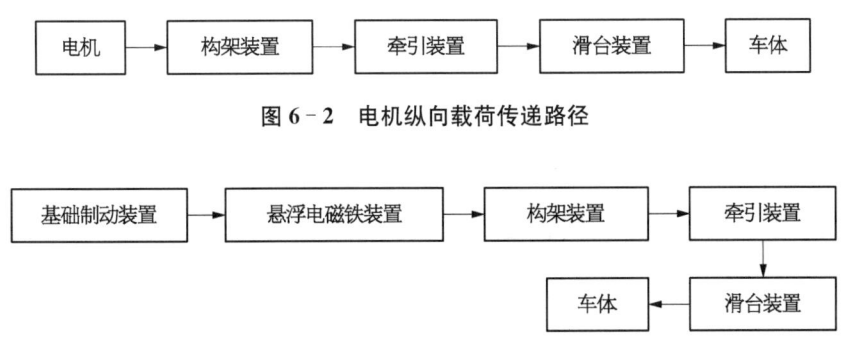

图6-2 电机纵向载荷传递路径

图6-3 机械制动力传递路径

3）横向稳定功能

悬浮架上设置有横向稳定机构,可将车辆的横向载荷均匀地传递到每个悬浮架单元的空气弹簧上。

横向载荷传递路径如图6-4所示。

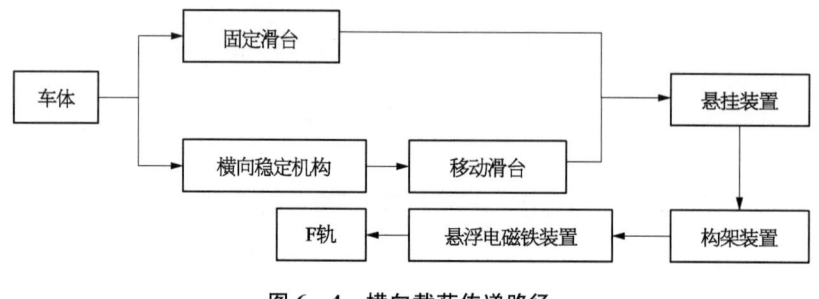

图6-4 横向载荷传递路径

4）曲线通过

悬浮架与车体之间设置有滑台装置,可适应车体与悬浮架之间较大的相对横向运动,使其具有良好的曲线通过性能。

5）减振降噪

车体与悬浮架间设置空气弹簧,使车辆平稳运行。通过电磁铁装置与轨道间的悬浮力,车体与轨道实现无接触运行,无传统转向架轮轨之间的噪声。

6）解耦功能

悬浮架单元左、右纵梁通过抗侧滚装置可实现机械解耦。

6.2 主要技术参数

悬浮架的主要技术参数见表6-1。

表6-1 悬浮架主要技术参数

项　　目	参　数
悬浮架模块数量	5
悬浮架单元纵向中心距	2 800 mm

(续表)

项　　目	参　　数
悬浮架水平转向中心	8 400 mm
线性轴承安装面距 F 轨滑橇面高度	480 mm
每节车空气弹簧数量	20 个
悬浮电磁铁横向限位	15 mm
制动夹钳与 F 轨翼边间距(悬浮状态)	10 mm
直线电机与感应铝板间隙(落浮状态)	5 mm

6.3 结 构 组 成

悬浮架的主要结构由悬浮架单元、滑台装置、横向稳定机构、高度调节装置、受流器、测速装置、扫石器装置、横向减振器装置(选配)及其他附属部件组成,如图 6-5 所示。其中悬浮架单元是悬浮架的基本组成,整个悬浮架包括 5 个悬浮架单元、2 套横向稳定机构、1 套滑台装置等。

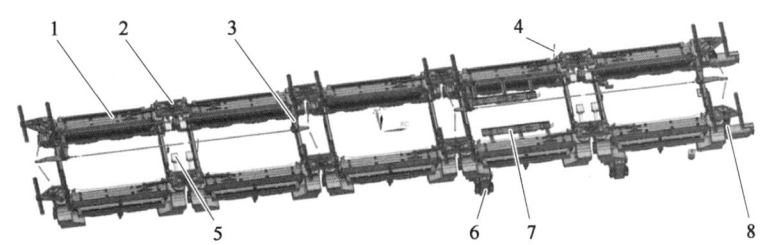

1—悬浮架单元;2—滑台装置;3—横向稳定机构;4—高度调节装置;5—横向减振器装置;
6—受流器;7—测速装置;8—扫石器装置

图 6-5　悬浮架三维图

6.3.1　悬浮架单元

悬浮架单元主要包含构架装置、电机吊挂装置、悬浮电磁铁装置、牵引装置、支撑轮装置、垂向滑橇装置、悬挂装置、防脱开装置、空气管路、液压管路、基础制动装置等(图 6-6)。

6.3.1.1　构架装置

构架装置是悬浮架单元的基础构件,主要承载车体,同时传递列车运行所需的悬浮

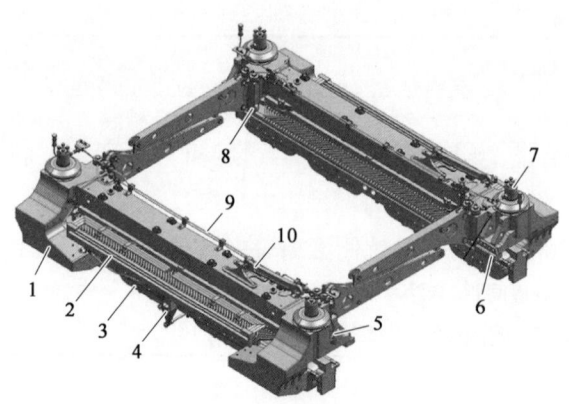

1—构架装置；2—电机吊挂装置；3—悬浮电磁铁装置；4—基础制动装置；5—防脱开装置；
6—垂向滑橇装置；7—悬挂装置；8—支撑轮装置；9—空气管路；10—牵引装置

图 6-6　悬浮架单元示意图

力、牵引力、制动力等，并为其他部件提供安装基础。

构架装置主要由左、右侧梁，前、后抗侧滚梁连接形成框架结构（图 6-7）。

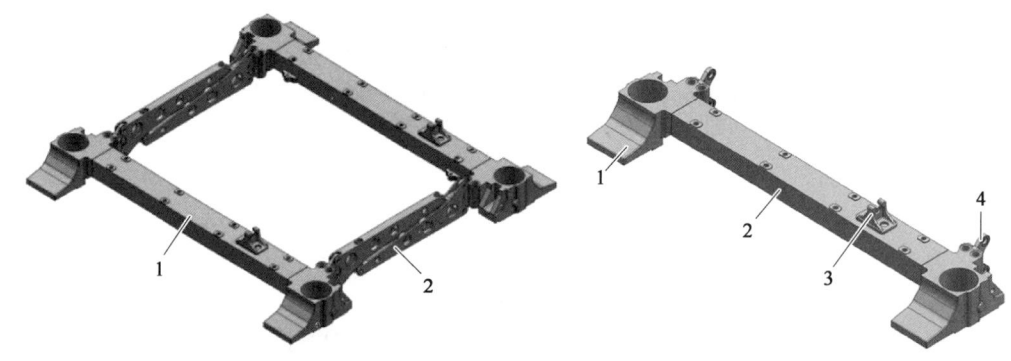

1—侧梁；2—抗侧滚梁

图 6-7　构架装置示意图

1—托臂；2—纵梁；3—牵引座；4—抗侧滚梁安装座

图 6-8　左（右）侧梁示意图

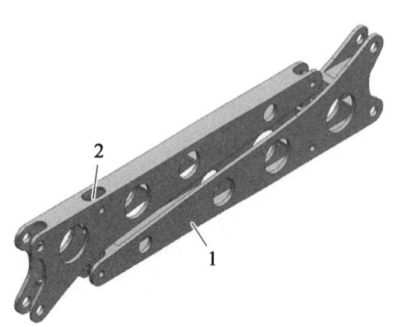

1—片梁；2—抗侧滚吊杆

图 6-9　抗侧滚梁装配示意图

如图 6-8 所示，左（右）侧梁由托臂左、托臂右、纵梁组装、牵引座、直线电机牵引座、电机定位座等部件通过焊接组成，焊接组装后进行整体加工，保证模块的尺寸精度。托臂采用锻铝合金结构（支撑轮、抗侧滚梁安装座集成到托臂上整体锻造成型）；纵梁采用挤压铝型材；牵引座采用锻铝加工；直线电机牵引座、电机定位座均采用铝板加工。

抗侧滚梁装配由片梁、抗侧滚吊杆等部件铰接组成平行四边形结构（图 6-9），通过抗侧滚梁装配的菱变达到抗侧滚的作用。片梁采用铝合金型材加工;抗侧滚吊杆与两组片梁通过关节轴承、销轴等进行连接。抗侧滚梁装配通过关节轴承、销轴与左、右侧梁的托臂上的安装座连接。抗侧滚梁装配相对于左、右模块可以横向偏转。

整个构架装置包含 2 个相互垂直的平面上的 3 个平行四边形机构,在不考虑抗侧滚梁内部结构的前提下,第一个平行四边形机构由左(右)侧梁、前(后)抗侧滚梁装配在平行轨道平面(XY 平面)构成;而前(后)抗侧滚梁装配内部,在轨道断面方向(YZ 平面)各自形成一个四连杆机构。两个机构的组合主要实现左、右侧梁相互侧滚约束,而在其他方向的运动解耦,特别是实现左、右侧梁在横向和纵向两个方向的位移自由度的独立,从而使在运行中通过构架装置的菱变、扭曲等运动来适应线路的不平顺,且尽量减少同一个悬浮架单元内悬浮控制点之间的干扰。构架装置菱变示意如图 6-10 所示。

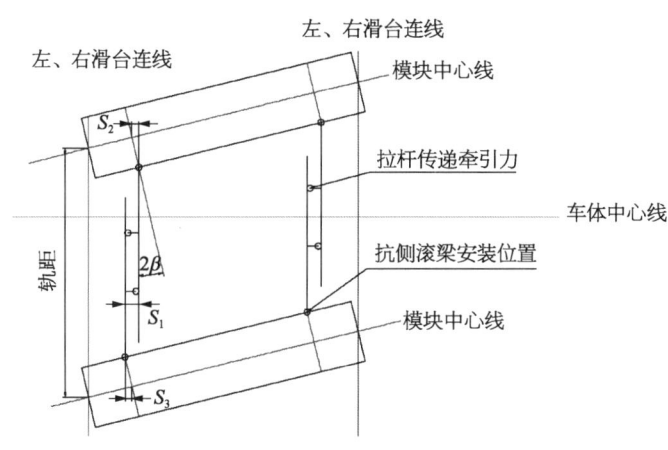

图 6-10 构架装置菱变示意图

6.3.1.2 电机吊挂装置

直线电机结构包含安装在轨道上的次级铝板和安装在悬浮架构架装置上的初级,直线电机初级主要通过不同方向的定位实现安装以及载荷的传递。

(1) 电机纵向定位。电机纵向由纵梁上的纵向卡座定位,传递纵向载荷。

(2) 电机横向定位。电机横向由两个定位销定位。这两个定位销布置在纵梁外侧两端适当位置,为了不引起电机纵向过定位,销孔不应是圆形,孔的横向尺寸与销的尺寸一致,但纵向尺寸不应限制电机前、后微调整。电机纵向定位后,进行横向定位,销与销孔横向采用过渡配合。这样销轴就实现了电机横向载荷传递。

(3) 电机垂向定位。电机垂向由 8 个点固定在纵梁上,其结构主要包含长螺栓以及螺纹套筒。每个垂向定位由螺钉穿过螺纹套筒,拧紧在电机相应安装螺孔上,不断拧紧螺栓,直到电机安装面顶到螺纹套筒下表面;而螺纹套筒与纵梁采用螺纹连接,通过螺纹实现螺纹套筒高度的调整。最终,保证电机垂向高度可以根据现场情况进行相应调整。

电机吊挂装置如图 6-11 所示。

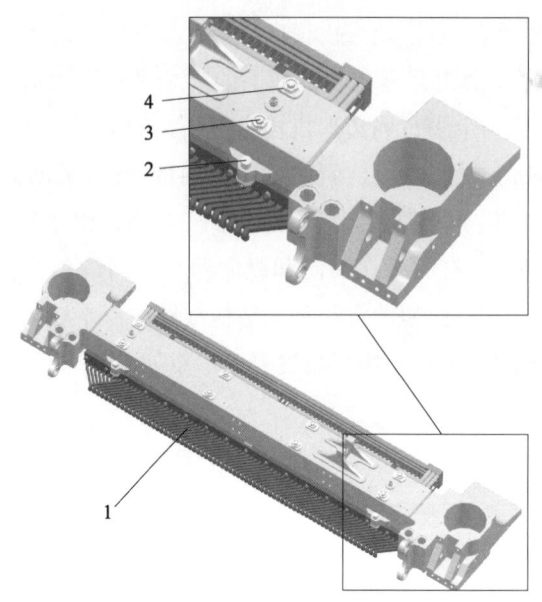

1—直线电机；2—定位销；3—调节螺栓；4—调节螺套
图 6-11 电机吊挂装置示意图

6.3.1.3 悬浮电磁铁装置

悬浮电磁铁装置由 1 套电磁铁与极板组装、2 套横向滑橇装配、8 个防吸滑橇及 2 个悬浮传感器等组成(图 6-12)。电磁铁与极板组装由线圈、内侧极板、外侧极板、托臂连接件组成，托臂连接件采用铸铝件。

电磁铁装配安装在模块装配的下方，与托臂通过螺栓连接，从 F 轨外侧环抱轨道，保证车辆在运行中永不脱轨。

横向滑橇装配安装在外侧极板上，设置在端部与中间线圈之间，两套横向滑橇装配对称安装。横向滑橇装配作为列车过小曲线时的横向止档，也是制动传力杆的安装基础。

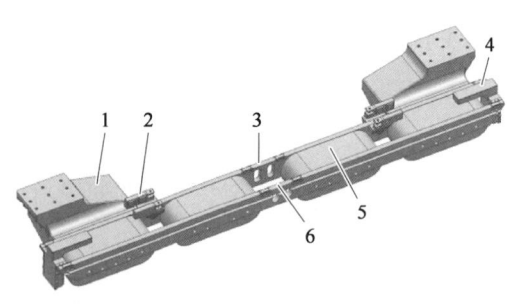

1—托臂连接件；2—横向滑橇；3—外侧极板；
4—悬浮传感器；5—电磁铁线圈；6—内侧极板
图 6-12 悬浮电磁铁装置示意图

每个极板两端及中间位置均安装防吸滑橇，防吸滑橇表面高出极板上表面 2 mm，防止电磁铁装配的极板与 F 轨吸死。

6.3.1.4 牵引装置

牵引装置主要由牵引杆组装及紧固件组成，牵引杆组装采用牵引杆与两端橡胶关节组成，橡胶关节通过螺栓分别与滑台、构架装置侧梁上的牵引座相连。由于左、右侧梁纵向、横向相互解耦,因此对单悬浮架而言牵引装置为单牵引杆结构。

每个悬浮架单元上都装有直线电机,因此每个悬浮架单元上都必须设计牵引装置,每节车共布置10套牵引装置。牵引装置首先考虑与固定滑台两端连接,中间位置牵引杆与其中一个中间滑台连接,这种布置可以使牵引杆在列车过曲线时的偏转最小。

牵引装置安装如图6-13所示。

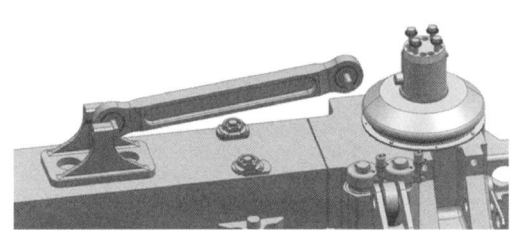

图6-13 牵引装置安装图

6.3.1.5 空气弹簧悬挂装置

每个悬浮架单元布置有4个空气弹簧,悬挂装置主要用于承载车体重量,空气弹簧装置由空气弹簧、防尘罩、安装螺钉及附件组成。空气弹簧下端安装于托臂孔内,上端与滑台连接。空气弹簧主体结构分为安装座、胶囊、橡胶堆三部分(图6-14),安装座外侧固定设置有自润滑衬套,避免胶囊磨损。

空气弹簧装置功能:主要用于承载车体重量,传递悬浮模块与车体之间的横向载荷;适应车体与悬浮模块的横向、纵向相对运动;设置防尘罩,防止灰尘、雨水等进入空气弹簧装置导致胶囊磨损开裂等情况。

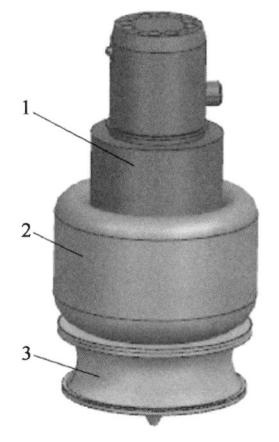

1—安装座;2—胶囊;3—橡胶堆

图6-14 空气弹簧示意图

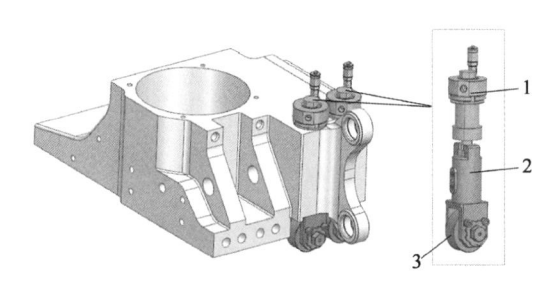

1—液压油缸;2—支撑轮支架;3—支撑轮

图6-15 支撑轮装置示意图

6.3.1.6 支撑轮装置

支撑轮装置安装在片梁安装座上,每个安装座设置2个支撑轮,每节车有40个支撑轮。支撑轮装置由液压油缸、支撑轮支架、支撑轮等部件组成(图6-15),主要用于磁浮车辆紧急救援。当列车无法悬浮时,液压轮伸出起到支撑作用,并通过支撑轮滚动回库。

6.3.1.7 垂向滑橇装置

每个悬浮架单元设置 4 组垂向滑橇装置，通过螺栓连接安装在托臂的内侧（图 6-16）。

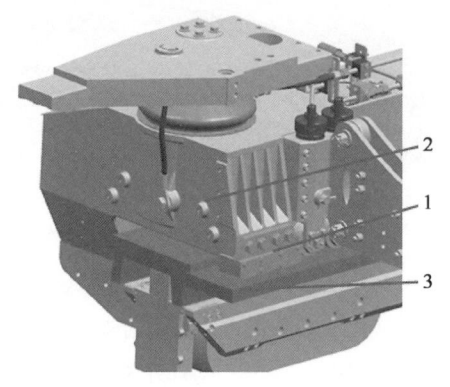

1—垂向滑橇装置；2—托臂；3—F 轨

图 6-16 垂向滑橇装置安装位置示意图

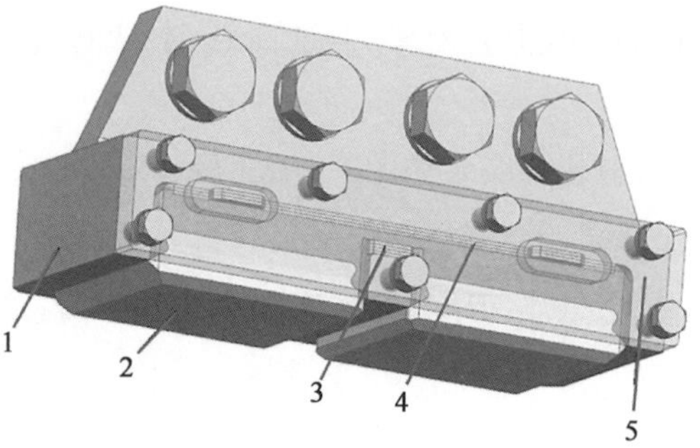

1—垂向滑橇座；2—垂向滑橇；3—调整垫 2；
4—调整垫 1；5—垂向滑橇压板

图 6-17 垂向滑橇装置结构示意图

垂向滑橇装置主要由垂向滑橇、垂向滑橇座、垂向滑橇压板、调整垫等组成（图 6-17）。

垂向滑橇由一个整体改为由钢背、摩擦材料（滑橇体）等组成的一个单元（图 6-18）。滑橇体应具有较好的磨耗特性及抗冲击性能。

垂向滑橇装置的功能：磁浮车辆静停在磁浮轨道上时起支撑作用；磁浮车辆在坡道上停放时，垂向滑橇具备停放制动功能；磁浮车辆在运行中单悬浮点故障时，垂向滑橇具备滑动拖行功能。

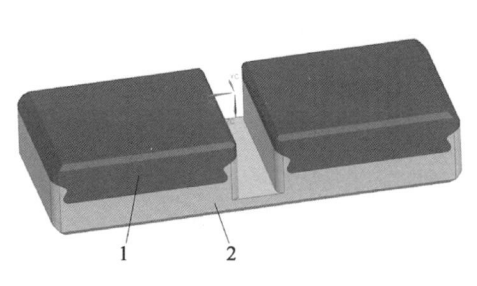

1—滑橇体；2—钢背

图 6-18 垂向滑橇结构示意图

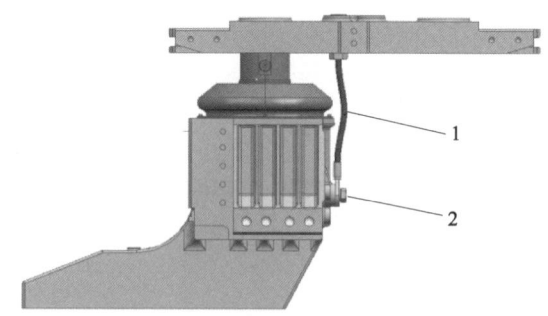

1—钢丝绳；2—紧固件

图 6-19 防脱开装置示意图

6.3.1.8 防脱开装置

防脱开装置主要由钢丝绳、紧固件等组成（图 6-19），安装在悬浮架托臂和滑台之间。

每个悬浮架单元设置有 4 套防脱开装置,每节车共设置 20 套防脱开装置。

防脱开装置功能:车辆正常运行时处于松弛状态,当出现异常情况如台风或者空气弹簧过充时,车辆侧滚后钢丝绳绷直,防止车体与悬浮架脱开,保护列车安全。

6.3.1.9 基础制动装置

基础制动装置的主体是制动夹钳装配和制动拉杆(图 6-20)。基础制动装置采用液压制动方式,结构紧凑,制动力大。每个悬浮架单元上设置有两组基础制动装置,分别安装在左、右电磁铁装配上。制动夹钳装配安装在外侧极板上,制动拉杆安装在横向滑橇装配上,并设置有减振弹性片。内侧采用实心拉杆,外侧采用空心拉杆。

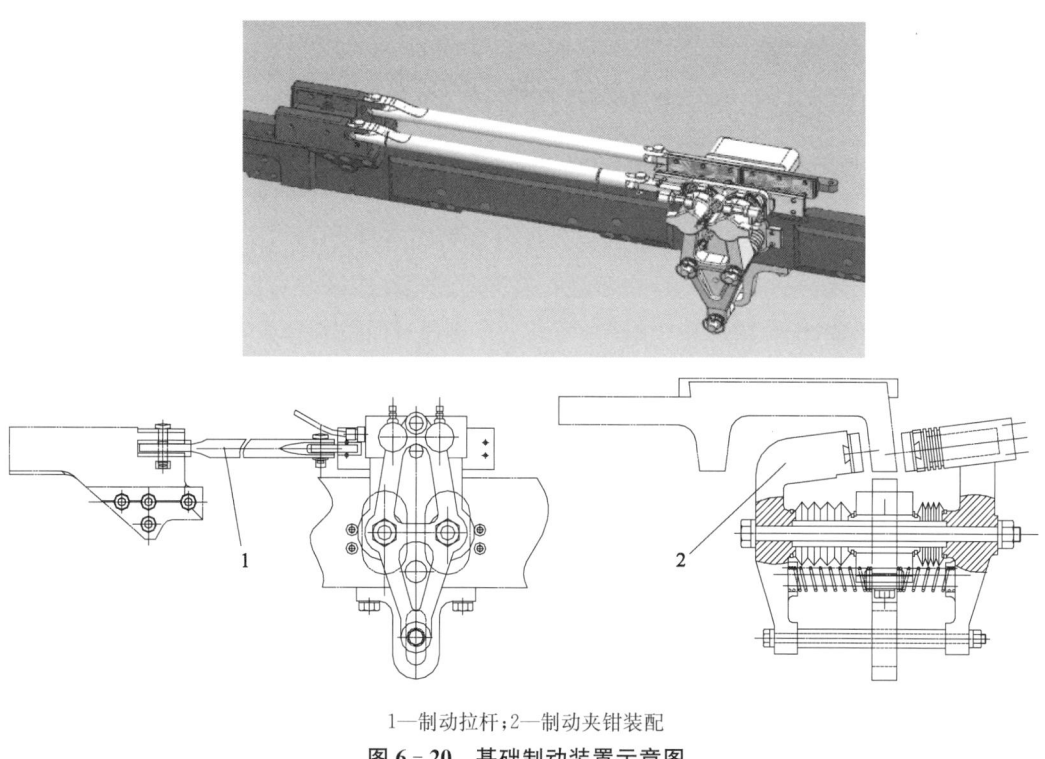

1—制动拉杆;2—制动夹钳装配
图 6-20 基础制动装置示意图

每个悬浮架单元左、右两侧的电磁铁装配上均安装有基础制动装置,一节车共安装 10 套基础制动装置。

基础制动装置采用液压推动方式,制动时小液压缸推动闸片夹紧 F 轨的外沿实现制动,当小液压缸回缩,闸片与 F 轨脱离,依靠定位弹簧恢复力将整个装置推回初始位置。

具体而言,夹钳最上部是闸片,左、右闸片距 F 轨外沿表面名义间距 10 mm。制动时油缸首先推动外侧闸片贴靠轨道,在油缸继续推动闸片时,制动夹钳就以贴靠在轨道上的外侧闸片为基础整体向外侧横移并最终使内侧闸片也贴靠轨道,直到内、外闸片与轨道均紧紧贴住为止。在夹钳上、下支点间布置横向复位弹簧,弹簧一端与极板相连,另一端与夹钳相连,制动时整个夹钳向外侧横移使弹簧处于储能状态,当解除制动时,油缸推杆回缩,夹钳在定位弹簧释放势能时恢复到初始位置。

6.3.1.10 滑台装置

滑台装置布置在车体底架的6个滑台横梁与悬浮架单元之间(图6-21)。

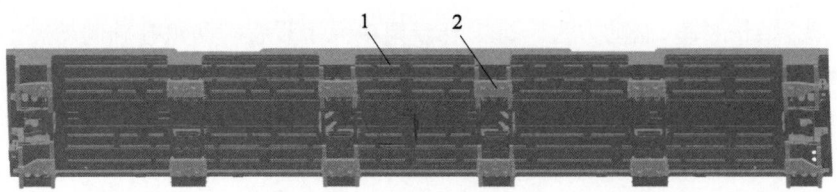

1—车体底架;2—滑台装置

图6-21 滑台装置示意图

滑台装置按其位置与结构形式分为端部移动滑台装置、中间移动滑台装置与固定滑台装置。1、6位滑台为端部移动滑台,2、5位滑台为固定滑台,3、4位滑台为中间移动滑台。每个滑台安装在空气弹簧上,它与空气弹簧通过螺栓连接。

设置滑台装置,配合横向稳定机构,可满足车辆通过曲线时悬浮架沿曲线拟合。通过固定滑台设置确定车体与悬浮架的相对位置,端部移动滑台与中间移动滑台可沿车体横向移动,使得滑台可沿曲线拟合。

悬浮架与车体连接示意如图6-22所示。

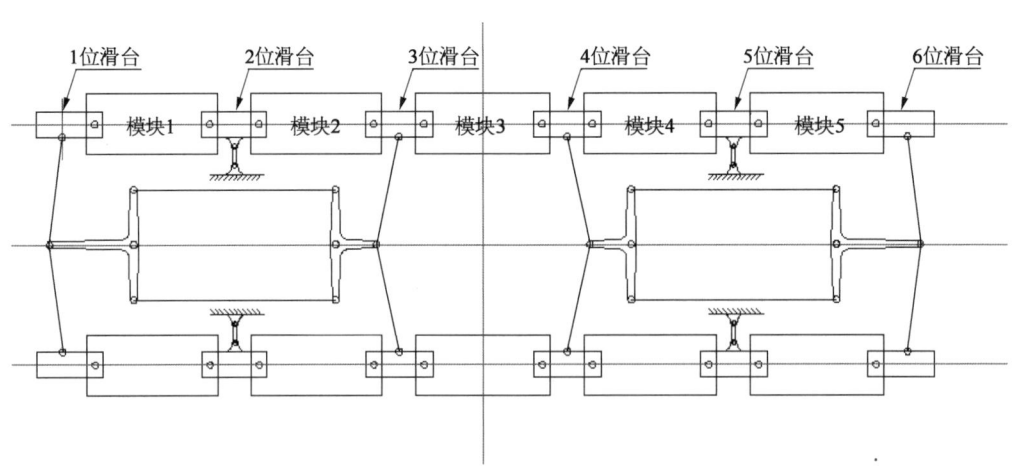

图6-22 悬浮架与车体连接示意图

1) 端部及中间移动滑台

端部移动滑台位于一节车悬浮架的两端,其下部安装一个空气弹簧;中间移动滑台位于悬浮架中间第3、4位,其下部安装两个空气弹簧。端部移动滑台与中间移动滑台装置均由铸造箱形结构的滑台和线性轴承组成,线性轴承滑块安装在滑台上,导轨安装在车体上,车体和悬浮架之间通过线性轴承实现横向相对运动(图6-23)。滑台内侧设置迫导向机构与横向拉杆相连的安装座。

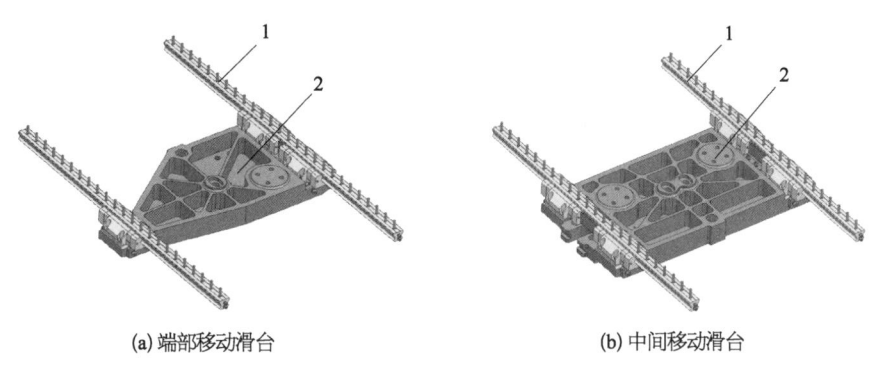

(a) 端部移动滑台   (b) 中间移动滑台

1—线性轴承;2—移动滑台

图6-23 移动滑台三维图

2) 固定滑台

固定滑台装置由铸造箱形结构的滑台和4个支撑座组成(图6-24)。滑台通过支撑座固定安装在车体底部的枕梁上。在不考虑空气弹簧悬挂刚度的基础上,在固定滑台位置,车体和悬浮架横向被约束,2、5位固定滑台装置的横向中心点可看作悬浮架与车体的转动中心。其有利于车辆的直线稳定性和曲线通过性。

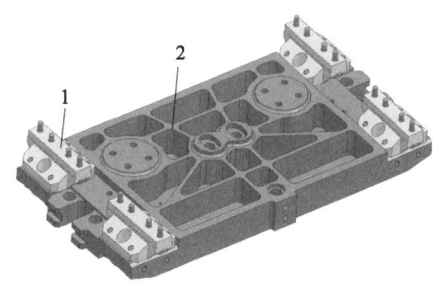

1—支撑座;2—移动滑台

图6-24 固定滑台三维图

6.3.2 横向稳定机构

横向稳定机构安装于车体底架下部、构架装置上方。在列车曲线通过时,横向稳定机构协调各悬浮架单元姿态拟合成曲线,提高车辆的曲线通过性能。

横向稳定机构主要由长转臂装配、短转臂装配、拉杆装配与钢管装配等主要部件组成(图6-25)。

长转臂装配和短转臂装配除前端转臂尺寸不同,其他结构、功能均相同。

长(短)转臂装配由长(短)转臂、转盘、套筒、转轴、耐磨衬套、摩擦套、垫圈等部件组成(图6-26)。其中转轴与套筒之间用摩擦套、耐磨衬套连接,耐磨衬套内圈与摩擦套采用间隙配合,外圈和套筒采用过盈配合。

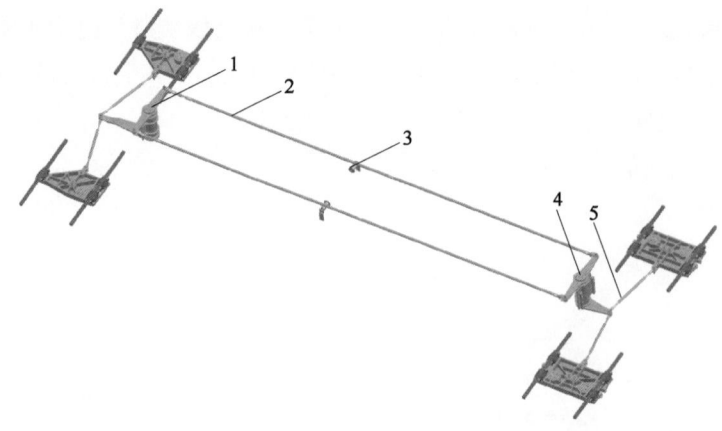

1—长转臂装配；2—钢管装配；3—钢管托架；4—短转臂装配；5—拉杆装配

图 6-25　横向稳定机构示意图

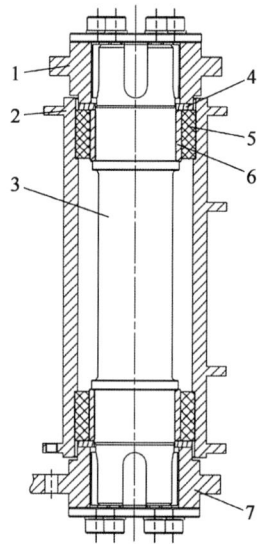

1—转盘；2—套筒；3—转轴；4—垫圈；5—耐磨衬套；6—摩擦套；7—长（短）转臂

(a) 长(短)转臂装配剖面图

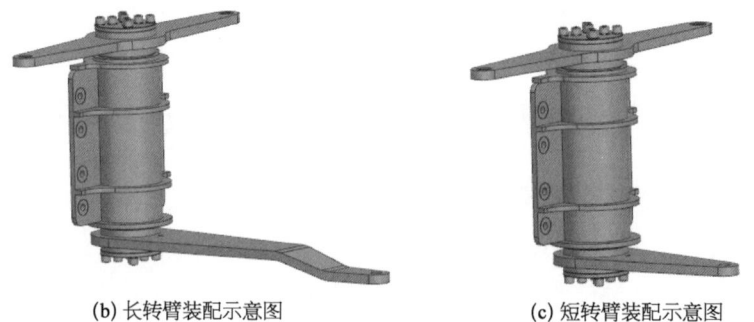

(b) 长转臂装配示意图　　　　　　(c) 短转臂装配示意图

图 6-26　长(短)转臂装配示意图

第 7 章

制动及供风系统

中低速磁浮列车同传统轮轨车辆一样,制动系统主要由电制动和摩擦制动组成。磁浮列车电制动主要由牵引电机提供,而摩擦制动主要通过闸片与轨道面摩擦产生制动力。目前,摩擦制动系统主要有两种类型:一种是气液转换型,一种是全液压型。气液转换制动系统因其技术较为成熟,制动性能相对稳定可靠,早期在中低速磁浮列车上得到应用。而随着密封材料性能的提高、液压件的微型化以及高可靠性和适用性等,全液压制动系统逐步在中低速磁浮列车上得到应用。相比气液转换制动系统,全液压制动系统可以提供更优异的制动性能,从而在相同制动性能要求下,可以配置更少的设备,占用更少的安装空间,有利于降低制动系统成本,减轻整车重量,易于检修维护。因此,全液压制动系统更适用于中低速磁浮车辆这种制动性能要求高、设备数量多、安装空间有限的车型。

中低速磁浮列车供风系统主要为列车空气弹簧、受流器等用气设备提供充足、干燥、洁净、压力合适的压缩空气。

本章重点介绍全液压制动系统及供风系统的主要功能、组成及主要部件的结构和工作原理。

7.1 系 统 组 成

全液压制动系统集微机控制、网络通信和故障诊断等信息化功能于一体,主要由电子制动控制单元、电液控制单元、基础制动装置、液压支撑装置等部件组成。

供风系统主要由供风单元、辅助气控单元、高度阀、差压阀、球阀、压力表、风缸、电磁阀等部件组成。

全液压制动系统及供风系统设备布置如图7-1所示,系统组成如图7-2所示。

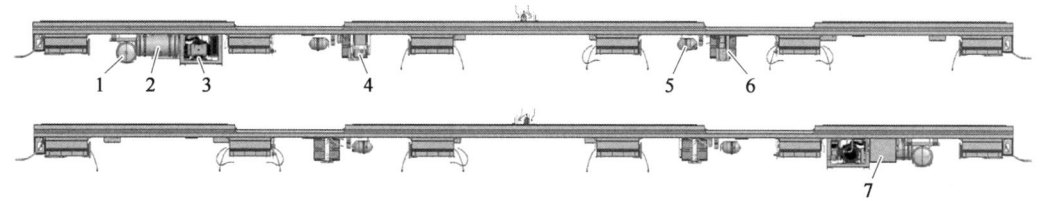

1—总风缸;2—辅助风缸;3—供风单元;4—液压支撑单元;
5—蓄能器;6—电液控制单元;7—辅助气控单元

图7-1 全液压制动系统及供风系统设备布置

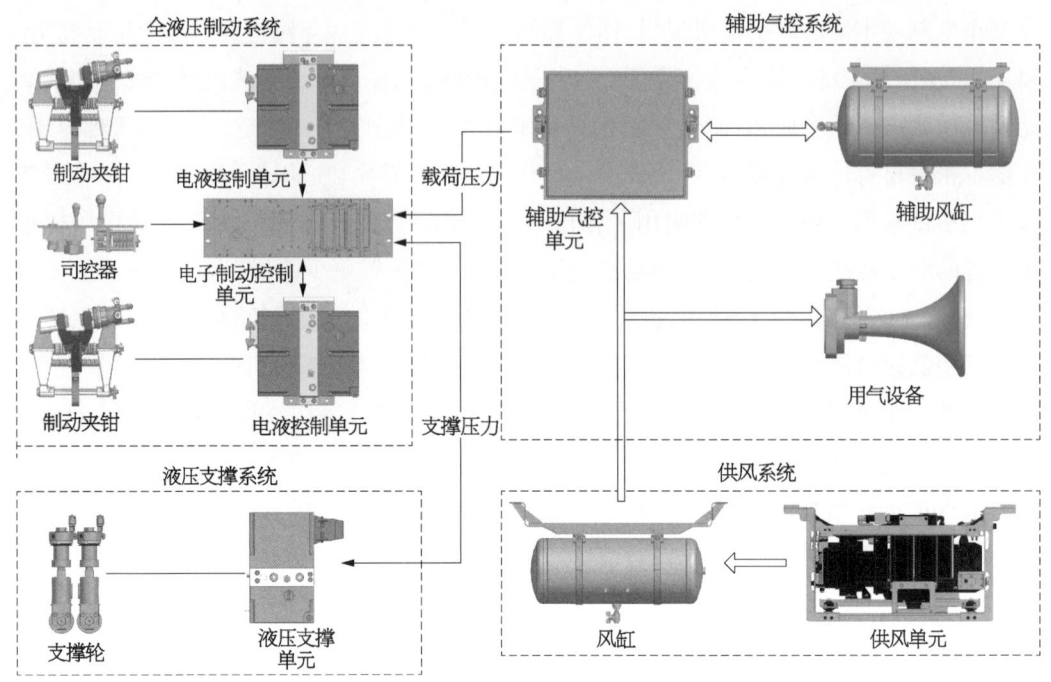

图 7-2 全液压制动系统及供风系统组成

7.2 全液压制动系统

7.2.1 主要功能

全液压制动系统能实现常用制动、快速制动、紧急制动、保持制动、停车制动、制动力管理、支撑控制等基本功能,还具备系统自检、故障诊断、数据记录及存储等智能化、信息化功能。

1) 常用制动

常用制动用于在列车正常运行过程中调节其速度,保证其在预定地点停车。

常用制动功能部件主要由电子制动控制单元、电液控制单元和基础制动装置等组成。首先,当电子制动控制单元接收到信号系统或司控器发出的常用制动指令后,其会根据当前的车重和制动级位计算车辆所需的制动力。然后,电子制动控制单元控制电液控制单元内的二位二通电磁阀和比例电磁阀,将经由蓄能器向基础制动装置中充入的液压油的压力调整至目标值,使位于基础制动装置上的闸片抱紧轨道,从而通过两者的摩擦产生制动力。同时,电液控制单元内部的压力传感器会实时监控油缸内的压力,并反馈给电子制动控制单元。最后,电子制动控制单元将压力传感器反馈的压力与目标压力进行对比,实现对制动力的闭环控制。常用制动控制原理如图 7-3 所示。

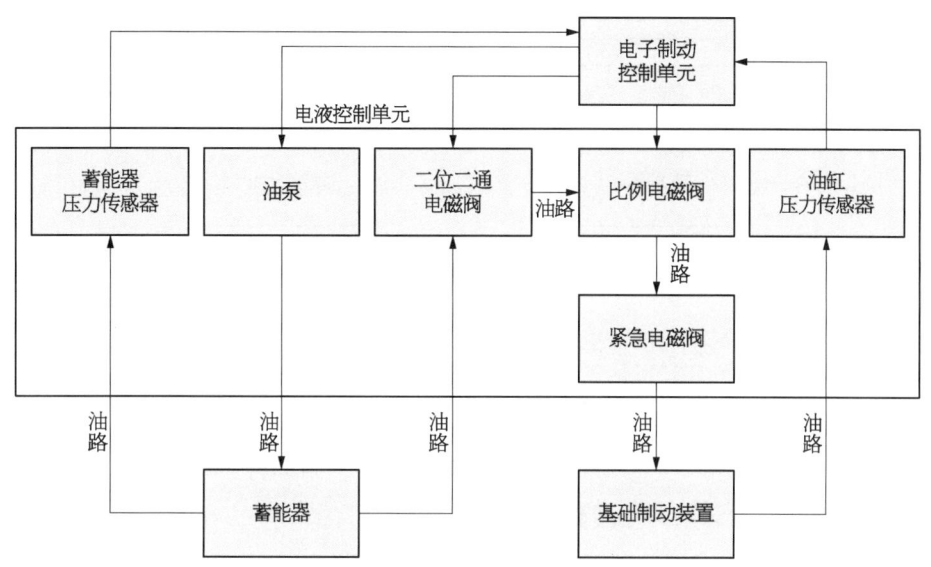

图 7-3 常用制动控制原理框图

常用制动时,车辆采用"电制动优先、液压制动补充"的原则,可以有效降低车辆的能耗和闸片的磨耗,减少车辆的运营和维护成本。

2) 快速制动

快速制动用于列车紧急情况下的快速停车,其控制方式与常用制动一致,但可以获得与紧急制动相当的减速性能,且对车辆运营的影响较紧急制动小。

快速制动主要通过司控器来触发。快速制动时,列车将同时采用电制动和液压制动,其中电制动按当前载荷及速度对应的最大能力发挥,液压制动则根据总制动力和电制动力的差值进行补充。

3) 紧急制动

紧急制动用于列车紧急情况下迅速减速并在最短制动距离内停车。

目前,中低速磁浮列车的紧急制动沿用地铁车辆设计思想,主要采用液压制动,紧急制动功能部件主要由电液控制单元和基础制动装置等组成。紧急制动采用"故障-安全"的设计原则,具有贯穿列车的安全回路,当安全回路失电时,将导致电液控制单元内部的紧急电磁阀失电,此时蓄能器内的液压油经电液控制单元内的限压阀调整后,由紧急电磁阀充入基础制动装置油缸中。紧急制动控制原理如图 7-4 所示。

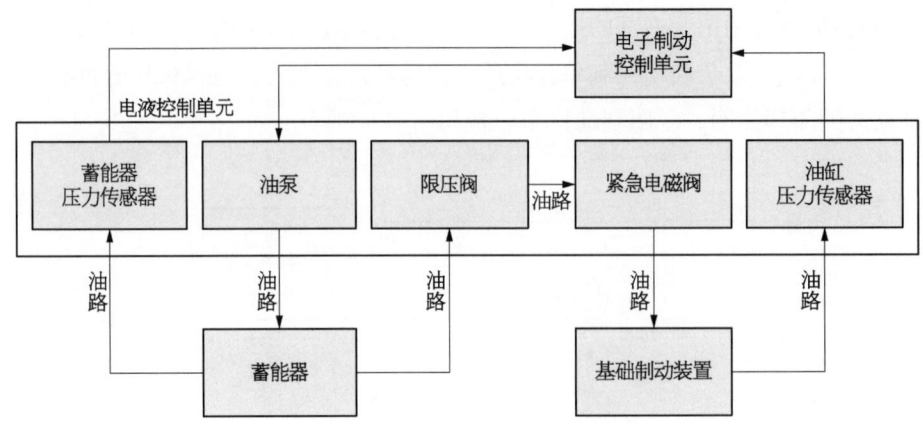

图7-4 紧急制动控制原理框图

紧急制动触发条件主要包括紧急制动按钮、规定时间内未操作司机警惕装置、运行中操作方向手柄、列车脱钩、ATP紧急制动指令、安全回路失电、列车超速、非常制动按钮。

紧急制动时,制动指令不可撤销制动,列车施加紧急制动直至列车停车,待触发紧急制动的条件复位后,紧急制动才能被缓解。

相比地铁车辆,中低速磁浮列车增加了非常制动功能,制动减速度更大,可达到1.3 m/s^2以上,保证列车紧急情况下的安全停车。根据以上中低速磁浮列车运行的特点,紧急制动可采用电制动优先的电液混合制动方式,有利于提高电制动利用率,提升列车运行平稳性。

4) 保持制动

保持制动用于保证列车在一定时间内停稳而不出现后溜,其控制方式与常用制动一致。

当列车速度接近零时,电子制动控制单元将通过电液控制单元对基础制动装置施加一个与载荷相关的、固定级位的液压制动力。该制动力可保证列车一定时间内安全停靠在线路最大坡道上而不出现后溜。

牵引系统启动后,当列车速度或牵引力超过设定值时,列车控制与管理系统将发送保持制动缓解信号给电子制动控制单元,电子制动控制单元将控制电液控制单元泄压,缓解保持制动。设定值的确定需要保证保持制动缓解后,列车不会出现后溜。

5) 停车制动

当列车制动至低速阶段时,电制动将逐步被液压制动取代,并最终完全由液压制动实现停车。

如图7-5所示,列车制动至速度降到电制动与液压制动的转换点后,列车控制与管理系统在t_0时刻向电子制动控制单元和牵引控制单元发出电制动退出的信号。电子制动控制单元控制液压制动力开始按固定斜率上升,而牵引控制单元在延迟一定时间后在 t_1 时刻开始控制电制动力按相同的斜率下降。电制动延时下降是由于液压制动力的建立需要一定的时间,延时的目的是保证电制动力的减少与液压制动力的增加同步同量,从而确保总的制动力与转换前一致,减少总制动变化对列车停车舒适度和对标精度的影响。在 t_2 时刻,列车完成电制动和液压制动转换,液压制动完全取代电制动,直至列车减速接近零。在 t_3 时刻,电子制动控制单元激活保持制动,直至 t_4 时刻列车完全停稳。

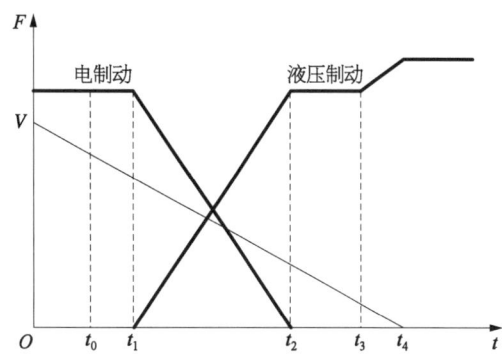

t_0—列车控制与管理系统发往电子制动控制单元的停车制动请求,保持制动没有激活;$t_0 \sim t_1$—液压制动延时;$t_1 \sim t_2$—电制动将降为0,液压制动获得整个制动力;t_3—检测到速度接近零,电子制动控制单元激活保持制动;t_4—停稳

图 7-5 停车制动示意图

6) 制动力管理

制动力管理主要针对常用制动时的列车制动力管理,包括总制动力的计算、电制动力的申请和所需补充的液压制动力的计算。

当收到列车控制与管理系统发来的制动指令和制动级位信息后,电子制动控制单元首先根据当前的车重计算列车所需的总制动力,然后向列车控制与管理系统申请电制动

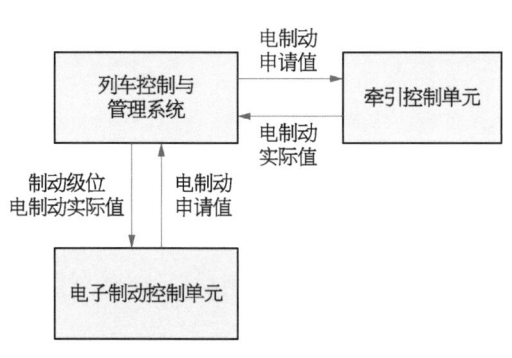

图 7-6 制动力管理原理框图

力。列车控制与管理系统将电制动力申请值发送给牵引控制单元,牵引控制单元将申请值与自己计算的目标值进行对比,将较大值作为实际值经由列车控制与管理系统发送给电子制动控制单元,电子制动控制单元基于总制动力和电制动力实际值计算需要补充的液压制动力,并保证在各车间均衡分配,以减小各车之间的冲击。制动力管理原理如图 7-6 所示。

7) 支撑控制

为保证列车故障时仍可动车,列车安装有液压支撑装置。该装置由液压支撑单元、蓄能器、支撑轮、手动泵等主要部件组成。当列车因故障无法正常悬浮时,司机可以通过司机室控制面板上的"支撑"和"收起"按钮控制液压支撑系统的工作。

在发出"支撑"指令后,电子制动控制单元控制液压支撑单元内的油泵启动,将液压油加压至目标压力,并充入蓄能器和支撑轮的油缸中,使支撑轮被放置在轨道上,同时顶起列车使其脱离轨面。在发出"收起"指令后,支撑轮油缸内的液压油将经液压支撑单元内的二位二通电磁阀流回单元内的油箱,支撑轮随后被收起。当列车无电源供应时,也可以

通过手动泵人工控制支撑轮的工作。支撑控制原理如图7-7所示。

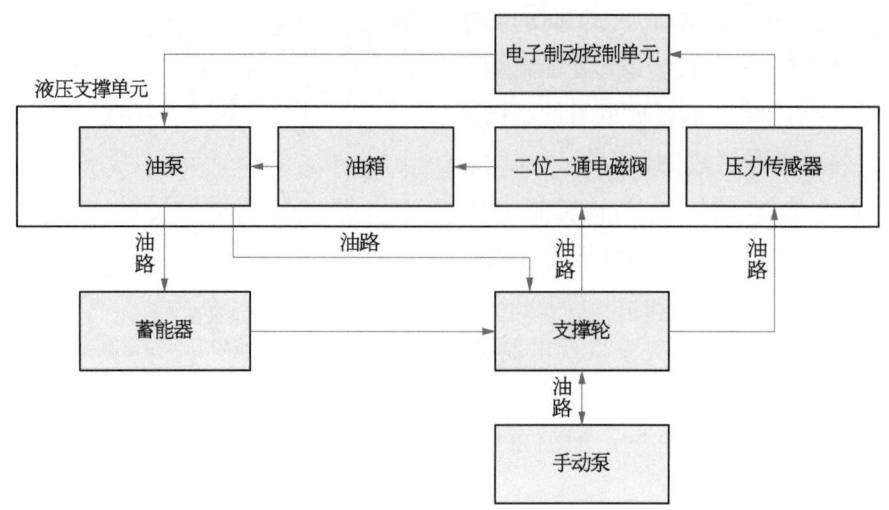

图7-7 支撑控制原理框图

8) 故障诊断

全液压制动系统采用微机控制,具有系统自检、故障诊断、数据记录及存储等功能,既方便司乘人员及时发现故障信息,也方便检修人员进行故障查找和分析,及时对故障采取有效的处置措施,保障列车的安全运行。

7.2.2 主要部件

7.2.2.1 电子制动控制单元

电子制动控制单元是全液压制动系统的核心部件,主要负责实时、快速地处理制动部件及其他系统发送来的数字量、模拟量及网络数据,实现系统内部的制动控制、状态监控和故障诊断与存储,以及与外部系统数据交互,包括指令的接收、制动状态及故障信息的发送等。

电子制动控制单元一般采用标准的模块化结构,按系统的功能要求划分为若干个功能模块,包括电源模块、数字量输入/输出模块、模拟量输入/输出模块、微机处理模块、网络通信模块等,每个功能模块为一个电子插件板,所有电子插件板安装在一个标准机架内。电子制动控制单元硬件结构如图7-8所示。

(1) 电源板。电源板可以提供DC 5 V的内部工作电源和DC 24 V外部供电电源(用于驱动传感、电磁阀等),具有过热、过流、过压、欠压保护功能。

(2) 控制板。控制板是电子制动控制单元的核心部件,主要完成系统内部信号的接收和发出、逻辑运算、数据记录存储等功能,以及通过整车网络与其系统进行通信。

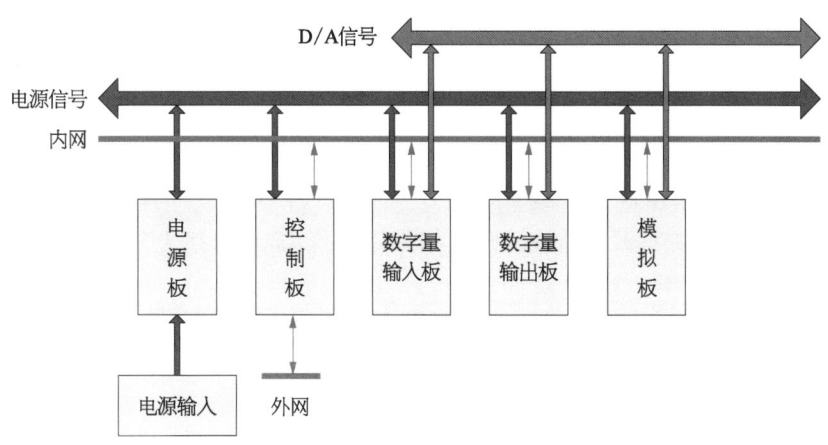

图 7-8 电子制动控制单元硬件结构图

（3）数字量输出板（DO 板）。数字量输出板主要用于系统 DC 110 V 数字量的输出控制。每路数字量的输出通道均设有短路和过流保护功能。

（4）数字量输入板（DI 板）。数字量输入板主要用于 DC 110 V 数字量的输入和处理。输入的数字量经降压、限幅、滤波等处理后被输入控制板。

（5）模拟板。模拟板用于传感器和比例阀的电流模拟信号的采集与处理。

7.2.2.2 电液控制单元

电液控制单元是全液压制动系统的执行装置，主要负责接收电子制动控制单元控制指令、紧急指令和远程缓解指令，输出液压力，实现对液压夹钳施加及缓解的控制。

电液控制单元主要由油箱、油泵、电机、安全阀、过滤器、单向阀、限压阀、二位二通阀、比例阀、紧急阀、远程缓解阀、手动泄放阀、压力传感器、测试接头组成。电液控制单元原理如图 7-9 所示。

（1）油箱。油箱为液压油的容器，通过特定的设备可以对油箱进行注油和排油。油箱内装有过滤器和油泵。最大和最小油位可以通过观察窗显示。

（2）电机。电机与油泵同轴安装，用于驱动油泵工作，输出带压力的液油。

（3）油泵。油泵位于油箱内，由电机通过一个齿式联轴节驱动。油泵从油箱吸出液油后通过过滤器和单向阀后进入夹钳。

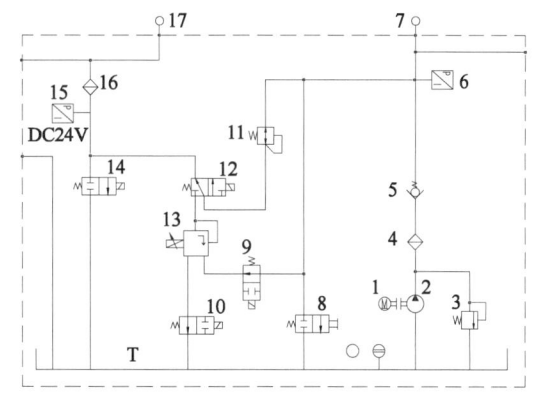

1—电机；2—油泵；3—安全阀；4—过滤器 1；5—单向阀；
6—压力传感器 1；7—测试接头 1；8—手动泄放阀；
9—二位二通阀 1；10—二位二通阀 2；11—限压阀；
12—紧急阀；13—比例阀；14—远程缓解阀；
15—压力传感器 2；16—过滤器 2；17—测试接头 2

图 7-9 电液控制单元原理图

（4）安全阀。安全阀用于避免电液控制单元内的压力超过允许值。当压力达到其设定值时,安全阀与油箱连通,使得从油泵出来的液油流回油箱,从而限制最大压力值,保证设备安全。

（5）单向阀。单向阀的作用是防止电机关闭时,液油回流到油泵。

（6）测试接头。电液控制单元提供两个可以从外部接触的快插式测试接头,可以接上传感器或压力表来测量蓄能器或液压夹钳回路的压力,也可接上软管来排空回路内的液油。

（7）手动泄放阀。手动泄放阀可以手动排出蓄能器或基础制动装置回路的液油,便于蓄能器的维护,或手动缓解基础制动装置。

（8）二位二通阀。二位二通阀根据电子制动控制单元的制动指令控制液压回路的开闭,从而调整基础制动装置的压力,实现制动力的精准控制。

（9）限压阀。限压阀用于在紧急制动时,控制充入基础制动装置的液油压力,使制动盘施加设计要求的制动力。

（10）比例阀。比例阀可以把电信号（如制动级位指令）成比例地转换为液压输出。改变比例阀的输入电流可以改变夹钳的缓解压力。比例阀输入最大电流时,夹钳内施加最大液压力,此时夹钳完全施加。关闭输入电流使得夹钳内压力将至油箱压力,此时夹钳完全缓解。

（11）紧急阀。工作时,紧急阀处于得电状态。紧急阀一旦失电,列车将施加紧急制动。

（12）远程缓解阀。司机室内设有远程缓解开关,操作该开关可使远程缓解阀得电,从而缓解列车制动。由于远程缓解将使全列车液压制动缓解,失去制动力,因此应谨慎操作该装置。

（13）压力传感器。压力传感器用于测量基础制动装置回路的液油压力,并反馈至电子制动控制单元。电子制动控制单元根据收到的信号将蓄能器压力的实测值与目标值进行对比,从而控制二位二通阀的开闭,实现蓄能器压力的调整。

（14）过滤器。过滤器可保护电液控制单元免受从管路等液压连接回路来的污染物的损害。制动时,液油从夹钳通过单向阀流回油箱时会先通过该过滤器。出于维护目的,过滤器可以从电液控制单元外部接触。

7.2.2.3 基础制动装置

基础制动装置是全液压制动系统的执行部件,主要功能是直接提供制动力。基础制动装置一般由制动夹钳、闸片、制动杆等组成。基础制动装置的结构如图 7-10 所示。

1) 制动夹钳

制动夹钳充入带压力的液油后,油缸内的活塞被推动,从而使闸片贴紧轨道。其主要由主夹块、从夹块、防尘罩、上吊杆、下吊杆、复位弹簧等零部件组成,如图 7-11 所示。

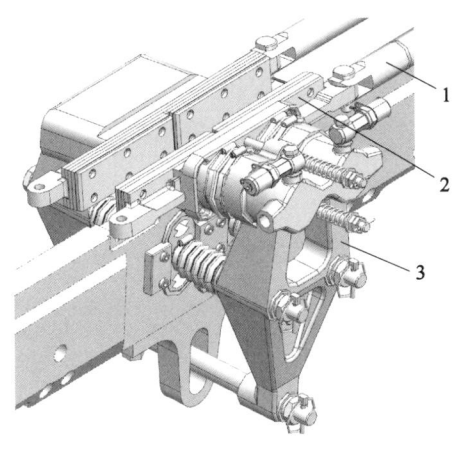 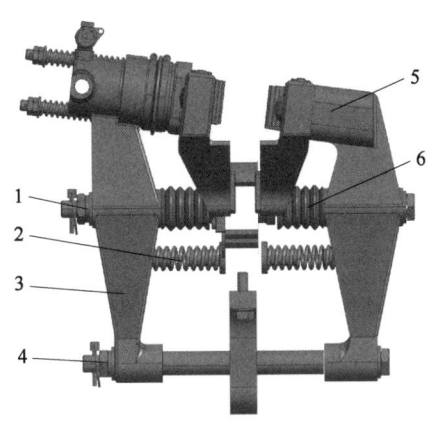

1—制动杆；2—闸片；3—制动夹钳　　　　　1—上吊杆；2—复位弹簧；3—主夹块；4—下吊杆；
　　　　　　　　　　　　　　　　　　　　　　5—从夹块；6—防尘罩

图 7-10　基础制动装置结构图　　　　　　图 7-11　制动夹钳的组成

当液油注入主夹块油缸内，将推动油缸内的活塞伸出，安装在油缸活塞上的闸片就贴近轨道，同时主夹块动作通过杠杆原理带动从夹块动作，从夹块反向贴近轨道。随着油压的增大，主夹块上的闸片和从夹块上的闸片贴紧轨道进行摩擦产生制动力，最终使车辆减速或停车。

2）闸片

闸片在制动时压紧轨道，通过与轨道面的摩擦作用使车辆减速或停止。闸片按材质分为合成闸片和粉末冶金闸片。粉末冶金闸片耐磨、耐高温，被广泛用于中低速磁浮车辆。

粉末冶金闸片由两块闸片块组成。闸片块由增强型铜基粉末冶金材料烧结而成，并与钢背进行铆接连接形成如图 7-12 所示的结构。

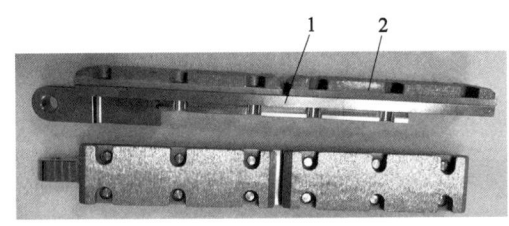

1—闸片块；2—钢背

图 7-12　闸片的组成

3）制动杆

制动杆用于固定闸片，防止闸片左右移动。

7.2.2.4　液压支撑装置

液压支撑装置主要保证列车无法悬浮时仍可动车，主要由液压支撑单元、蓄能器、支撑轮、手动泵等部件组成。

1）液压支撑单元

液压支撑单元是液压支撑装置的关键部件，主要功能是接收支撑指令，控制液油进入支撑轮油缸，保证支撑轮可以正常支撑或收起。

液压支撑单元主要由油箱、油泵、电机、安全阀、过滤器、单向阀、二位二通阀、手动泄放阀、压力传感器、压力开关、测试接头组成。液压支撑单元原理如图 7-13 所示。油箱、电机、油泵、安全阀、过滤器、单向阀的介绍可参考电液控制单元。

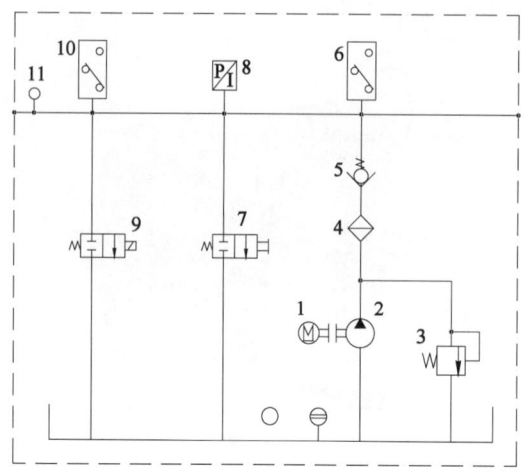

1—电机；2—油泵；3—安全阀；4—过滤器；5—单向阀；
6—压力开关 1；7—手动泄放阀；8—压力传感器；
9—二位二通阀；10—压力开关 2；11—测试接头

图 7-13 液压支撑单元原理图

（1）压力开关。压力开关用于监测蓄能器内部液油压力的高低。当压力低于设定值时，压力开关将动作并反馈至电子制动控制单元，电子制动控制单元控制液压支撑单元内的电机启动，增加蓄能器内液油的压力。压力开关也用于监测支撑回路的高低，反馈支撑轮的状态。当压力高于设定值时，压力开关将信息发送给电子制动控制单元和列车控制与管理系统，在司机显示屏上显示支撑轮放下。

（2）手动泄放阀。手动泄放阀可以手动排出蓄能器和支撑轮回路的液油。

（3）压力传感器。压力传感器用于监控支撑回路液油的压力，并在压力低于设定值时发送信息给电子制动控制单元，电子制动控制单元处理后再转发给列车控制与管理系统，在司机显示屏上显示。

（4）二位二通阀。二位二通阀根据电子制动控制单元的制动指令控制液压支撑回路与油箱间的通断。得电时，支撑轮与油箱连通，液油流回油箱，支撑轮收起。失电时，支撑轮与油箱回路断开，保持支撑回路的压力。

（5）测试接头。液压支撑单元提供一个可以从外部接触的快插式测试接头，可以接上传感器或压力表来测量液压支撑回路的压力，也可接上软管来排空回路内的液油。

2）支撑轮

支撑轮充入液油后，在将车体顶起的同时，可将钢制滚轮放到轨道上。当列车发生故障不能悬浮时，可通过滚轮在轨道上滚动对车辆进行救援等操作。支撑轮由测试接头、油缸、端盖、滚轮等部件组成，其结构如图 7-14 所示。

3）手动泵

手动泵可以在无电状态下为车辆救援支撑提供带压力的液油，保证支撑轮在无电状态下也可正常支撑或收起。手动泵的结构如图 7-15 所示。操作手柄可以将泵体内的液油加压至支撑轮放下。压力表用于显示液压回路的油压。当需要收起支撑轮时，可以操作泄压阀，回路中的液油将流回泵体。

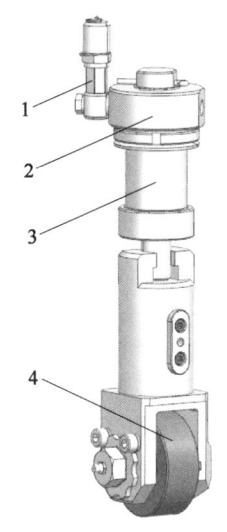
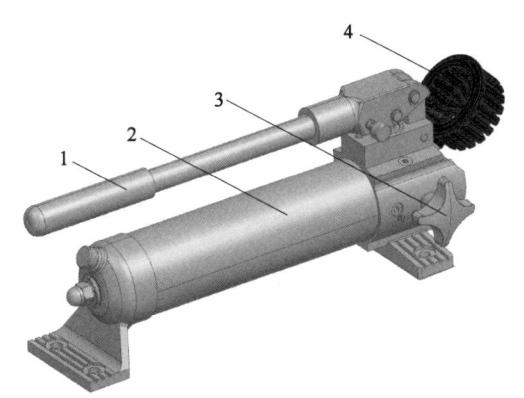

1—测试接头;2—油缸;3—端盖;4—滚轮

图 7-14 支撑轮结构图

1—手柄;2—泵体;3—泄压阀;4—压力表

图 7-15 手动泵结构图

7.3 供风系统

7.3.1 主要功能

考虑冗余,列车至少配有两台供风单元。正常情况下,单台供风单元可以满足整列车的用气需求。因此,当一台供风单元工作时,另一台供风单元处于待机状态。为保证工作时间均衡,延长使用寿命,两台供风单元采用单双日或隔日工作机制,即当天为主供风单元工作,次日为备份供风单元工作。

供风单元的启停根据总风压力传感器或压力开关提供压力信息进行控制。当电子制动控制单元与列车控制与管理系统通信正常时,采用压力传感器反馈的主风管压力信息进行控制;而当通信故障时,则采用主风压力开关的压力信息进行控制。

当列车主风管压力低于设定压力时,所有供风单元同时工作到主风管正常工作压力的最大值为止。当主风管压力低于正常工作压力的最小值时,启动当日主供风单元工作至正常工作压力的最大值为止。所有供风单元同时工作的压力设定值一般比主风管正常工作压力的最小值低 50 kPa。

7.3.2 主要部件

1) 供风单元

供风单元用于产生清洁干燥的压缩空气,主要由压缩机组、干燥器、冷却器、安全阀等主要部件组成。供风单元原理如图 7-16 所示。

压缩机组为一台无油涡旋压缩机,通过 AC 380 V 三相交流电机驱动,用于压缩吸入的空气,其出口的排气压力最高为 1 000 kPa。

空气滤清器位于压缩机组的进风端,用于对空气进行精细过滤,保证吸入的空气干净、无尘埃。

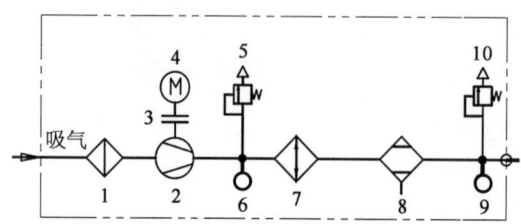

1—空气滤清器;2—压缩机组;3—联轴节;4—电机;
5—安全阀 1;6—测试接头 1;7—冷却器;8—干燥器;
9—测试接头 2;10—安全阀 2

图 7-16 供风单元原理图

安全阀为一铜壳部件,安装在主机机体外部。压缩机组的压力超过安全阀设定值,安全阀即会自动泄压,使压力降至设定的排气压力以下,起到超压保护作用。安全阀出厂时,已调好安全阀标称值,切不可随意拆调。

冷却器用于冷却压缩空气。

双塔干燥器用于去除压缩空气中的水分。

2) 辅助气控单元

辅助气控单元用于控制进入空气弹簧的压缩空气,同时反馈空气弹簧的压力和总风压力给电子制动控制单元和列车控制与管理系统,用于空气弹簧和总风压力的显示,以及供风单元的控制。其主要由塞门、过滤器、压力开关、压力传感器、单向阀、减压阀等部件组成。辅助气控单元原理如图 7-17 所示。

塞门用于控制气路的关断和导通。

过滤器用于过滤空气中的杂质、油污和水分。

压力开关用于监控总风压力,为压缩机组和车辆安全控制提供压力信号。

压力传感器用于实时测量管路的压力值,包括总风压力和空气弹簧载荷压力。

单向阀可以防止在总风管漏气时,空气弹簧内压缩空气的回流影响列车的稳定性。

减压阀将限制进入空气弹簧压缩空气的最大压力,避免过大压力影响空气弹簧的使用寿命。

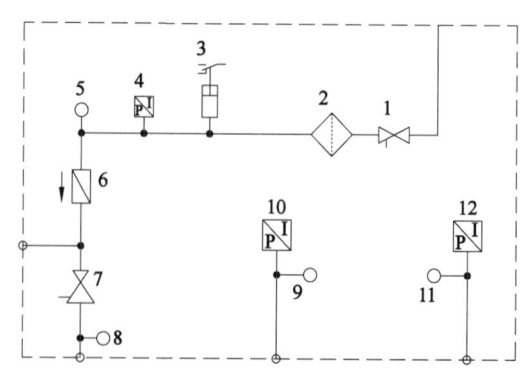

1—塞门;2—过滤器;3—压力开关;4—压力传感器;
5—测试接头 1;6—单向阀;7—减压阀;8—测试接头 2;
9—测试接头 3;10—载荷传感器 1;11—测试接头 4;
12—载荷传感器 2

图 7-17 辅助气控单元原理图

3) 高度阀

高度阀用于控制车辆地板高度不随载荷变化而变化,其旋柄与悬浮架悬挂装置的连杆相连,通过平衡状态、充气状态及排气状态三种状态实现对车辆地板高度的控制。

高度阀的工作原理如图 7-18 所示。当车辆负载变大,车体地板高度降低,操纵杆动作,高度阀向空气弹簧充气,空气弹簧压力增大,车体地板高度升高到规定位置后,高度阀自然复位。当车辆负载变小,车体地板高度升高,操纵杆动作,高度阀将空气弹簧中的空气排出,空气弹簧压力减小,车体地板高度降低到规定位置后,高度阀自然复位。

4) 差压阀

差压阀用于调整所连接的两端空气弹簧的压力,使两端空气弹簧的压力差不超过设定值,从而保证地板高度不至于向一侧倾斜。

差压阀的工作原理如图 7-19 所示。当 P1 口和 P2 口的压力差未超过规定范围,差压阀两阀口就均处于关闭状态,若 P1 口的压力超出设定的压力值,则产生的压力差将 P2 口的阀口打开,P1 口和 P2 口直通,直到压力差达到规定的设定值。P2 口压力超差的原理与 P1 口相同。

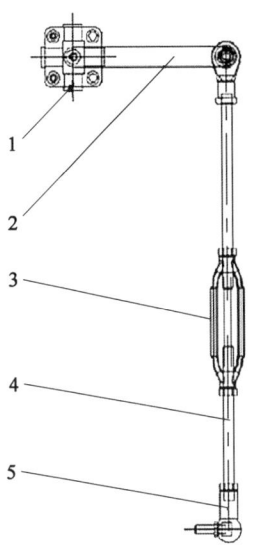

1—高度阀;2—操纵杆;
3—调整螺钉;4—连杆;
5—杆端关节球头

图 7-18 高度阀工作原理图

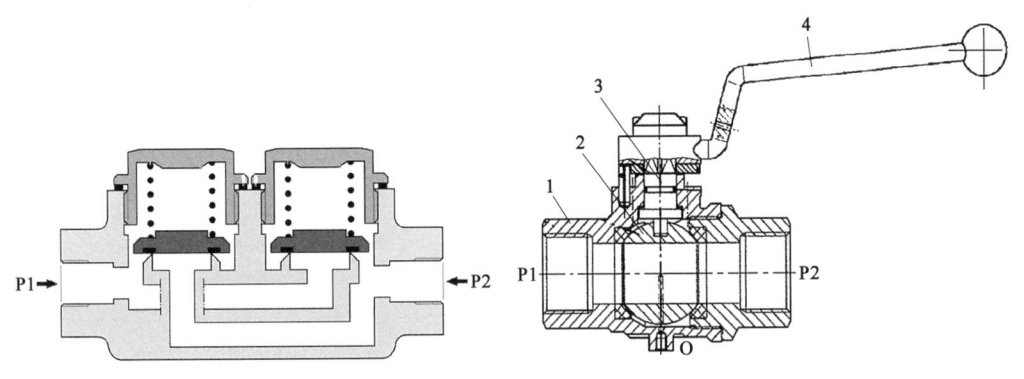

图 7-19 差压阀工作原理图

1—阀箱;2—截止球;3—开关主轴;4—手柄

图 7-20 球阀结构图

5) 球阀

球阀主要用于切断主风管与用气设备间的气路或各车之间的主风气路。球阀主要由截止球、阀箱、开关主轴、手柄等组成。其结构如图 7-20 所示。

截止球浮动地置于阀箱中,通过两个装在阀箱内部的塑料圈确保其支承和密封。截止球壁上有一个斜通孔,通过该孔连接球阀排风侧 P2 与排风孔 O。手柄通过开关主轴与截止球刚性连接。

第 8 章

悬浮系统

悬浮系统作为磁浮车辆的核心系统,代替传统轮轨车辆与轨道的相互作用关系,主要功能是实现车辆的非接触运行。悬浮系统主要包括悬浮控制器、悬浮传感器和悬浮电磁铁。悬浮控制器根据悬浮传感器的间隙信号和加速度信号,经过运算和处理,输出控制电流到悬浮电磁铁,控制电磁铁的悬浮力,从而实现车辆的稳定悬浮。本章重点对悬浮系统及其主要设备的技术参数、组成和原理进行介绍。

8.1 系 统 组 成

悬浮系统包括悬浮控制器、悬浮传感器和悬浮电磁铁等设备。目前,单悬浮架单元配置 4 个悬浮控制器、4 个悬浮传感器、2 个悬浮电磁铁,一个悬浮电磁铁有 4 个线圈,每个悬浮控制器控制悬浮电磁铁的 2 个线圈,同时采集一个悬浮传感器的信号,即单悬浮架一共有 4 个悬浮控制点。单悬浮架的悬浮系统设备布置如图 8-1 所示,设备配置如图 8-2 所示。

一般情况下,每节车辆配置 5 个悬浮架单元,整车悬浮系统配置见表 8-1。

悬浮系统的主要技术参数见表 8-2。

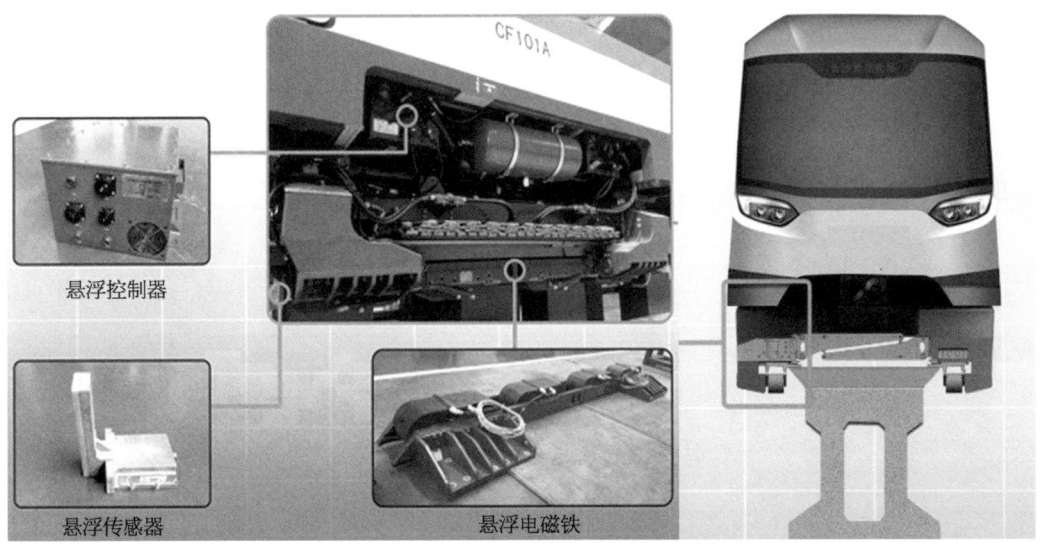

图 8-1　单悬浮架的悬浮系统设备布置

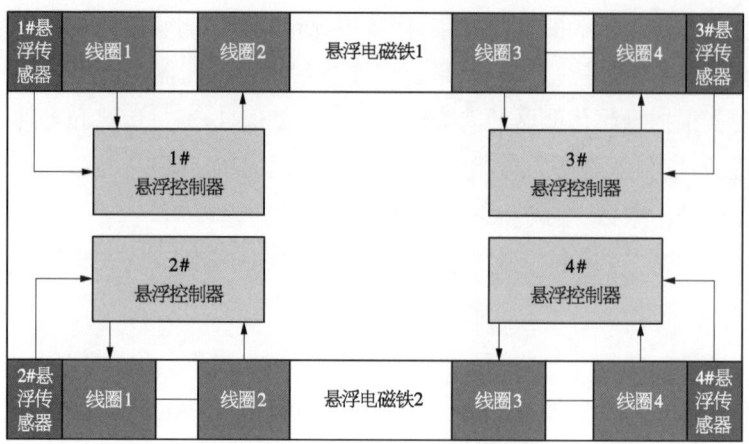

图 8-2　单悬浮架的悬浮系统设备配置

表 8-1　悬浮系统设备配置数量

名　称	Mc1	M	Mc2
悬浮控制器	20	20	20
悬浮传感器	20	20	20
悬浮电磁铁	10	10	10

表 8-2　悬浮系统主要技术参数

项　目	参　　数
额定悬浮间隙	8_0^{+2} mm
静态悬浮间隙	额定悬浮间隙±0.5 mm
动态悬浮间隙	动态悬浮间隙偏差在±4 mm 范围的概率不低于 99.9%
额定起浮间隙	16 mm
最大起浮间隙	20 mm

8.2　悬浮控制器

悬浮控制器主要功能为接收磁浮列车悬浮传感器的间隙信号和垂向加速度信号,并根据这两种信号,以一定的控制算法实时计算和调节悬浮电磁铁的电流,使悬浮电磁铁与 F 轨之间的距离保持在额定悬浮间隙内。

8.2.1 主要技术参数

悬浮控制器的主要技术参数见表 8-3。

表 8-3 悬浮控制器主要技术参数

项　目	参　数
主电路输入电压	额定 DC 330 V(DC 280～360 V)
控制电路输入电压	额定 DC 110 V(DC 77～137.5 V)
额定输出电流	30～40 A
最大输出电流	120 A(持续时间 10 s)

8.2.2 主要部件

悬浮控制器主要由箱体、控制单元、电压电流传感器、支撑电容、功率模块、接触器、控制电源等部件组成，如图 8-3 所示。

8.2.3 主电路原理及控制方式

悬浮控制器主电路为 H 形两象限斩波器结构，该电路为两象限全桥电路。如图 8-4 所示，接触器 KM1、接触器 KM2、电阻 R_c 组成预充电回路，由功率开关器件 IGBT(VT1、VT2、VT3、VT4)和二极管(D2、D3)组成斩波器的两个桥臂，C 为支撑电容，U_d 为电源输入，$u(t)$ 为悬浮电磁铁两端电压，$u_c(t)$ 为电容两端电压，$i(t)$ 为悬浮电磁铁电流。通常将悬浮电磁铁采用电阻 R_0 和电感 L_0 等效作为斩波器主电路的负载，串联于两个桥臂之间，并采用 VT1、VT4 同时导通和关断的控制方式实现悬浮电磁铁电流的增加和减小。

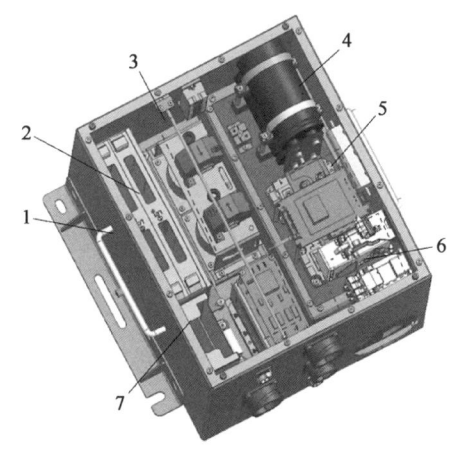

1—箱体；2—控制单元；3—电压电流传感器；
4—支撑电容；5—功率模块；6—接触器；
7—控制电源

图 8-3 悬浮控制器主要部件

为便于分析，悬浮控制器主电路以充电电容为分界线，分为两大部分：充电回路部分和斩波器电路部分。

1) 主电路充电回路

充电回路的主要作用是避免上电过程的大电流冲击，在接触器 KM2 两端再并联一个电阻 R_c 及接触器 KM1。充电回路的暂态过程如下：当悬浮控制器主电路上电时，先闭合预充电回路接触器 KM1，此时接触器 KM2 为断开状态，充电电路部分可近似为一个 RC 电路，当电容电压与电源电压接近时，再闭合主回路接触器 KM2，断开接触器 KM1，

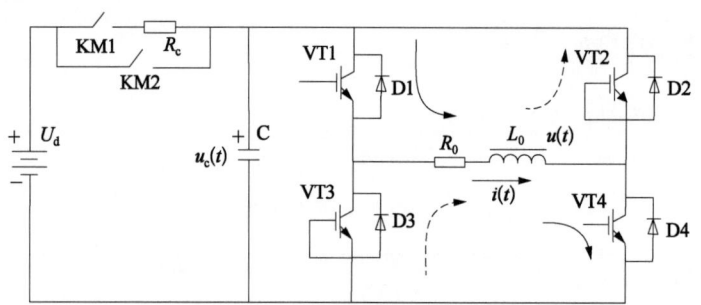

图 8-4 悬浮控制器主电路原理图

此时电容两端电压为电源电压 U_d。

2）主电路斩波器电路

主回路接触器 KM2 闭合后，悬浮斩波器电路开始工作，此时电源电压 U_d 为悬浮斩波器电路的输入，斩波器电路的示意如图 8-5 所示。

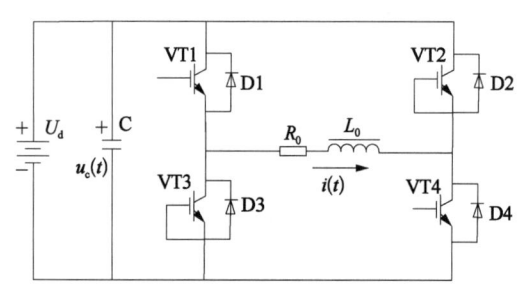

图 8-5 斩波器电路示意图

进一步分析，当 VT1 和 VT4 同时导通时，对应的电路等效图如图 8-6a 所示，此时负载两端承受正向电压，电源给负载提供能量，线圈电流增加；当 VT1 和 VT4 同时关断时，D2 和 D3 导通续流，对应的电路等效图如图 8-6b 所示，此时负载两端承受反向电压，能量从负载回馈至电源，线圈电流减小。

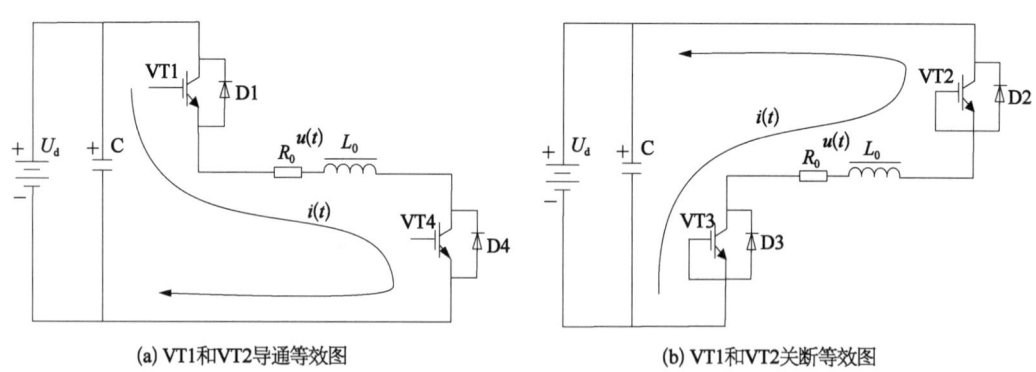

(a) VT1和VT2导通等效图　　　　(b) VT1和VT2关断等效图

图 8-6 斩波器电路不同状态下的电路等效图

8.2.4 控制电路原理及控制方式

控制电路功能是实现悬浮传感器信号的接收、滤波、悬浮控制算法以及主电路控制信号和斩波器脉冲宽度调制(PWM)信号的产生。

目前,中低速磁浮列车悬浮控制器的控制电路多采用"微控制单元(MCU)+现场可编程门阵列(FPGA)"结构的数字硬件电路系统,其中 MCU 一般采用 ARM 处理器或数字信号处理(DSP)芯片。FPGA 通过 RS-485 总线接收间隙传感器数据和加速度传感器数据,传感器信号进入 FPGA 后,进行间隙信号和加速度信号的解码和滤波处理,并通过 FPGA 和 MCU 之间的串行或并行数据传输接口,传输给 MCU 进行控制。同时,FPGA 驱动模数转换(A/D)芯片,将电压传感器、电流传感器等模拟信号通过 A/D 采样转化为数字信号。

MCU 根据间隙传感器信号、加速度传感器信号、电流信号、电压信号等,采用一定的控制算法进行运算,产生 PWM 信号输出给 FPGA,由 FPGA 根据悬浮控制器状态判断输出 PWM 驱动信号,驱动斩波器产生电磁铁控制电流。主电路的接触器控制信号、起浮/降落控制信号等也通过 FPGA 控制输出。

此外,由 MCU 产生和控制两路控制器局域网(CAN)总线控制器,分别作为 CAN 总线调试网和 CAN 总线诊断网与上位机软件或列车网络进行通信。中低速磁浮列车悬浮控制器的控制电路原理如图 8-7 所示。

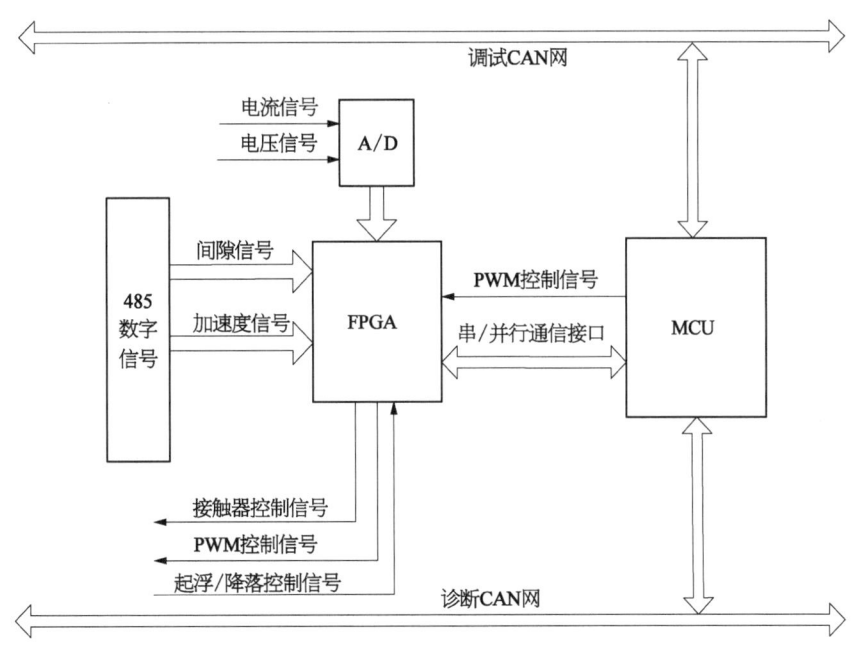

图 8-7　控制电路原理框图

为提高悬浮控制器的可靠性,悬浮控制器采用两块电路板热备冗余的控制方式,两块控制板采用相互仲裁的方式进行冗余功能切换,每块控制板上均有两路 RS-485 通道,分别定义为 A 通道和 B 通道。同时,定义 A 通道为数据发送通道,B 通道为数据接收通道,两路 RS-485 通道在底板交叉(图 8-8)。

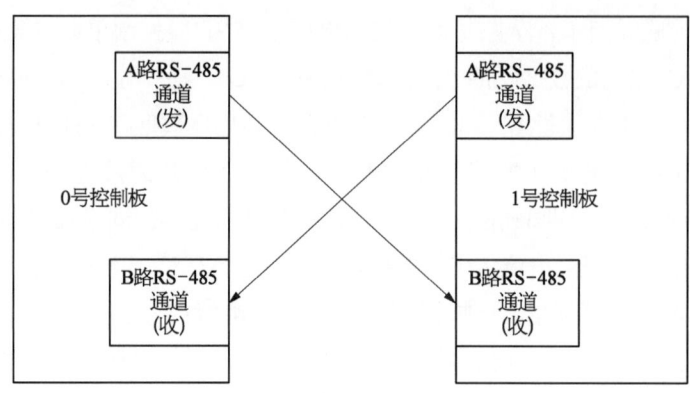

图 8-8　热备冗余控制方式

8.3　悬浮传感器

悬浮传感器的主要功能是实时检测悬浮电磁铁的悬浮间隙和加速度,并将这些信号反馈给悬浮控制器。

8.3.1　主要技术参数

悬浮传感器的主要技术参数见表 8-4。

表 8-4　悬浮传感器主要技术参数

项　　目	参　　数
传感器类型	数字式
额定输入电压	DC 24 V
间隙测量范围	0~20 mm
间隙测量误差	不超过±0.2 mm
间隙传感器温漂	正温漂 8~12 mm 不超过±0.5 mm 0~20 mm 不超过±0.7 mm
加速度测量范围	$-5g$~$5g$
加速度测量误差	不超过±0.125g

(续表)

项 目	参 数
加速度传感器最小分辨率	0.05g
加速度初始值	$-g$
间隙探头数量	4个
加速度计数量	2个

8.3.2 主要部件

悬浮传感器由壳体、间隙感应线圈(S1、S2、S3、S4)、加速度计、模拟电路板(简称模拟板)、数字电路板(简称数字板)、盖板、航空插座等部件组成,如图8-9所示。

悬浮传感器壳体材质为铝材,采用压铸制造工艺。间隙探头、加速度计、模拟板和数字板固定在壳体内部,其中间隙探头采用环氧树脂灌封,间隙探头检测的信号通过连接器传输给模拟板,模拟板和数字板之间通过连接器通信,数字板将间隙和加速度信号通过连接器与航空插座进行信号交互。

悬浮传感器采用冗余设计原理,共有4路间隙信号和2路加速度信号,间隙信号分别用Gap1、Gap2、Gap3、Gap4表示;加速度信号分别用Acc1、Acc2表示。Gap1、Gap2、Acc1测量通道由第一路DC 24 V电源供电,组成第一回路;Gap3、Gap4、Acc2测量通道由第二路DC 24 V电源供电,组成第二回路。两个检测回路相互独立,互为冗余。

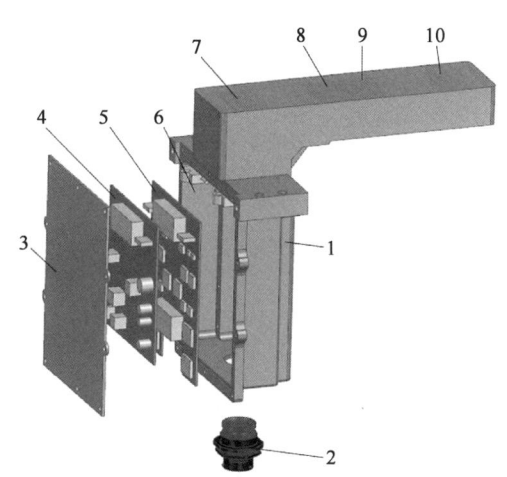

1—壳体;2—对外连接器;3—盖板;4—数字电路板;
5—模拟电路板;6—加速度计;7—间隙感应线圈S1;
8—间隙感应线圈S4;9—间隙感应线圈S2;
10—间隙感应线圈S3

图8-9 悬浮传感器主要部件

8.3.3 模拟信号处理

悬浮传感器通过间隙探头的感应线圈(S1、S2、S3、S4)输出电流信号,经检波、滤波、放大和信号处理后得到间隙信号的输出(Gap1、Gap2、Gap3、Gap4),此功能由模拟板实现。悬浮传感器模拟信号处理原理如图8-10所示。

8.3.4 数字信号处理

模拟板将间隙信号Gap1、Gap2、Gap3、Gap4以电压信号传输给数字板,加速度计将加速度信号以电压信号传输给数字板,数字板将间隙和加速度电压信号进行A/D采集、

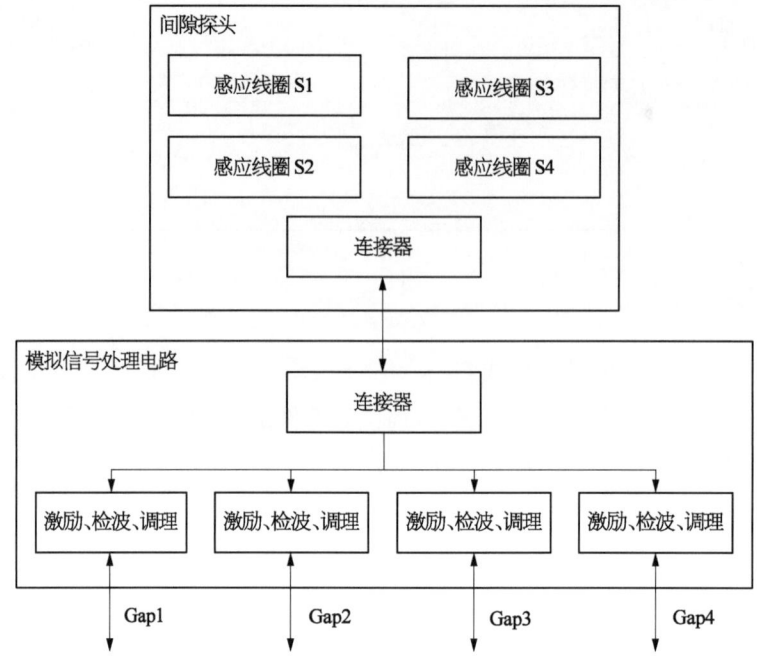

图 8-10 模拟信号处理原理框图

线性补偿、标定等处理后,按照固定的协议发送传输给悬浮控制器。悬浮传感器数字信号处理原理如图 8-11 所示。

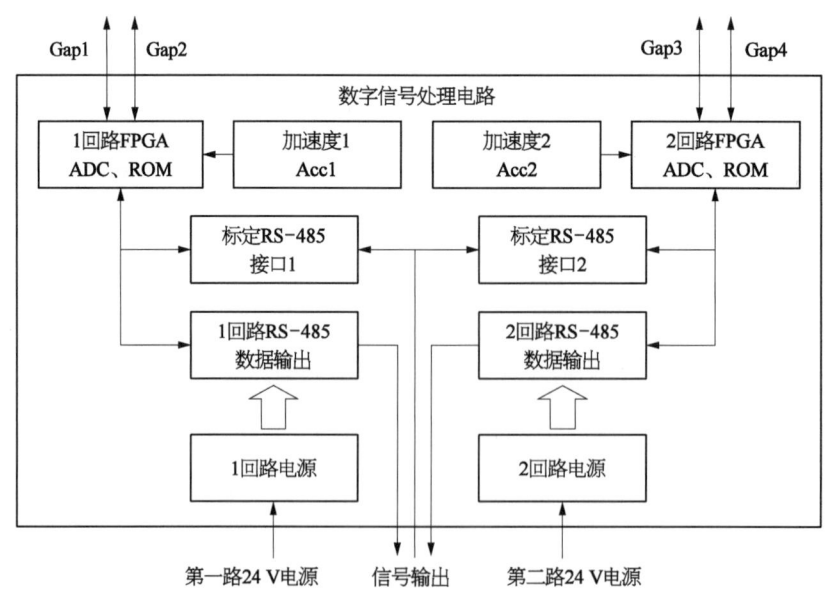

图 8-11 数字信号处理原理框图

8.4 悬浮电磁铁

悬浮电磁铁在励磁电流作用下,在电磁铁极板、导轨与气隙之间形成磁回路,产生电磁力,实现电磁悬浮和导向功能。

8.4.1 主要技术参数

悬浮电磁铁的主要技术参数见表 8-5。

表 8-5 悬浮电磁铁主要技术参数

项 目	参 数
工作制	连续制
冷却方式	走行自然风冷
最大电流	160 A(短时耐受 10 s)
额定工作电压	DC 360 V
额定悬浮间隙	8_0^{+2} mm
单电磁铁最大悬浮能力	≤42 kN
绝缘等级	H 级

8.4.2 主要部件

悬浮电磁铁一般由线圈、铁心、内侧极板和外侧极板等部件组成,如图 8-12 所示。

1) 电磁铁结构

为减小漏磁通,提高悬浮力,极板磁极面宽度应与 F 轨磁极面宽度相等,即 $w=d_1$。内、外侧极板的外侧水平距离应与 F 轨磁极面的外侧水平距离相等,即 $l=b_2$,如图 8-13 所示。

除上述典型结构外,为应对悬浮电磁铁端部涡流效应(EMS 中低速磁浮系统通常采用无叠片钢轨,悬浮电磁铁与轨道的相对运动导致钢轨中产生涡流。涡流产生的磁通会减弱气隙磁场,使悬浮力下降,尤其作用在端部电磁铁,并且随着车辆运行速度的增大,悬浮力下降更明显,该现象被称为"电磁铁端部涡流效应"),工程上可采用电磁铁端部线包

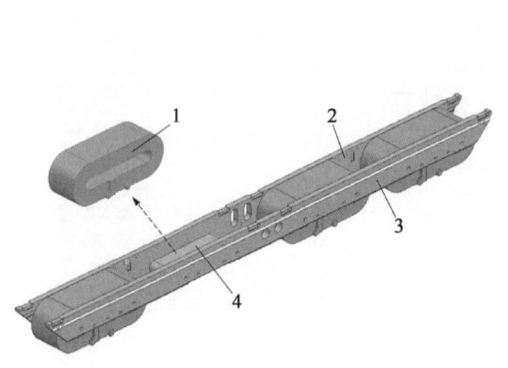
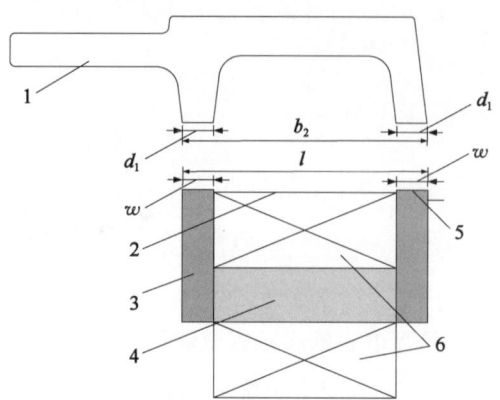

1—线圈；2—内侧极板；3—外侧极板；4—铁心

图 8-12　悬浮电磁铁主要部件

1—F轨；2—线圈上表面；3—内侧极板；4—铁心；
5—极板磁极面；6—线圈

图 8-13　典型悬浮电磁铁结构尺寸图

加长或五线包电磁铁结构形式，以补偿电磁铁端部涡流效应带来的悬浮力损失。典型悬浮电磁铁结构如图 8-14 所示。

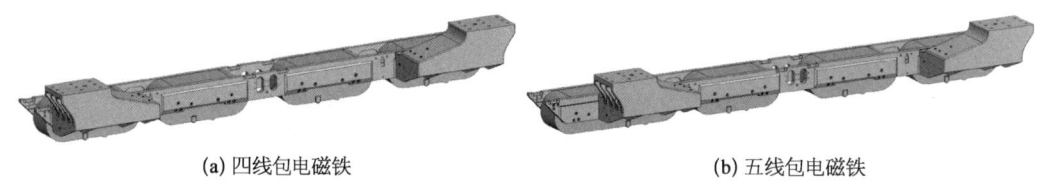

(a) 四线包电磁铁　　　　　　　　(b) 五线包电磁铁

图 8-14　典型悬浮电磁铁结构模型

2) 极板

电磁铁极板分为内侧极板与外侧极板，二者与铁心线圈通过高强度螺栓连接，共同组成电磁铁磁回路结构。其中外侧极板通过托臂连接座与悬浮架相接，承受来自车辆的载荷。

为缓解大电流下回路磁饱和效应，增大电磁铁悬浮力，同时提高电磁铁垂向刚度，抵抗电磁铁极板形变对悬浮控制带来的不利影响，极板在与 F 轨匹配的情况下，一般在极板中部采取加厚措施，如图 8-15 所示。

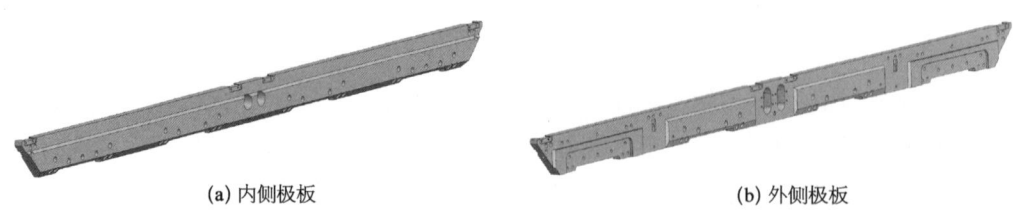

(a) 内侧极板　　　　　　　　(b) 外侧极板

图 8-15　极板结构模型

3) 铁心与线圈

铁心由低碳导磁钢加工而成(一般选用 Q235,极板材料与之相同),其与内、外侧极板通过碳钢螺栓连接,作为磁回路的一部分,起到导通磁路的作用。

线圈由电磁线绕制而成,通入直流电,产生车辆悬浮所需的磁场。线圈材料可用铝线或铜线,铝线相较于铜线质量密度更低,但散热性能稍差,基于列车轻量化及控制生产成本的要求,现有中低速磁浮列车一般选用铝线作为励磁线圈材料。

由于线圈长期处于室外工作环境,绝缘防护性能直接影响其工作稳定性,线圈通常采用绕包式或浇注式两种绝缘防护方式。悬浮电磁铁线包示意如图 8-16 所示。

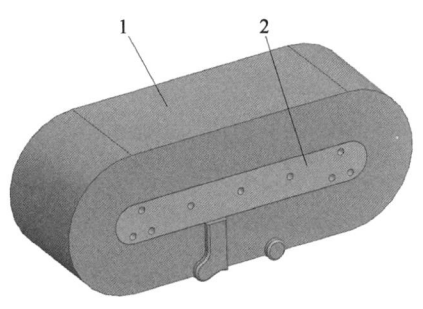

1—线圈;2—铁心

图 8-16 悬浮电磁铁线包示意图

绕包式绝缘对线圈采用绕制绝缘层外加整体浸渍漆绝缘处理,工艺简单,生产周期较短,成本易于控制。其导热系数较低,同工况下线圈温升更高,虽然绝缘耐热可达到 200℃ 等级,但线圈过高的温升会影响悬浮传感器精度。此外,由于电磁铁线圈匝数较多(一般不低于 360 匝),工艺限制导致线圈密封绕制时残余空气无法排净,线圈温度升高时出现绝缘层与线圈分层现象,易造成鼓包。

采用浇注式绝缘时,需对绕制完成后的线圈进行整型操作,整型合格后再进行绝缘防护。浇注式绝缘对线圈采用浸渍漆加环氧树脂灌封双层防护浇注处理,虽绝缘耐热等级只达到 H 级,但其封装环氧树脂导热系数更高,因此同工况下温升低些。浇注式绝缘方式整体户外绝缘防护效果较绕包式更佳,防水性较好,但由于工艺复杂性,表面浇注树脂长期在高温下易出现开裂现象,浇注质量受温度、压力、时间等因素影响多,对模具要求严苛,因此生产周期较长,生产成本更高。

线圈设计应满足电磁吸力、温升和绝缘等级要求。铁心结构设计应综合考虑磁场分布、电磁吸力以及机械强度等因素。

第 9 章

牵引系统

牵引系统接收来自直流牵引供电网（供电轨）的高压直流电能，通过电源分配、电压转换在牵引电机上产生牵引力和电制动力。中低速磁浮列车牵引系统采用变频变压逆变器-直线感应电机构成的交流传动系统，采用恒滑差频率或变滑差频率的矢量控制策略。电制动时，在高速区段采用再生制动，在低速区段采用反接制动。本章重点对牵引系统及其组成和主要部件进行介绍。

9.1 系统组成

中低速磁浮列车牵引系统主要由受流器、库用插座、高压分线箱、高压转换开关、高压电器柜、电抗器、牵引变流器、直线电机等设备组成。其中，受流器、库用插座和高压分线箱等构成高压供电电路；高压电器柜、电抗器、牵引变流器和直线电机等构成牵引变流主电路。

1）高压供电电路

列车 DC 1 500 V 高压供电原理如图 9-1 所示，每节 Mc 车配置一台高压分线箱、一组库用插座、两对受流器。高压分线箱内集成有高压转换开关，具有"库用位"和"正常位"两个位置，可选择列车 DC 1 500 V 正极母线接入源，列车 DC 1 500 V 负极母线直接全列车贯通，不通过高压转换开关选择切换，因此图 9-1 只展示了 DC 1 500 V 正极母线。当高压转换开关打到"正常位"，通过受流器从供电轨引入 DC 1 500 V 电能，列车工作在正常供电模式；当高压转换开关打到"库用位"，通过库用插座引入 DC 1 500 V 电源，列车工作在库用供电模式。两种供电方式相互独立。正线运行时，高压转换开关打到"正常位"，列车通过受流器从供电轨取电。某些特殊应用场景如库内检修、调试时，将高压转换开关打到"库用位"，列车由库用插座供电。

图 9-1 列车 DC 1 500 V 高压供电电路原理框图

2) 牵引变流主电路

中低速磁浮列车每节车辆均为动车，配置一套独立的牵引变流主电路，包含一台高压电器柜、一台电抗器、一台牵引变流器和 10 台直线电机。牵引变流器具有两路输出，向"5 串 2 并"的两组直线电机供电，如图 9-2、图 9-3 所示。Mc 车牵引变流主电路、M 车牵引变流主电路核心设备高压电器柜、电抗器、牵引变流器、直线电机结构尺寸、电气性能完全相同，可互换。

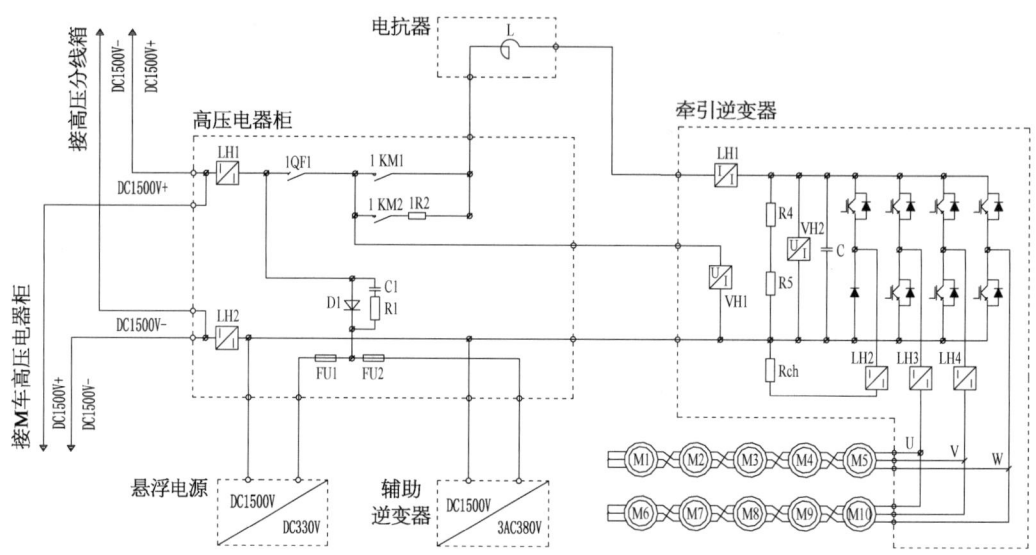

图 9-2 Mc 车牵引变流主电路结构原理图

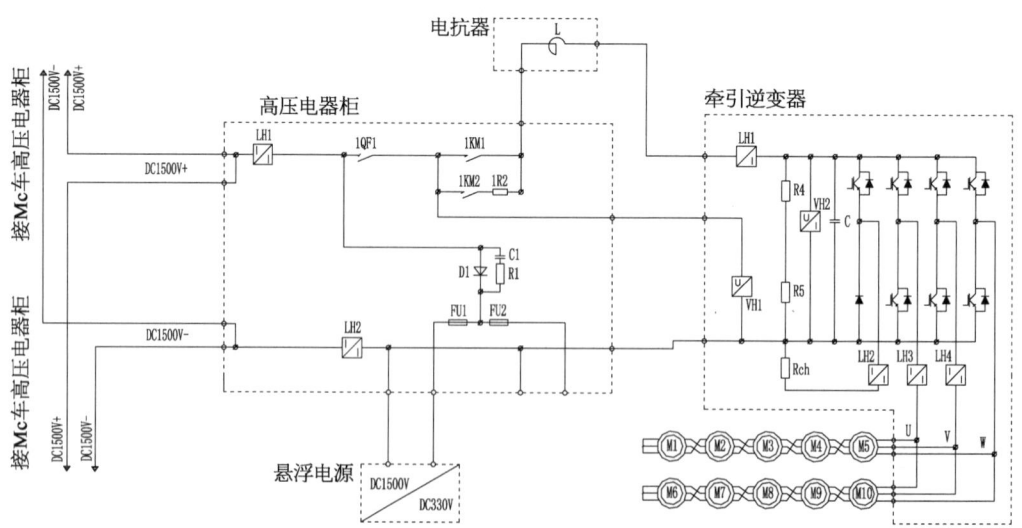

图 9-3 M 车牵引变流主电路结构原理图

9.2 主要部件

1) 受流器

列车每节头车配置 2 对受流器。每组受流器由 2 个受流器单元组成,一个受流器单元接触正极供电轨,另一个受流器单元接触负极供电轨。2 对受流器接线在高压分线箱内并联。

受流器为铰接式机械构件,受流器上的弹簧组件使受流器集电头与供电轨受流面保持接触状态,集电头可随受流面的平顺度而自由地适应其高度。

受流器与供电轨的接触方式目前主要有两种:一种是固定式的,即接触正极的受流器单元和接触负极的受流器单元都始终与供电轨保持接触,不能伸缩;另一种是接触正极的受流器单元可以伸缩,接触负极的受流器单元为固定式。接触正极的受流器可伸缩,虽然机构相对固定式受流器复杂些,但可以在检修或车库时使接触正极的受流器脱离供电轨,保证车辆不会因地面供电系统的故障或误操作使车辆带电,在用电安全性上比固定式的更高一些。

图 9-4 所示为具备升降功能的受流器。

受流器的主要技术参数见表 9-1。

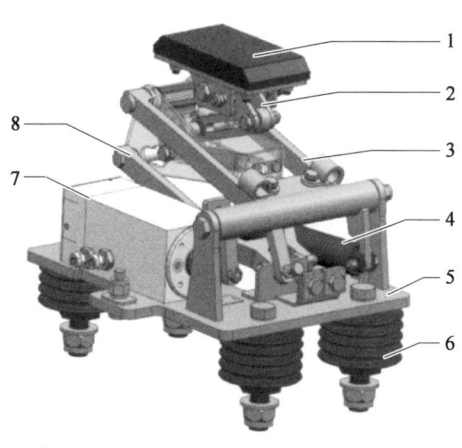

1—集电头;2—弓头组装;3—上臂杆;4—升弓弹簧;
5—底架;6—绝缘子;7—气缸;8—拉杆

图 9-4 受流器结构图

表 9-1 受流器主要技术参数

项 目	参 数
额定电压	DC 1 500 V
电压范围	DC 1 000~1 800 V
额定工作电流	600 A
最大电流	800 A,30 s
标称静态接触压力	(120±24) N
工作高度	(297±35) mm

(续表)

项　目	参　数
降靴状态高度	≤240 mm
最高伸展高度	≤350 mm
电气间隙	≥60 mm
爬电距离	≥90 mm
滑板尺寸	160 mm×80 mm
升降弓空气压力	0.4～0.8 MPa
作动器空气压力	0.8 MPa

2) 高压分线箱

列车在每节头车底架各安装一台高压分线箱。高压分线箱汇集来自受流器和库用插座的接线，经高压转换开关、熔断器将高压供电接入列车高压母线，实现列车"正常位"模式和"库用位"模式的切换以及高压母线保护的功能。高压分线箱由箱体、高压转换开关、熔断器等主要部件组成。

高压分线箱的主要技术参数见表9-2。

表9-2　高压分线箱主要技术参数

项　目	参　数
主触头额定电压	DC 1 500 V
最大电流	DC 1 500 A
额定电流	DC 900 A
高压转换开关机械寿命	20 000 次
操作方式	手动
锁闭方式	机械锁闭
辅助开关触头额定电压	DC 110 V
熔断器额定电压	DC 2 400 V
熔断器额定电流	DC 800 A
熔断器分断能力	100 kA（时间常数 $L/R=15$ ms）

3) 高压电器柜

高压电器柜在牵引变流主电路结构上位于高压分线箱之后、电抗器和牵引变流器之前，主要安装有高速断路器、接触器以及电流传感器、熔断器。它的基本功能包括牵引主电路充电和短接、主电路故障保护、漏电流检测、汇流和分流、分流保护等。高压电器柜外形如图9-5所示。

图 9-5　高压电器柜实物图

高压电器柜的主要技术参数见表 9-3。

表 9-3　高压电器柜主要技术参数

项　　目	参　　数
额定电压	DC 1 500 V
电压范围	DC 1 000～1 800 V（允许最高电压 DC 1 980 V）
最大输入电流	DC 615 A
额定输入电流	DC 450 A
高速断路器整定值	DC 1 000 A

4) 电抗器

电抗器接在牵引变流器直流侧输入回路的正极母线上,与牵引变流器直流回路支撑电容器组成滤波单元,主要作用是抑制主电路电流突变,滤除高次谐波,阻止直流侧供电的瞬时突变。电抗器类型为空心电抗器。

电抗器的主要技术参数见表 9-4。

表 9-4　电抗器主要技术参数

项　　目	参　　数
额定电压	DC 1 500 V
电压波动范围	DC 1 000～1 800 V（再生制动时最高电压 DC 1 980 V）

(续表)

项 目	参 数
最大电流	DC 860 A
额定电流	DC 250 A
电感值	2 mH±10%
绝缘等级	H级

5) 牵引变流器

牵引变流器主电路采用两电平电压型三相逆变电路，功率器件采用IGBT。牵引变流器由功率模块单元、DCU传动控制单元、斩波电阻单元、支撑电容单元等组成。其中功率模块集成8个3 300 V/1 500 A的IGBT元件，作为三相逆变器的三相桥臂及过压抑制斩波桥臂。DCU传动控制采用恒滑差频率或变滑差频率的矢量控制方式。每辆车配置一台牵引变流器，具有两路输出，向"5串2并"的两组直线电机供电。牵引变流器外形如图9-6所示。

牵引变流器的主要技术参数见表9-5。

图9-6 牵引变流器外形图

表9-5 牵引变流器主要技术参数

项 目	参 数
主电路型式	两电平电压型三相逆变电路
冷却方法	热管强迫风冷
额定输入电压	DC 1 500 V
电压波动范围	DC 1 000～1 800 V(再生制动时最高电压允许达到DC 1 980 V)
输出电压	3AC 0～1 100 V(牵引工况，网压DC 1 500 V)
最大输出电流	2×250 A(基波有效值)
额定输出电流	2×350 A(基波有效值)
最大输出容量	1 300 kV·A
变流器开关频率	750 Hz
负载	直线电机，5串2并
额定点效率	≥98%
控制方式	直接转矩控制

(续表)

项 目	参 数
输出三相交流电压频率变化范围	0~125 Hz
控制电源额定电压	额定：DC 110 V 变化范围：DC 77~137.5 V

6) 直线电机

直线电机采用 8 极自然通风冷却的短定子三相直线感应电机，电机定子悬挂安装在车辆悬浮架上，电机的转子即次级感应板（4 mm 铝板）铺设在 F 轨上。每节车上安装 10 台直线电机，布置在车辆左右两侧。位于同一侧的 5 台串联连接的直线电机三相绕组连接关系如图 9-7 所示，为补偿电机每相间参数的不平衡并降低端部效应的影响，接线采用三相相序延后交叉接线的方式。

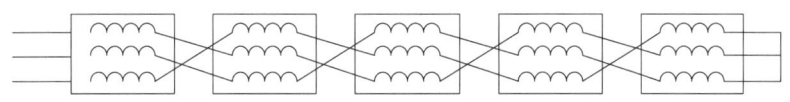

图 9-7 直线电机串联绕组接线示意图

直线电机由铁心、绕组、端部联线等部件组成。铁心由冲片、悬挂板、支线架等零部件组成。冲片通过螺杆拉紧，两侧用悬挂板防止冲片齿张并进行悬挂，将支线架固定在悬挂板上，以固定联线。电机绕组由铝扁线、云母带、玻璃丝带等绝缘部件组成。铝扁线采用耐电晕聚酰亚胺薄膜（Kapton-FCR 薄膜），电机定子整体真空压力浸 200 级无溶剂漆（VPI），然后烘焙固化，达到绝缘等级为 200 级指标。直线电机端部联线用耐电晕聚酰亚胺薄膜烧结铝扁线按照接线图连接而成，完成端部连接后按照绝缘规范进行表面绝缘处理。

直线电机外形如图 9-8 所示。

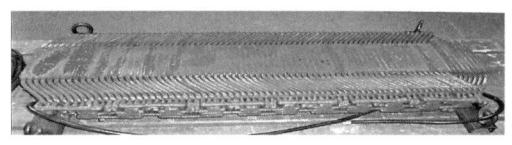

图 9-8 直线电机外形图

直线电机的主要技术参数见表 9-6。

表 9-6 直线电机主要技术参数

项 目	参 数
额定线电压	AC 220 V
最大电流	350 A
额定电流	250 A
最大容量	130 kV·A

（续表）

项　　目	参　　数
最大牵引力	350 kg
极数	8 极
极距	202.5 mm
铁心叠厚	220 mm
额定气隙	13 mm
铝反应板厚	4 mm
绝缘等级	200 级
连接方式	Y
重量	≤205 kg

第 10 章

辅助电源系统

辅助电源系统为列车空调、空气压缩机、照明及控制电路、悬浮系统等用电设备提供电源,由辅助供电系统和悬浮供电系统构成。按电压等级,辅助电源系统分为 DC 110 V 电源系统、AC 380 V 电源系统和 DC 330 V 电源系统。本章所述辅助电源系统以 3 节车辆编组为例。

10.1 DC 110 V 电源系统

10.1.1 系统组成

DC 110 V 电源包括 DC 110 V 充电机和 DC 110 V 蓄电池,构成一个带浮充蓄电池的供电系统,如图 10-1 所示。正常情况下,由 DC 110 V 充电机提供全列车 DC 110 V 负载的电源,蓄电池工作在浮充状态;在无外部供电或充电机故障情况下,由蓄电池向负载供电。列车 DC 110 V 负载主要包括车载电气设备控制单元、列车控制、网络控制系统模块、

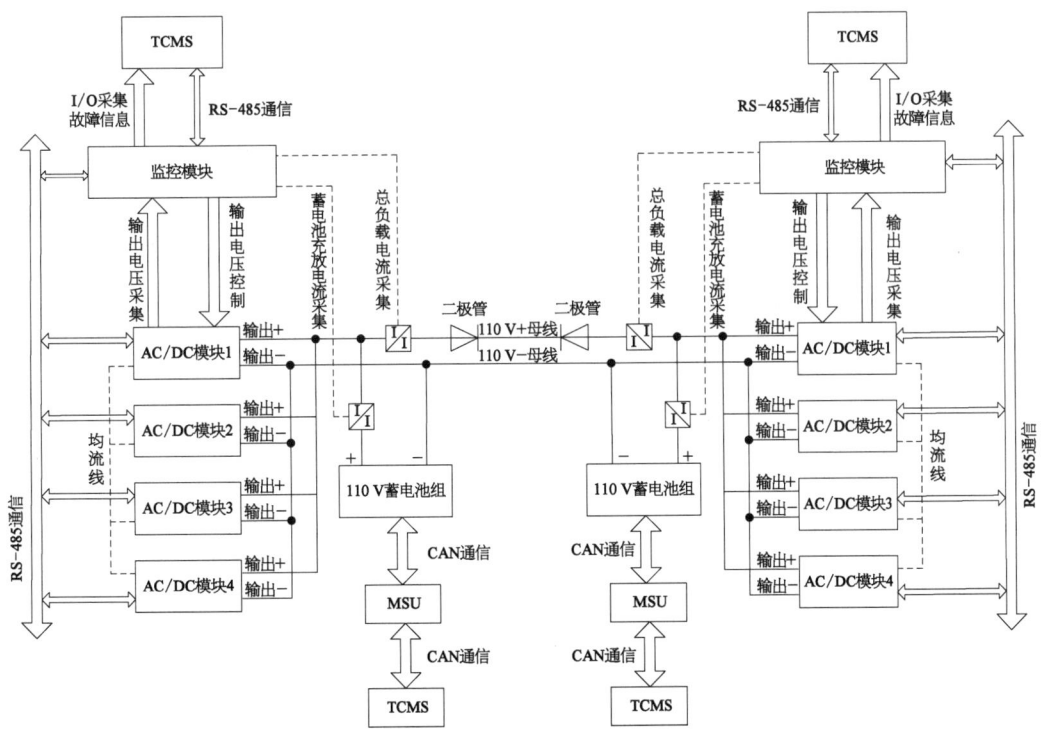

图 10-1 DC 110 V 电源系统拓扑图

照明、PIS 设备、门控单元、空调控制单元、通信和 PIS 系统、车载 ATC 等。

每节头车上配置一套 DC 110 V 充电机和一台蓄电池组。每套充电机组采用"4 台 AC/DC 电源模块并联＋监控模块"的技术方案。

10.1.2　主要部件

10.1.2.1　DC 110 V 充电机

DC 110 V 充电机由 4 台 AC/DC 变流模块和 1 台监控模块组成。AC/DC 变流模块把三相 380 V/50 Hz 交流输入变换成 DC 110 V 直流输出，监控模块对 AC/DC 变流模块的运行状态进行监控并与 TCMS 进行通信。

1) AC/DC 变流模块

AC/DC 变流模块原理如图 10-2 所示，其由主功率环路和控制环路构成。主功率环路中，三相 380 V 交流电经 EMI 滤波电路滤波后进行桥式整流，整流后的电源再经 PFC 电路进行平滑滤波，最后经 DC/DC 变换电路进行隔离变换，把输入电压变成输出所需的 110 V 直流电压。变换后的 110 V 直流电压经过平滑滤波后再经过输出保护电路后输出。控制环路主要包含电压控制环、电流控制环和各种保护控制电路及辅助电源。电压控制环主要对输出电压进行采样处理，并反馈给主控制电路，形成对输出电压的闭环控制。电流控制环除了对输出电流进行采样、反馈外，还根据均流电路的值对输出电流进行闭环控制。辅助电源为电源模块内的各种控制电路供电。

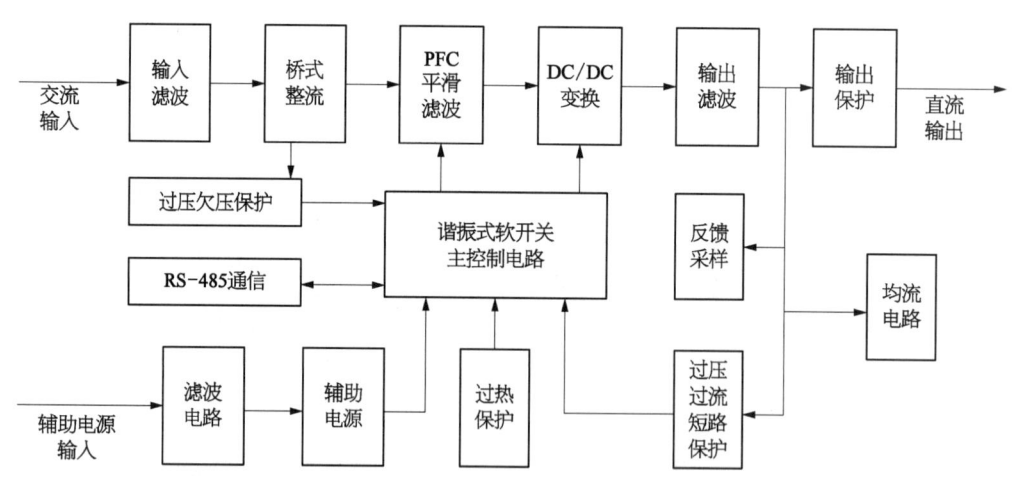

图 10-2　AC/DC 变流模块原理框图

AC/DC 变流模块采用先进的谐振式软开关技术，可以实现原边功率开关管的零电压开通和副边整理二极管的零电流关断，降低高频开关半导体器件的电压和电流应力及高频损耗，从而具有 EMI 小、效率高和温升低的优点。

AC/DC 变流模块主要技术参数见表 10-1。

表 10-1　AC/DC 变流模块主要技术参数

项　目	参　数
额定电压	3AC 380 V/50 Hz,波动范围±10%
额定输出电压	DC 110 V(−5%～5%可调)
额定输出电流	30 A(环境温度 55℃)
效率	额定工况下不小于 0.94
直流输出电压纹波系数	≤1%
模块间负载电流不均度	≤5%
蓄电池恒流充电限流	30 A
蓄电池充电方式	恒流+恒压

2) 监控模块

监控模块主要由信号采集、数据处理、数据显示和控制输出组成,工作原理如图 10-3 所示。信号采集电路对输入电压、输出电压、负载电流、电池充放电流、电池电压、模块温度进行采样,通过内部 RS-485 总线控制 AC/DC 变流模块输出,并把相关数据、故障信息通过上行 RS-485 总线送到车辆显示屏显示存储,同时把相关报警信号送报警节点控制电路输出。

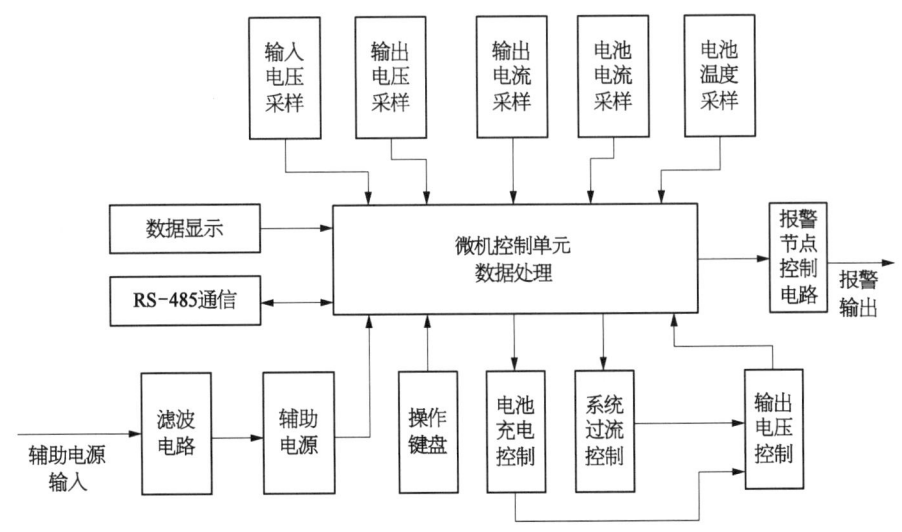

图 10-3　监控模块原理框图

AC/DC 变流模块和监控模块具有下列保护功能：输入欠压保护；输入过压保护；过温保护；输出限流保护；过流保护；输出短路保护。

10.1.2.2 DC 110 V 蓄电池

DC 110 V 蓄电池用作在列车无外部供电或 DC 110 V 充电机电源故障情况下的应急后备电源，应急负载包括紧急照明、列车控制、网络控制、车载 PIS、无线通信、门控制（含开关门动作至少一次）、空调控制单元、车载 ATC 等。应急供电时长一般要求不少于 45 min。列车每节头车配置一台 DC 110 V 蓄电池，吊挂安装在车体底架。

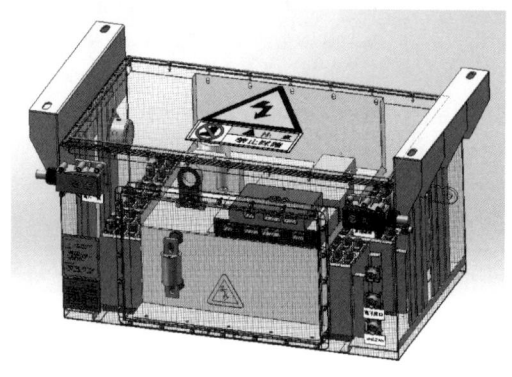

DC 110 V 蓄电池被设计成一个电池箱，由高倍率磷酸铁锂电芯（组成电池模组）、蓄电池管理系统、箱体、附属电器部件（包括二极管、熔断器、接触器、电流传感器等）构成，如图 10-4 所示。蓄电池箱体外壳、承重结构件采用不锈钢材料，同时考虑轻量化设计。

图 10-4 DC 110 V 蓄电池系统组成

DC 110 V 蓄电池电路原理如图 10-5 所示，主充放电电路设计有熔断器保护、过充保护、充放电电流检测。电池管理系统（BMS）具有 CAN 通信接口和维护接口，通过 CAN 通信接口向 TCMS 上报蓄电池状态

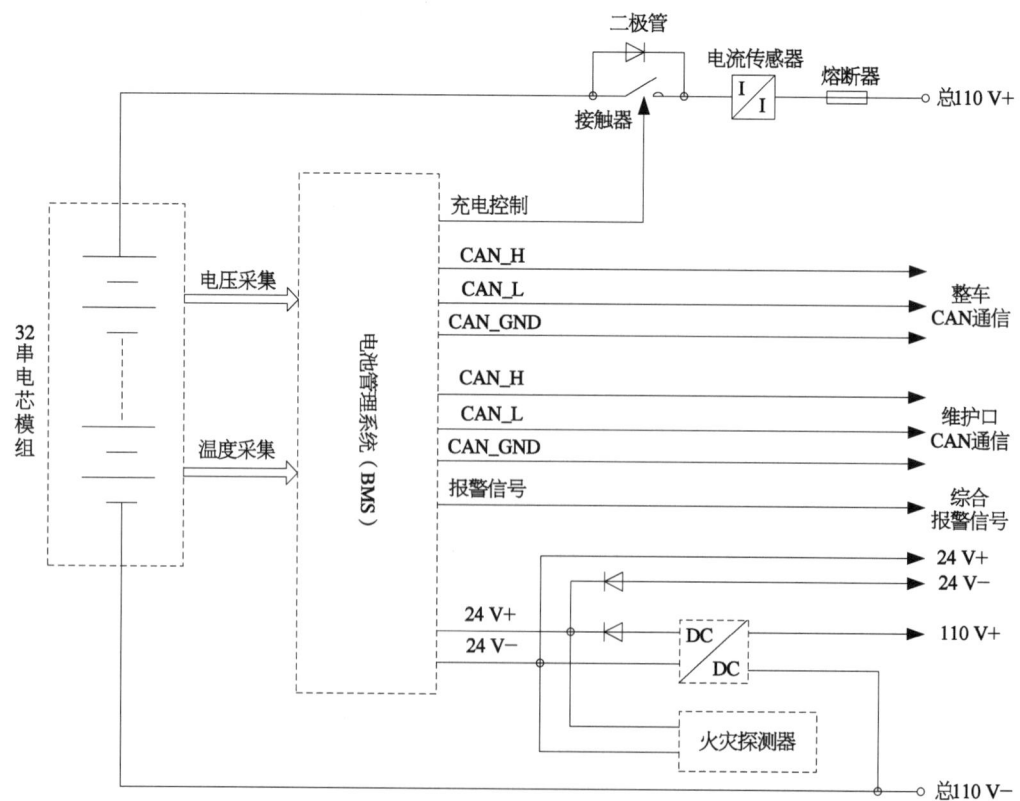

图 10-5 DC 110 V 蓄电池电路原理图

和故障报警信息;维护接口提供调试 CAN 和 24 V 电源接入,通过调试 CAN 可监视蓄电池状态、升级 BMS 软件,通过 24 V 电源接入可在无 110 V 电源输入的情况下激活 BMS。

BMS 具有完善的功能,包括单体电池电压、电流、温度监测功能,单体电池间电压均衡功能,SOC 计量功能,过充、超温、短路等保护功能,通信功能,热管理失效保护功能,故障报警定位上传功能。

DC 110 V 蓄电池主要技术参数见表 10-2。

表 10-2 DC 110 V 蓄电池主要技术参数

项 目	参 数
电池类型	磷酸铁锂电池
额定容量	50 A·h
标称电压(室温)	102.4 V(单体 3.2 V)
充电最高电压	116.8 V(单体 3.65 V)
充电方式	恒流、恒压
恒流充电电流	30 A
持续放电倍率	3C

10.2 AC 380 V 电源系统

10.2.1 系统组成

AC 380 V 电源设备为 AC 380 V 辅助逆变器,列车每节 Mc 车配置一台 AC 380 V 辅助逆变器,向空调机组、空气压缩机、散热风机、DC 110 V 充电机等交流负载供电。M 车配置一台单相 380 V/220 V 变压器,向方便插座、司机室足部取暖器等单相交流负载提供电源,如图 10-6 所示。

如图 10-6 所示,当两台辅助逆变器均正常时,其输出接触器闭合,设置于中间车的扩展供电接触器断开,全车的 AC 380 V 电源系统分成两个独立的电网,每台辅助逆变器及其所带负载构成一个 AC 380 V 电网。列车运行中,若某台辅助逆变器故障,其对应的输出接触器断开,故障辅助逆变器被切除,位于中间车的扩展供电接触器闭合,由另一台辅助逆变器向全列车的 AC 380 V 电网扩展供电。此时,每节车的空调机组半功率运行,

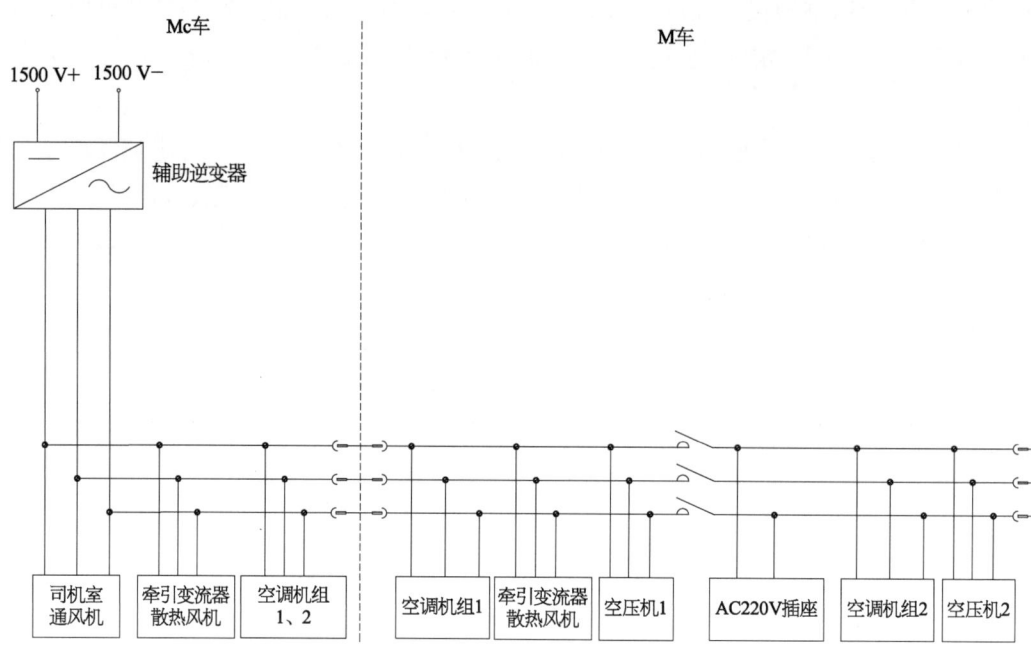

图 10-6 AC 380 V 电源系统负载分配

其他交流负载(牵引变流器散热风机、司机室通风机、DC 110 V 充电机等)正常工作。

10.2.2 主要部件

AC 380 V 辅助逆变器电源采用"半桥逆变＋全桥整流＋三相逆变"的主电路型式将 DC 1 500 V 直流高压电源变换成 3AC 380 V/50 Hz 交流电,主电路原理如图 10-7 所示。DC 1 500 V 输入电源通过 L1、R1 对电容 C1 进行充电,充电完成后闭合 KM1,然后发半桥逆变脉冲,当全桥整流后的电压(SV4 检测)达到目标值后发三相逆变脉冲,开启三相逆变模块工作,三相逆变模块输出的交流电压通过 LC 滤波得到三相交流正弦波电源,通过 Z2 滤波器输出。

1) 主要技术参数

AC 380 V 辅助逆变器主要技术参数见表 10-3。

2) 控制单元

控制单元采用成熟的控制插件:电源板、数字入出板、模拟输入板、逆变控制板。各电路板均为批量使用、验证过的插件。

(1) 控制单元的主要控制功能包括系统逻辑控制、PWM 三相逆变控制、PWM 半桥逆变控制、自诊断及故障数据记录功能。

(2) 控制单元的主要保护功能包括各接触器故障保护、充电回路故障保护、输入不均压保护、输入过/欠压保护、输入过流保护、变压器过流保护、中间直流电压过/欠压保护、

第 10 章 辅助电源系统

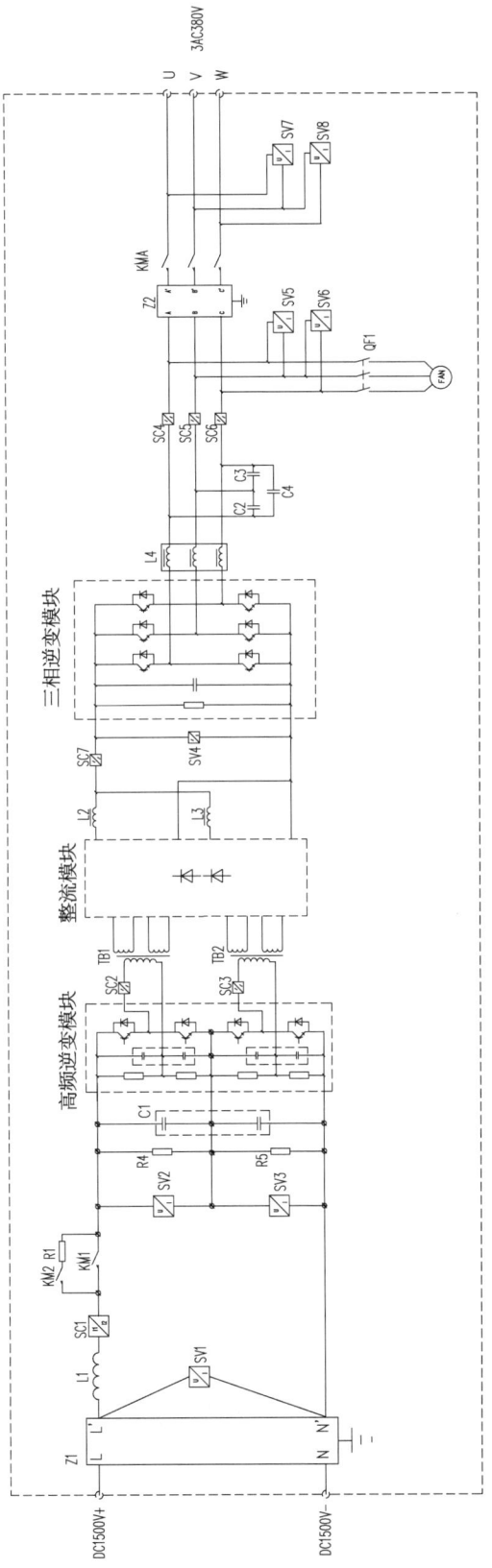

图 10-7 AC 380 V 辅助逆变器主电路原理图

表 10-3 AC 380 V 辅助逆变器主要技术参数

项　目		参　数
主电路型式		半桥逆变＋全桥整流＋三相逆变 功率器件采用 IGBT
冷却方式		强迫风冷
散热器		铝型材散热器
并网供电能力		是
额定输入电压		DC 1 500 V
输入电压波动范围		DC 1 000～1 800 V （再生制动时最高电压允许达到 DC 1 980 V）
额定输出电压和静态允差（基波）		3AC 380 V（有效值），允差±5%
额定输出频率和静态允差（基波）		50 Hz，允差±1 Hz
额定容量		75 kV·A
输出电压谐波含量（THD）		≤5%
相数		三相三线
效率（额定负载工况）		≥0.9
过载能力		150%，10 s
控制电源参数	额定电压	DC 110 V
	变化范围	DC 77～137.5 V

输出过/欠压保护、输出三相不平衡保护、输出过流保护、IGBT 开关元件及其驱动故障保护、模块过热保护。

3）故障诊断和记录

AC 380 V 辅助逆变器具有故障自诊断和记录功能，便于维护人员进行维修及故障分析和判断。

辅助逆变器正常工作时控制单元周期性地记录系统的以下状态和参数数据：

（1）电压/电流参数，包括电网电压、滤波电容器端电压、输入电流、三相输出电流、三相输出电压、输出频率等。

（2）输入/输出状态数据，包括接触器 KM1 的控制信号和状态回馈信号、接触器 KMA 的控制信号和状态回馈信号、风机电源断路器 QF1 状态反馈信号、三相逆变模块驱动板的状态回馈信号、SIV 启动/停止信号、复位信号等。

当辅助逆变器发生故障时，这段数据包将随故障类型（故障代码）、故障发生时间一起存储于非易失性 RAM 内。故障数据包可以记录电压/电流参数及输入/输出状态数据信号数据，持续 20 周期（包括故障发生时刻前 15 周期、后 5 周期）。

4）状态监视

辅助逆变器电源的状态及参数通过网络传输到司机室显示屏上进行显示，显示如下信息：输入电压；输入电流；输出电压；输出电流；所发生故障的故障名称或故障代码；当时的时间(年、月、日、时、分、秒)；车号；扩展供电状态。

10.3 DC 330 V 电源系统

10.3.1 系统组成

DC 330 V 电源主要为悬浮系统提供电能，由 DC 330 V 悬浮电源、DC 330 V 蓄电池组等设备构成。

列车每节车配置一台 DC 330 V 悬浮电源和一台 DC 330 V 蓄电池向 20 个悬浮控制器供电，同时配置必要的保护和控制开关，如图 10-8 所示。通过跨接线缆将全列车的 DC 330 V 电网连接在一起，提高供电可靠性。但本车的 DC 330 V 电源只能向本车的 DC 330 V 蓄电池组充电，防止不同车辆上蓄电池之间逆向充电。无 AC 380 V 电源时，其也向空调的紧急通风提供电能。

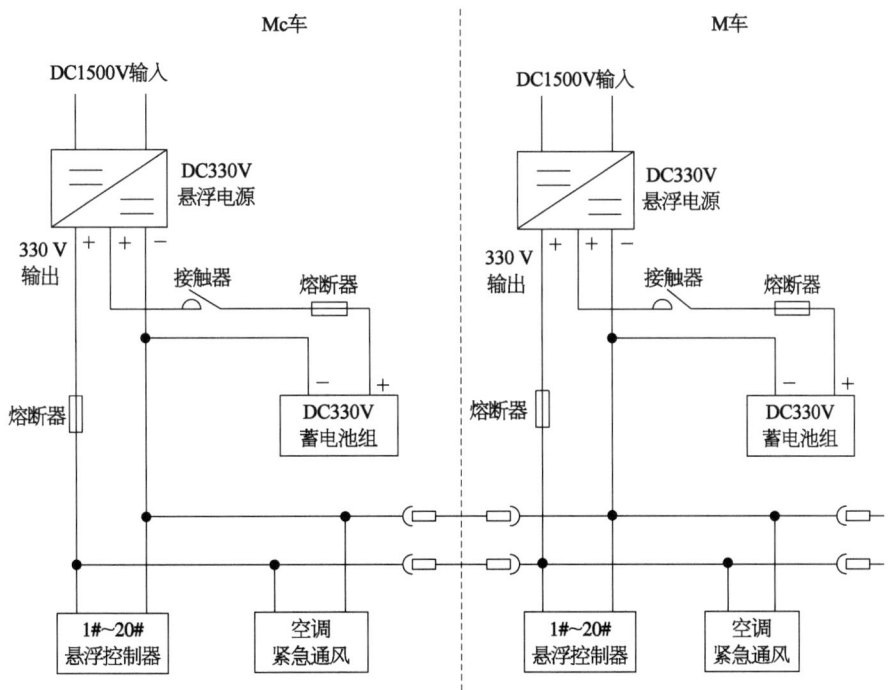

图 10-8 DC 330 V 电源系统配置框图

10.3.2 主要部件

10.3.2.1 DC 330 V 悬浮电源

DC 330 V 悬浮电源采用"半桥逆变＋变压器隔离＋全桥整流"的主电路型式将 DC 1 500 V 直流高压电源变换成 DC 330 V 直流电源，主电路原理如图 10-9 所示。DC 1 500 V 输入电源经 EMI 滤波器 Z1 和电感 L1 滤波，充电机接触器 KM1 和电阻 R18 预充电，当检测到预充电完成后，短接接触器 KM2 闭合，逆变模块 U1 的上下两路逆变电路工作，把输入 DC 1 500 V 直流电压逆变成高频方波电压，经高频变压器降压和全桥整流模块 U2 整流后输出直流电压，输出直流电压经电感 L2、L3 和电容 C2、C3 的 LC 滤波，以及 EMI 滤波器 Z2 滤波，输出高精度、高质量的 DC 330 V 电压，输入熔断器安装在高压箱内，输入输出采用高频变压器电气隔离。

1) 主要技术参数

DC 330 V 悬浮电源主要技术参数见表 10-4。

表 10-4 DC 330 V 悬浮电源主要技术参数

项　目		参　数
主电路型式		半桥逆变＋变压器隔离＋全桥整流 功率器件采用 IGBT
冷却方式		强迫风冷
散热器		铝型材散热器
额定输入电压		DC 1 500 V
输入电压波动范围		DC 1 000～1 800 V （再生制动时最高电压允许达到 DC 1 980 V）
额定输出电压		DC 330 V，−5％～5％可调
直流纹波系数		≤3％（额定电压、额定输出功率）
额定功率		60 kW
蓄电池充电模式		恒流、恒压
蓄电池充电限流		30 A
效率(额定负载工况)		≥0.9
过载能力		130％额定负载，10 s
控制电源参数	额定电压	DC 110 V
	变化范围	DC 77～137.5 V

2) 控制单元

控制单元采用成熟的控制插件：电源板、数字入出板、模拟输入板、逆变控制板。各电路板均为批量使用、验证过的插件。

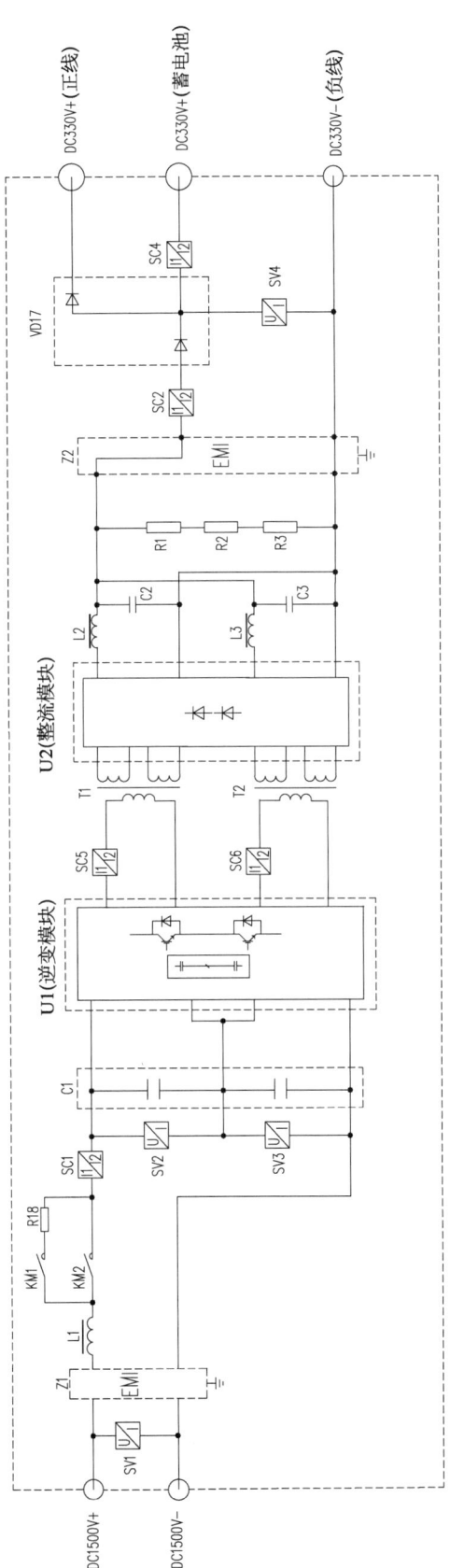

图 10-9 DC 330 V 悬浮电源主电路原理图

(1) 控制单元的主要控制功能包括系统逻辑控制、PWM 半桥逆变控制、自诊断及故障数据记录功能。

(2) 控制单元的主要保护功能包括各接触器故障保护、充电回路故障保护、输入不均压保护、输入过/欠压保护、输入过流保护、变压器过流保护、中间直流电压过/欠压保护、输出过/欠压保护、输出过流保护、IGBT 开关元件及其驱动故障保护、模块过热保护。

3) 故障诊断和记录

DC 330 V 悬浮电源具有自诊断和故障记录功能，便于维护人员进行维修及故障分析和判断。

悬浮电源正常工作时，控制单元周期性地记录系统的以下状态和参数数据：

(1) 电压/电流参数，包括电网电压、滤波电容器端电压、输入电流、输出电流、输出电压、蓄电池充放电电流等。

(2) 输入/输出状态数据，包括接触器 KM1 的控制信号和状态回馈信号、风机电源断路器 QF1 状态反馈信号、逆变模块驱动板的状态回馈信号、启动/停止信号、复位信号等。

当悬浮电源发生故障时，这段数据包将随故障类型（故障代码）、故障发生时间一起存储于非易失性 RAM 内。故障数据包可以记录电压/电流参数及输入/输出状态数据信号数据，持续 20 周期（包括故障发生时刻前 15 周期、后 5 周期）。

4) 状态监视

悬浮电源的状态及参数通过网络传输到司机室显示屏上进行显示，显示信息如下：输入电压；输入电流；中间直流电压；输出电压；输出电流；330 V 蓄电池充放电电流；所发生故障的故障名称或故障代码；当时的时间（年、月、日、时、分、秒）；车号。

10.3.2.2 DC 330 V 蓄电池

DC 330 V 蓄电池为车辆悬浮供电系统提供补偿电源能量及稳定/调节电压，当车辆悬浮电源故障失效或无外部高压供电时用作紧急后备电源使用。同时，DC 330 V 蓄电池还用作空调紧急通风的电源。

DC 330 V 蓄电池被设计成一个电池箱，由高倍率磷酸铁锂电芯（组成电池模组）、蓄电池管理系统、箱体、附属电器部件（包括二极管、熔断器、接触器、电流传感器等）构成，如图 10-10 所示。DC 330 V 蓄电池箱体外壳、承重结构件采用不锈钢材料，非承重结构件采用铝合金材质，以实现轻量化。

DC 330 V 蓄电池电路原理如图 10-11 所示，主充放电电路设计熔断器保护、过充保护。电池管理系统（BMS）具有 CAN 通信接口和维护接口，通过 CAN 通信接口向 TCMS

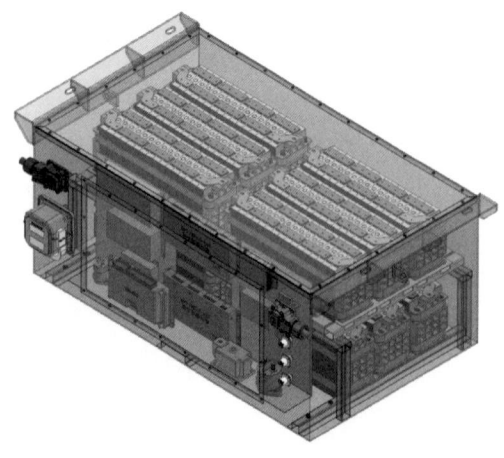

图 10-10 DC 330 V 蓄电池系统组成

上报蓄电池状态和故障报警信息;维护接口提供调试 CAN 和 24 V 电源接入,通过调试 CAN 可监视蓄电池状态、升级 BMS 软件,通过 24 V 电源接入可在无 110 V 电源输入的情况下激活 BMS。

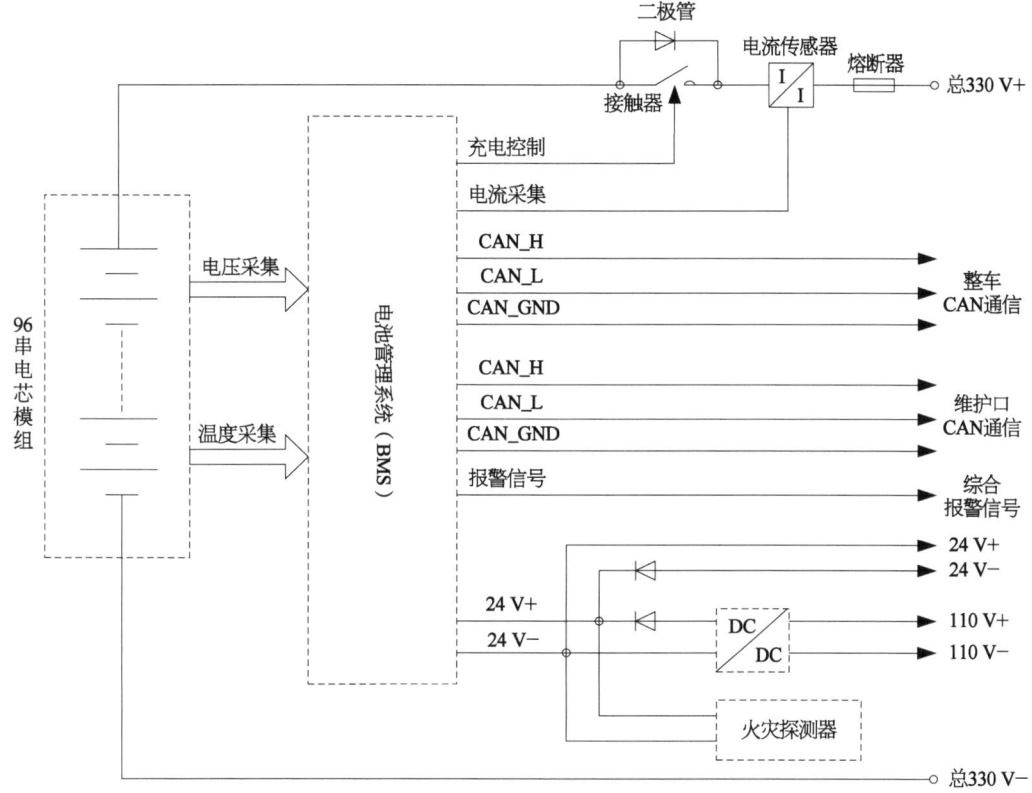

图 10-11 DC 330 V 蓄电池电路原理图

BMS 具有完善的功能,包括单体电芯电压、电流、温度监测功能,单体电芯间电压均衡功能,SOC 计量功能,过充、超温、短路等保护功能,通信功能,热管理失效保护功能,故障报警定位上传功能。

DC 330 V 蓄电池主要技术参数见表 10-5。

表 10-5 DC 330 V 蓄电池主要技术参数

项 目	参 数
电池类型	磷酸铁锂电池
额定容量	根据项目需求
标称电压(室温)	307.2 V(单体 3.2 V)
充电最高电压	340 V(单体 3.65 V)

（续表）

项　　目	参　　数
充电方式	恒流、恒压
恒流充电电流	30 A（可调整）
持续放电倍率	3C

第 11 章

网络控制及辅助监控系统

列车控制与管理由列车通信网络和列车硬线联合完成,以网络控制为主,涉及安全相关功能(如安全环路、紧急制动、车门控制等),列车硬线作为列车运行和安全的补充。本章重点介绍列车网络控制系统及数据存储与传输系统。

11.1 列车网络控制系统

11.1.1 系统组成

列车网络控制系统(TCMS)采用成熟和安全可靠的分布式控制技术,符合 IEC 61375-1 标准。控制网络划分为两级:列车级和车辆级。列车级总线和车辆级总线均采用电气中距离介质(EMD)的多功能车辆总线(MVB)。中继器(REP)作为列车级总线和车辆级总线的网关,实现列车级总线到车辆级总线的数据转发功能。

不论是列车级总线还是车辆级总线,均采用通信线路双通道冗余设计,当某一路通信线路出现故障时,系统可以自动切换到另一路通信线路。

对于列车网络控制系统的关键控制模块,如列车中央控制单元(EGWM)、事件记录仪(EDRM)等,均采用热备冗余设计,单个设备故障不会影响 TCMS 功能。

列车网络控制系统拓扑如图 11-1 所示,连接列车总线的计算机控制部件包括列车中央控制单元(EGWM)、牵引和电制动控制单元(DCU)、数字/模拟信号输入输出单元(I/O)、制动控制单元(EBCU)、辅助逆变器控制单元(SIV)、悬浮电源控制单元(DD330)、空调与通风控制单元(HVAC)、车门控制单元(MDCU)、事件信息储存单元(EMRM)、显示器(HMI)、乘客信息管理单元(PIS)、测速系统管理单元(SPMU)及车载信号系统主机(ATC)等,图中深色标识的设备属于本系统。

对于悬浮控制、蓄电池、DC 110 V 充电机、分线箱等没有 MVB 接口的车载设备,通过网络控制系统中的数字量/模拟量输入输出模块(I/O)或远程通信模块(RCMe)等与 MVB 网络通信。

列车网络控制系统设备配置清单见表 11-1,以 Mc+M+Mc 3 节编组为例。

1)列车总线

列车总线采用两条独立通信电缆,各连接器通过连接器外壳屏蔽接地。列车总线的敷设考虑车内和外部电磁干扰的影响以及车厢与车厢之间连接器插拔的可能性,满足列车的编组变化要求:

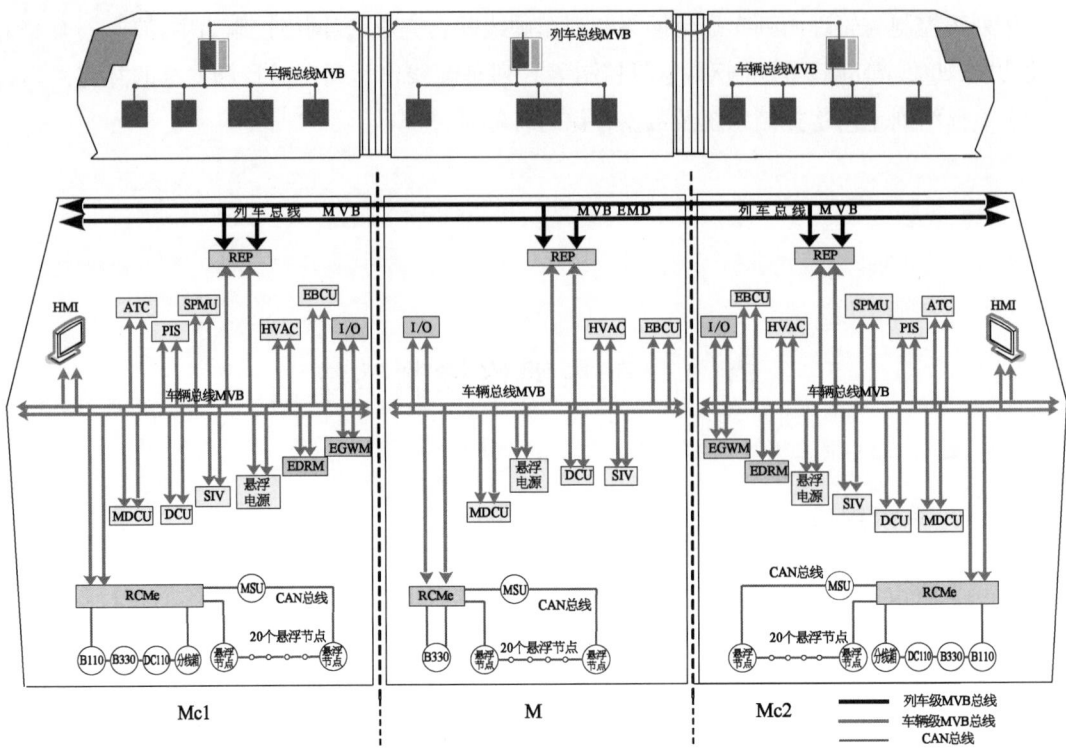

图 11-1 列车网络控制系统拓扑图

表 11-1 列车网络控制系统设备配置

设　　备	Mc1	M	Mc2
列车中央控制单元(EGWM)	1		1
显示器(HMI)	1		1
事件记录仪(EDRM)	1		1
中继器(REP)	1	1	1
数字量输入输出模块(DXMe)	4	2	4
数字量输入模块(DIMe)	1		1
模拟量输入输出模块(AXMe)	1		1
远程通信模块(RCMe)	1	1	1

(1) 数据速率不小于 1.5 Mbit/s。

(2) 满足足够的传输距离。

(3) 循环周期常见值：32 ms、64 ms、128 ms、256 ms、512 ms、1 024 ms。

(4) 标准串行接口。

(5) 数据传输汉明距离不小于 4。

2) 车辆总线

车辆总线满足整列车的传输距离。车辆总线的敷设考虑车内和外部电磁干扰的影响以及车厢与车厢之间连接器插拔的可能性。

车辆总线采用冗余设计,采用两条独立的通信电缆。对相应的关键区域提供部分冗余,即在发生单点故障时,不会导致列车牵引失效。牵引和电制动控制系统以及制动控制系统与车辆总线之间的接口是冗余的,以保障各个系统单一接口发生故障不会导致牵引、制动失效。

各子系统微机控制单元具有标准通用串行总线(USB)接口或以太网服务接口均能与便携式手提电脑(PTU)进行通信,便携式手提电脑可访问相应子系统,读取其运行状态信息和故障信息,并实现相应的控制功能。

所有服务软件不设"加密狗"和使用许可(license);为便携式手提电脑提供合适的工具软件及列车故障专家分析功能。

11.1.2 主要部件

1) 列车中央控制单元

列车中央控制单元通过多功能车辆总线与其他设备通信。

列车中央控制单元的中央处理器(CPU)的主频可达500 MHz;列车中央控制单元支持实时以太网通信,便于后续实施以太网应用扩展。

列车中央控制单元是列车网络控制系统的核心,具备如下功能:

(1) 车辆级过程控制。执行诸如牵引/制动控制、空电联合控制和空调顺序启动等一系列控制功能。

(2) 通信管理。具有多功能车辆总线的管理能力,并且能够进行被动的主权转移功能。

(3) 显示控制。与显示器显示有关的数据传输。

(4) 故障诊断。状态数据、故障数据的采集处理,并通过显示器报告司机。

列车中央控制单元的主要接口如图 11-2 所示,主要技术参数见表 11-2。

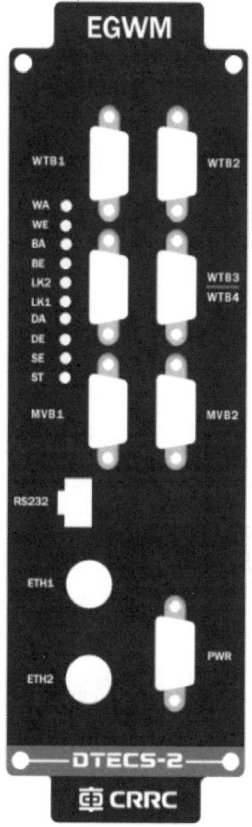

图 11-2 列车中央控制单元外形图

表 11-2 列车中央控制单元主要技术参数

项 目	参 数
CPU	32 位处理器,主频约 500 MHz
ROM	32 MB

(续表)

项 目	参 数
RAM	128 MB
通信接口	MVB、以太网 M12
功率	<10 W

2）事件记录仪

事件记录仪通过多功能车辆总线与其他设备通信。

事件记录仪是数据转储的关键部件，具备如下功能：司机操作数据、故障数据、事件数据的记录，将列车中央控制单元的故障数据具体化。

事件记录仪主要技术参数见表 11-3。

表 11-3　事件记录仪主要技术参数

项 目	参 数
CPU	32 位处理器，主频 400 MHz 以上
存储器	8 G(FLASH)
总线接口	MVB
车辆总线设备类型	CLASS 3
其他接口	Ethernet
功率	<10 W
操作系统	VxWorks
工作温度	−25～70℃
存储温度	−40～70℃
冷却方式	自然风冷

3）中继器

中继器提供信号的中继放大，具备将单个车组单元的智能设备通过 MVB 总线互连成列车通信网的功能。中继器主要技术参数见表 11-4。

表 11-4　中继器主要技术参数

项 目	参 数
总线接口	MVB
功率	<10 W
工作温度	−25～70℃

(续表)

项　目	参　数
存储温度	−40～70℃
冷却方式	自然风冷

4）模拟量输入输出模块

模拟量输入输出模块通过多功能车辆总线与其他设备通信。

模拟量输入输出模块实现模拟量信号的采集输入和控制输出，具备如下功能：

(1) 输入信号采集。将车辆间电气信号转换成控制信号，经由列车控制网络传送给列车中央控制单元，完成各种控制功能。

(2) 控制信号输出。将网络控制信号转换成电气信号，控制诸如仪表等设备。模拟量输入输出模块主要技术参数见表11-5。

表 11-5　模拟量输入输出模块主要技术参数

项　目		参　数
通信接口		MVB
输入接口	通道数	2路电压通道；4路电流通道
	通道类型	DC 0～10 V；0～20 mA
	输入阻抗	电压通道大于 20 kΩ；电流通道为 500 Ω
	输入精度	1%
输出接口	通道数	2路电压通道；2路电流通道
	通道类型	DC 0～10 V；0～20 mA
	输出功率	0.3 W
	输出精度	1%
功　率		<10 W
工作温度		−25～70℃
存储温度		−40～70℃
冷却方式		自然风冷

5）数字量输入模块

每列车装有2个数字量输入模块，分别安装于两节 Mc 车中，数字量输入模块通过多功能车辆总线与其他设备通信。

数字量输入模块实现数字量信号的采集功能：

(1) 输入信号采集。将车辆电气信号转换成控制信号，经由列车控制网络传送给列车中央控制单元，完成各种控制功能。

(2) 设备地址输入。通过外部跳线配置设备地址,维护简单。

数字量输入模块主要技术参数见表 11-6。

表 11-6 数字量输入模块主要技术参数

项 目		参 数
通信接口		MVB
输入接口	通道类型	OPT×32 路
	电压等级	DC 110 V
	逻辑电平	"1": 77~137.5 V "0": 0~20 V
	输入电流	5 mA
功 率		<10 W
工作温度		−25~45℃
冷却方式		自然风冷

6) 数字量输入输出模块

数字量输入输出模块通过多功能车辆总线与其他设备通信。

数字量输入输出模块实现数字量信号的采集输入和控制输出,具备如下功能:

(1) 输入信号采集。将车辆电气信号转换成控制信号,经由列车控制网络传送给列车中央控制单元,完成各种控制功能。

(2) 控制信号输出。将网络控制信号转换成电气信号,控制诸如指示灯、继电器等设备。

(3) 设备地址输入。通过外部跳线配置设备地址,维护简单。

数字量输入输出模块主要技术参数见表 11-7。

表 11-7 数字量输入输出模块主要技术参数

项 目		参 数
通信接口		MVB
输入接口	通道类型	OPT×16 路
	电压等级	DC 110 V
	逻辑电平	"1": 77~137.5 V "0": 0~20 V
	内阻	60 kΩ
	输入电流	5 mA

(续表)

项	目	参　　数
输出接口	通道类型	MOSFET×6
	电压等级	DC 110 V
	输出电流	<0.5 A(MOSFET)
	冲击电流	<2.0 A(MOSFET)
功　率		<10 W
工作温度		−25~70℃
存储温度		−40~70℃
冷却方式		自然风冷

7) 远程通信模块

远程通信模块实现 RS-485 通信接口与控制器局域网络总线通信接口、多功能车辆总线通信接口的转换,其他无 MVB 通信接口的设备通过远程通信模块与车辆 MVB 网络进行通信。

8) 显示器

显示器采用电阻屏彩色显示器。

显示器通过多功能车辆总线与其他设备通信,可通过专用 U 盘自动下载 HMI 中存储的故障信息。

显示器是列车网络控制系统的显示终端设备,是司机和维护人员操作机车的窗口,具备如下功能:

(1) 信息显示。向车辆驾驶人员和维护人员提供车辆综合信息、各设备的工作状态、故障信息的综合与处理等功能。

(2) 参数设定。对轮径值、站点、时间日期等参数进行更改与设定。

(3) 功能测试。进行列车运行时加速度、减速度、制动距离等基本参数的测试。

显示器主要技术参数见表 11-8。

表 11-8　显示器主要技术参数

项　　目	参　　数
CPU	32 位处理器,主频 400 MHz 以上
存储区	128 M(SDRAM)
通信接口	MVB
车辆总线设备类型	CLASS 3

(续表)

项　　目		参　　数
显示屏参数	有效面积	12.1
	分辨率	1 024×768
	亮点直径	0.33
	水平视角	140°
	垂直视角	120°
	亮　度	700 cd/m^2
功　率		35 W
工作温度		−25～45℃
存储温度		−40～70℃
冷却方式		自然风冷

11.2　数据存储与传输系统

数据存储与传输系统收集车载各系统智能监测数据和列车控制网络传输数据，具有数据采集、存储、预处理、转发等功能，并通过列车网络控制系统完成自身诊断功能，实现对列车数据的集中管理、列车状态的综合诊断。系统数据通过车地无线传输通道传输至地面数据中心，用于地面端的状态显示、有用信息挖掘，实现车辆状态的分析和全生命周期健康管理。

11.2.1　系统组成

列车配置一台数据存储与传输设备和一套天线，数据存储与传输设备安装在车内屏柜中，天线安装在车顶。数据存储与传输设备和天线之间使用专用的馈线连接。数据存储与传输设备接入MVB网、维护以太网及乘客信息显示系统网络。数据存储与传输系统的拓扑结构如图11-3所示。

11.2.2　主要技术参数

数据存储与传输系统主要技术参数见表11-9。

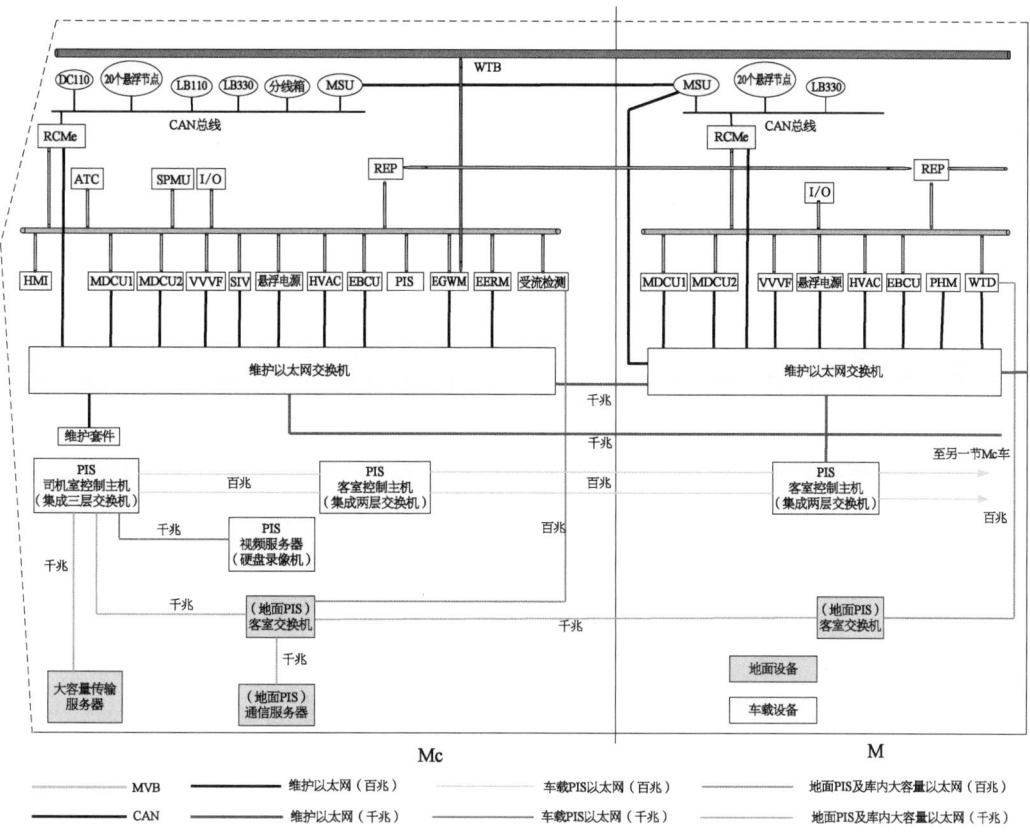

图 11-3 数据存储与传输系统网络拓扑图

表 11-9 数据存储与传输系统主要技术参数

项 目	参 数
供电电源	单组 D-sub 连接器接口输入;电源范围 DC 77~137.5 V,整机功耗不大于 50 W
数据存储	存储介质满足工业级环境要求;存储容量 32 G
MVB 电气接口	双冗余(F/M)D-sub 连接器接口;满足《电子铁路设备 列车通信网络（TCN） 第 3-2 部分:多功能车辆总线（MVB）一致性测试》（IEC 61375-3-2）的要求
主机百兆以太网接口	满足三组百兆(10/100 Mbps)以太网输入
主机维护接口	满足一组百兆(10/100 Mbps)以太网输入
无线通信	GSM/GPRS/3G/4G 支持全频段;Wi-Fi 支持 2.4 GHz 频段

第 12 章

机 电 系 统

机电系统与乘客乘车体验密切相关,其主要包括空调与通风系统、车门系统、照明系统、乘客信息系统及火灾报警系统等。本章主要对各系统组成、主要性能参数及主要设备进行介绍。

12.1 空调与通风系统

为满足司机和乘客对环温舒适性的要求,须采取必要的空气调节技术,以调节车内的空气湿热参数。空气调节就是把经过一定处理之后的空气,以适当的方式送入车内,将车内空气的温度、湿度、洁度和气流速度控制在适当范围内。

列车每节车客室都配有单独的空调与通风系统,其能够根据车内外温、湿度条件,自动实现预冷、制冷、预热、制热、通风、紧急通风等功能。经空调机组处理过的空气通过布置在天花板上方的空调送风道,沿车辆通长的送风格栅均匀地向客室送风。司机室设有一个安装在车顶的通风单元,把客室送风道的送风引入司机室,实现司机室的空气调节。

空调与通风系统的设计标准基于 EN 14750 标准,气候环境参数符合运营地的要求。以中国南方地区的气候环境为例,制冷和制热模式下空调性能参数分别见表 12-1 和表 12-2。

表 12-1 制冷模式下的空调参数

项 目	参 数
车外温度/相对湿度	35℃/65%
乘客负荷	120 人
新风量	1 000 m³/h
制冷负荷	40 kW
车内温度/相对湿度	27℃/最大 65%
太阳辐射强度	800 W/m²

表 12-2 制热模式下的空调参数

项 目	参 数
车外温度/相对湿度	−2℃/83%
乘客负荷	120 人
新风量	1 000 m³/h

(续表)

项　　目	参　　数
制热负荷	18 kW
车内温度	18℃

12.1.1　系统组成

空调与通风系统主要组成如下：安装在车顶的单元式变频空调机组；安装在司机室天花板上方的司机室通风单元；安装在车顶并贯穿于整车的客室送风道；连接客室送风道和司机室通风单元的司机室送风道；安装在车顶的废排装置；安装在空调电气柜的空调控制盘；安装在司机操纵台下方的司机室足部取暖器等。

空调与通风系统组成如图 12-1 所示（以 Mc 车为例）。

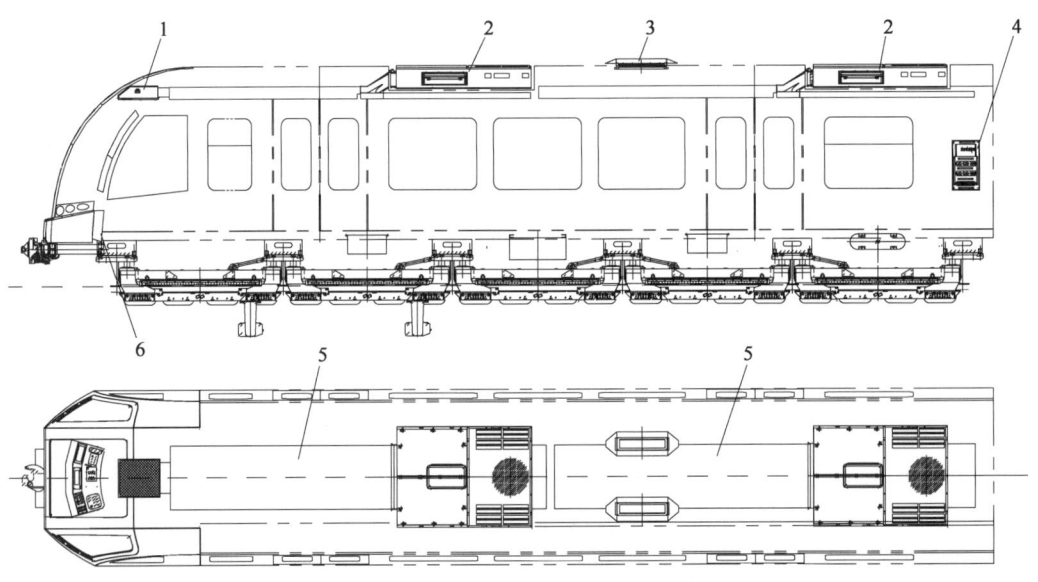

1—司机室通风单元；2—空调机组；3—废排装置；4—空调控制盘；5—客室送风道；6—司机室足部取暖器

图 12-1　空调与通风系统组成

12.1.2　主要部件

12.1.2.1　空调机组

空调机组内设一套独立的空气系统：蒸发器腔空气处理系统（室内部分）和冷凝器腔空气冷却系统（室外部分）。

空气处理系统主要包括送风机、蒸发器、新风门、新风阀、回风阀、过滤器总成（混合风滤网）、电加热器等部件。新风门位于空调机组两侧，并安装有金属新风滤网。电动新风阀可控制新风量；回风阀位于空调机组端部，电动回风阀可控制室内回风量。新风和回风混合后，经混合风滤网过滤后通过蒸发器，空气被降温除湿，然后由空调机组送风机送出，通过分配风道吹入客室内，降低客室温度。

空气冷却系统位于冷凝器腔内，室外空气与冷凝器进行热交换，温度升高后被轴流风机排出；冷凝器内制冷剂被冷凝，经节流降压降温，进入蒸发器蒸发吸热，降低空调混合风温度。

空调机组结构如图12-2所示。

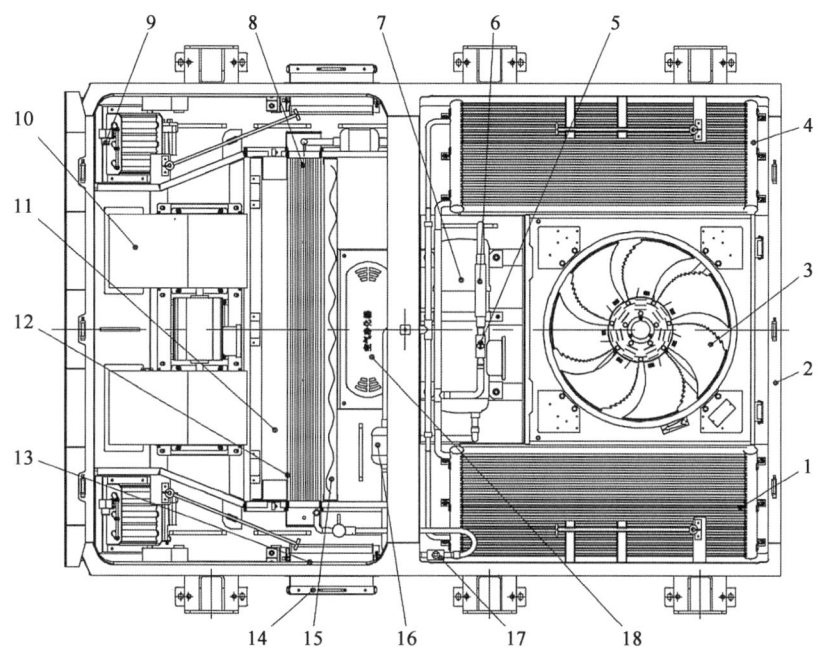

1—右冷凝器；2—壳体总成；3—冷凝风机；4—左冷凝器；5—单向阀；6—钢丝软管；
7—压缩机；8—系统管路；9—回风阀；10—送风机；11—电加热器；12—蒸发器；
13—新风阀；14—新风口；15—过滤网；16—干燥过滤器；17—视液镜；18—空气净化器

图12-2 空调机组结构图

空调机组采用蒸气压缩式制冷原理，制冷系统原理如图12-3所示。

在制冷循环中，从蒸发器出来的低压制冷剂蒸气被吸入压缩机中，被压缩成高温高压蒸气，经排气管、单向阀进入冷凝器。在冷凝器中，高温高压的蒸气被冷凝为高压液体。冷凝时排出的热量由冷凝风机排放到大气中。液态制冷剂经干燥过滤器、视液镜，进入膨胀阀，节流为低温低压液体，进入蒸发器，在蒸发器内吸收通过蒸发器的空气中的热量而被汽化，成为低压蒸气，同时被冷却的空气由送风机送入车内，从而达到制冷的目的，完成一个制冷循环。由于压缩机的不断工作，制冷循环不断进行，这样就产生了连续制冷的效果。

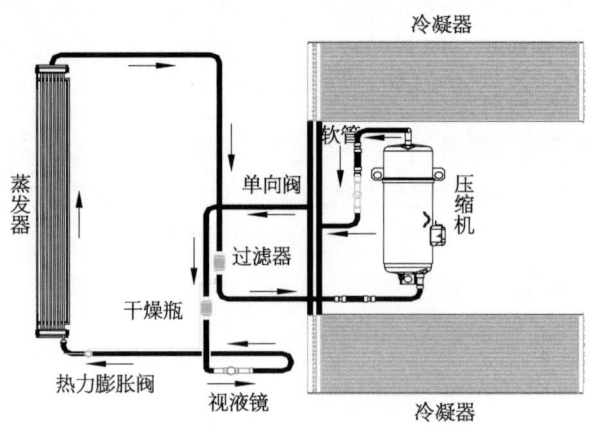

图 12-3　空调制冷系统原理图

空调机组主要技术参数见表 12-3。

表 12-3　空调机组主要技术参数

项　　目		参　　数
运行环境条件		－25～48℃
单元输出	制冷量(额定工况下)	20 kW/机组(17 200 kcal/h)
	机外静压	约 100 Pa
	送风量	2 250 m³/(h·机组⁻¹)
	新风量	650 m³/(h·机组⁻¹)
相关载荷	压缩机	6.7 kW
	冷凝风机	1.1 kW
	送风机	0.75 kW
工作电压	压缩机	三相 AC 380 V,50 Hz
	冷凝风机	三相交流 380 V±10%,50 Hz
	送风机	三相交流 380 V±10%,50 Hz
电源电压	主电源	3P,AC 380 V±10%,50 Hz±5%
	控制电源	DC 110 V
制冷剂	类型	R410A
	充注量	约 5.5±0.1

1) 压缩机

压缩机(图 12-4)采用铁路运输专用全封闭卧式涡旋直流变频压缩机。压缩机排量为 80 cm³/r,最大制冷量为 26 kW。电机为直流永磁同步电机,工作效率高,通过控制器对压缩机进行无级调速,从而达到冷量的宽幅调节。使用寿命不小于50 000 h,无须大修。压缩机设有高、低压力保护,排气温度保护装置,具有软启动功能,安全可靠。

压缩机主要技术参数见表 12-4。

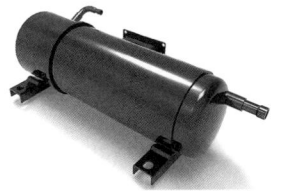

图 12-4 压缩机

表 12-4 压缩机主要技术参数

项　目	参　数
输入电源	最高 DC 510 V
频率范围	30～80 Hz
冷量调节范围	8～26 kW
制冷剂	R410A
防护等级	IP65
重量	39 kg

2) 送风机

室外新风和室内回风混合后,经蒸发器冷却,经送风机送入空调与通风系统主风道,送入客室,降低客室温度。送风机(图12-5)由风机叶片、电机和蜗壳三部分组成,具有过载、短路和缺相保护等功能。

图 12-5 送风机

送风机主要技术参数见表 12-5。

表 12-5 送风机主要技术参数

项　目	参　数
风机形式	离心式
工作介质温度	−25～70℃

(续表)

项　　目	参　　数
电机形式	三相异步电机
电源	3 相 AC 380 V,50 Hz
绝缘等级	F 级
防护等级	IP56
轴承	采用进口免维修
风量	2 250 m^3/h
静压	350 Pa
额定功率	0.75 kW
额定电流	2.1 A
额定转速	1 400 r/min
重量	23 kg

3) 冷凝风机

冷凝风机(图 12-6)采用低噪声轴流风机,具有过载、短路和缺相保护,可在潮湿多尘环境中工作。

图 12-6　冷凝风机

冷凝风机主要技术参数见表 12-6。

表 12-6　冷凝风机主要技术参数

项　　目	参　　数
风机形式	轴流式
工作介质温度	-25~70℃

(续表)

项　目	参　数
电机形式	三相异步电机
电源	3 相 AC 380 V,50 Hz
绝缘等级	F 级
防护等级	IP56
风量	9 000 m³/h
静压	160 Pa
额定功率	1.1 kW
额定电流	2.7 A
额定转速	1 400 r/min
重量	25 kg

4) 蒸发器

蒸发器(图 12-7)为管片式结构,由 $\phi7$ mm 内螺纹紫铜管套亲水涂层铝翅片组成,采用平翅片及合适的铜管间距和翅片间隔以便于清洗。蒸发器框架具有足够的刚度、强度及耐腐蚀能力。

图 12-7　蒸发器

蒸发器主要技术参数见表 12-7。

表 12-7　蒸发器主要技术参数　　　　　单位: mm

项　目	参　数
铜管纵向间距	21
铜管横向间距	12.7
翅片间距	2.5
翅片厚度	0.13
铜管外径	7
铜管壁厚	0.25

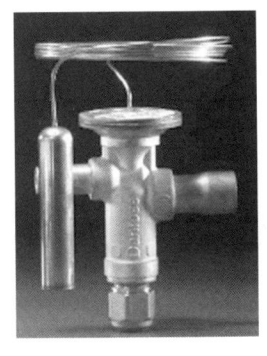

图 12-8　热力膨胀阀

5) 膨胀阀

选用热力膨胀阀(图 12-8)作为节流装置,其具有控制精度高的优点,制冷单向流动,管路系统相对较简单。热力膨胀阀带有一个感温包,该感温包安装在蒸发器出口的吸气管上,可感受蒸发器出口处制冷剂的过热度,并据此判断制冷剂在蒸发器中是否完全蒸发、车体负载是增大还是减小了,从而相应地增大或减小制冷剂流量,使空调的制冷能力尽量与车体负载相适应。

热力膨胀阀主要技术参数见表 12-8。

表 12-8 热力膨胀阀主要技术参数

项 目	参 数
蒸发温度	-25~10℃
工作介质	R410A 制冷剂
最大工作压力	4.6 MPa

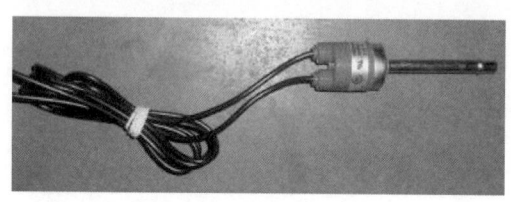

图 12-9 高压压力开关

6）高压压力开关

当制冷系统的高压压力异常时，高压压力开关动作，停止压缩机的运转，保护制冷系统。高压压力开关（图 12-9）的复位方式为自动复位，动作值适用于 R410A 制冷剂。

高压压力开关主要技术参数见表 12-9。

表 12-9 高压压力开关主要技术参数

项 目	参 数
高压开关动作值	(4.2±0.15)MPa 断开
高压开关恢复值	(3.3±0.15)MPa 接通

7）低压压力开关

当制冷系统的低压压力异常时，低压压力开关动作，停止压缩机的运转，保护制冷系统。低压压力开关（图 12-10）的复位方式为自动复位，动作值适用于 R410A 制冷剂。

图 12-10 低压压力开关

低压压力开关主要技术参数见表 12-10。

表 12-10 低压压力开关主要技术参数

项 目	参 数
低压开关动作值	(0.2±0.02)MPa 断开
低压开关恢复值	(0.35±0.02)MPa 接通

8）单向阀

单向阀（图 12-11）安装在压缩机排气管段，防止压缩机排出高压空气反向流入压缩机压缩腔中。

图 12-11 单向阀

图 12-12 干燥过滤器

9) 干燥过滤器

干燥过滤器(图 12-12)安装在液管上冷凝器的出口处,其滤芯是 100% 分子筛,可除去制冷剂中的水分和杂质,防止水分及杂质对系统及部件造成损害。

10) 视液镜

视液镜(图 12-13)安装在干燥过滤器出口液管段;对视液镜指示器的颜色和外部法兰所贴标签上的参照色进行比较,可显示出系统中是否具有过多的水分。

图 12-13 视液镜

图 12-14 温度传感器

11) 温度传感器

温度传感器(图 12-14)有新风、送风和回风温度传感器,分别设置在机组新风阀扇叶处、送风机(离心风机)口和回风阀扇叶处,控制器通过采集温度来控制空调机组运行在所需要的模式,为乘客提供最舒适的环境。

12) 新风阀

空调机组设置有两个新风阀(图 12-15),在蒸发腔侧板上,左右新风入口处各有一个。在空调机组预冷模式下,新风阀为关闭状态;机组正常操作时,新风阀保持打开状态。根据车内乘客负载信号,新风阀可控制在 1/3、2/3、3/3 开度状态。电源

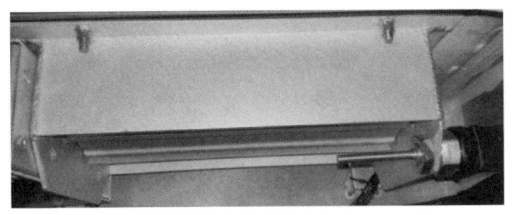

图 12-15 新风阀

采用 DC 24 V。

12.1.2.2 客室送风道

客室送风道安装在车顶天花板上方。空调机组的送风经分配箱把风输送到空调机组出风口前方的风道，以及空调机组下方的风道。由于空调机组采用下沉式安装，其受到车辆内部高度方向空间的限制，空调机组下方风道采用扁平的风道。两台空调机组分别连接一个风道组成，为整节车厢送风。风道安装示意如图 12-16 所示。

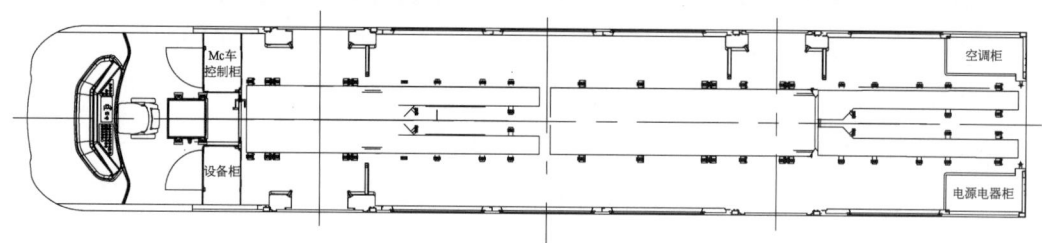

图 12-16　Mc 头车风道安装示意图

为降低噪声，风道内部设有消音结构，在很大程度上降低了空调机组发出的噪声，给司乘人员提供了一个安静的乘车环境。

12.1.2.3 废排装置

每节车车顶中部都布置两个自然式废排装置。车内排风在车内正压的作用下，通过侧顶板与内顶板之间的空隙输送到天花板上方，经车顶废排装置排出车外。废排装置示意如图 12-17 所示。

 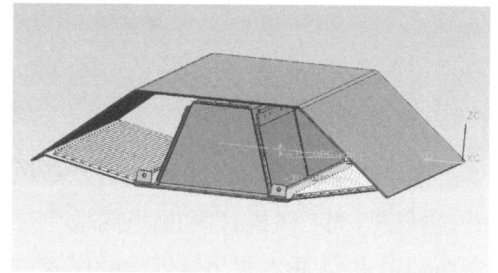

图 12-17　废排装置示意图

12.1.2.4 空调控制盘

每节车厢配置一个空调控制盘，用于控制一节车厢内的两台空调机组；控制盘对外通信接口与司机室主控单元之间采用 MVB(ESD+)网卡进行通信。

当空调开启后，三种信号可以对机组的运行模式产生影响，按优先级排列为检修维护软件发来的命令、控制盘上的模式选择开关信号、通过 MVB 发来的命令。

控制盘结构如图 12-18 所示,其由空气开关、交流接触器、热继电器、电压监测继电器、变频器、逆变器及 ACCU 控制器组成。控制盘上设有模式选择开关,有测试、自动、停止、通风、制冷、制暖等七个挡位;ACCU 是整个空调控制盘的核心单元,按其设定的程序准确控制着空调系统的正常工作,完成通风、制冷、制暖和停机等各项操作。

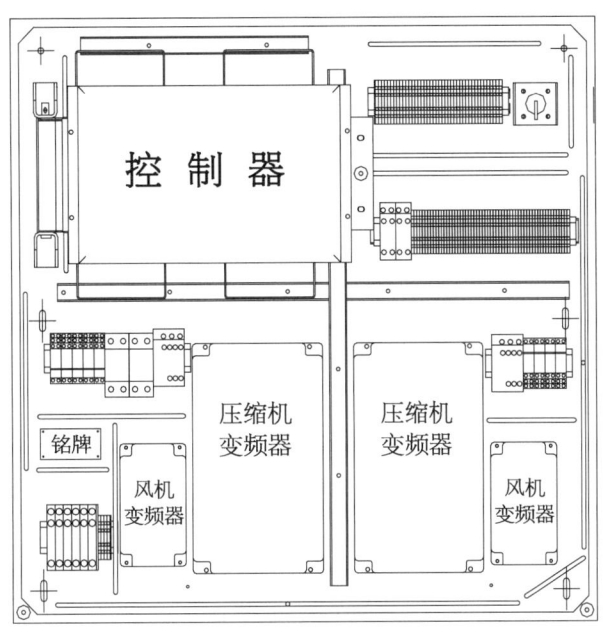

图 12-18 空调控制盘结构图

每个空调系统均设置 NTC 型温度传感器,分别检测室内温度、新风温度和送风温度。由控制器检测每节车厢的温度传感器的温度信号,经软件处理后作为客室温度(T_i)、室外温度(T_e)和送风温度。将客室温度与设定温度比较后,可自动进行通风、制冷、制热等工作状态。

空调控制盘为闭环控制系统,可根据设定温度准确控制车厢内温度,为乘客提供舒适的乘车环境。空调控制盘工作流程如图 12-19 所示。

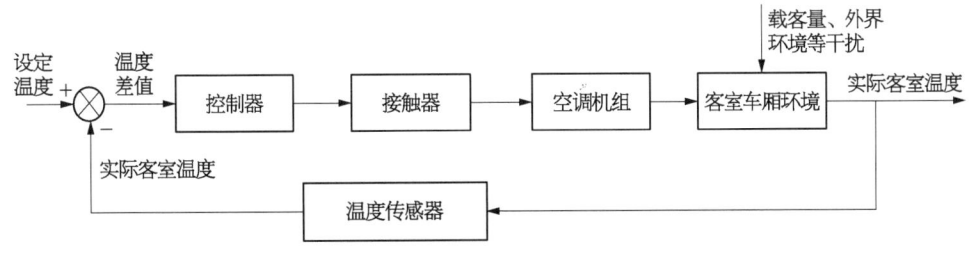

图 12-19 空调控制盘工作流程图

列车正常运行时，空调控制盘根据列车网络信号，以及车外环境温度，且在比较客室温度与设定温度后，自动控制空调机组运行在预冷模式/预热模式/制冷模式/制热模式/通风模式/减载模式/紧急通风模式/火灾模式。

1) 预冷模式

环境温度高于 28℃时，如果系统开机即检测到 $T_i \geqslant T_{ic}$（设定温度），则执行预冷模式。首先通风机运行，同时新风阀关闭，回风阀打开，通风机、冷凝风机及压缩机运行方式与制冷模式相同。当 T_i 温度降到 $(T_{ic}-1)$℃以下，或者预冷持续 15 min 后，预冷状态结束，此时系统根据制冷曲线工作，新风阀、回风阀均打开。控制器如收到 MVB 发过来的"关闭预冷"信号则立即退出预冷模式，执行 UIC 553 自动模式。

2) 预热模式

如果系统首次开机即检测到室内温度 $T_i<12$℃，则执行预暖模式，新风阀关闭，回风阀打开，通风机启动，延时 15 s 后，两个电加热器启动。当室内温度满足 $T_i>18$℃时，或者预热持续 15 min 后，预热模式结束，系统进入正常运行状态。控制器如收到 MVB 发过来的"关闭预热"信号则立即退出预热模式，执行 UIC 553 自动模式。

3) 制冷模式

环境温度高于 22℃时，在制冷模式下，空调机组启动。满足 $T_i>(T_{ic}+1)$℃时，首先通风机运行，延时 5 s 后，冷凝风机 CF1 运转，延时 15 s 后，等待压缩机启动命令。启动压缩机后，空调机组进入制冷模式。控制器根据室内温度，按照制冷曲线自动调整压缩机变频器输出频率，对压缩机进行控制。

4) 制热模式

环境温度低于 22℃时，在制热模式下，通风机启动 15 s 后电加热器工作，根据制热曲线对电加热器的加热等级进行控制。

5) 通风模式

当空调被设定在通风模式，新风阀和回风阀均打开，通风机运行，冷凝风机和压缩机均不工作。

进入通风模式或切换通风模式条件分别见制冷模式及制热模式。

6) 减载模式

当列车辅助逆变器 SIV 发生故障时，TCMS 向整车空调系统发出 SIV 故障网络命令，空调机组根据 TMCS 指令执行减载模式。

空调机组可根据网络命令执行减半载运行或运行通风模式。

7) 紧急通风模式

当空调控制盘检测到符合紧急通风启动条件时，空调系统自动启动紧急通风。紧急通风启动时，先闭合紧急通风接触器，再发送紧急通风逆变器的启动指令。每天得电第一次，空调控制盘向紧急逆变器发出启动信号，若未收到紧急逆变器工作信号或收到故障信号，反馈紧急通风未启动及逆变器故障信号。空调控制盘发出启动信号后，收到紧急逆变器工作信号，反馈紧急通风启动。

如果空调控制盘接收到车辆控制单元发出的紧急通风指令或者空调控制系统无法检测到 AC 380 V 电源时，空调控制盘发送允许启动信号给紧急逆变器，紧急逆变器启动，空调系统自动进入紧急通风模式；如果空调控制盘接收到车辆控制单元发出的结束紧急通风指令或者空调控制系统检测到了 AC 380 V 电源，空调控制盘取消发送给紧急逆变器的允许启动信号，结束紧急通风状态，恢复正常运行。

在紧急通风过程中，当空调控制盘收到紧急逆变器故障信号（故障时触点断开），空调控制盘结束紧急通风。

8）火灾模式

在司机台 HMI 屏上，设置有"车内火灾模式""车外火灾模式"按钮。

当司机点击"车内火灾模式"按钮时，空调进行紧急通风模式。

当司机点击"车外火灾模式"按钮时，为防止车外火灾烟气进入客室，空调机组将自动关闭新风阀，机组以全回风模式继续运行。

12.1.2.5 司机室通风单元

司机室不单独设置空调机组，设置一个通风单元实现司机室通风空调功能。它具有占用空间小、故障率低、可靠性高、便于维护等优点。司机室通风单元示意如图 12-20 所示。

图 12-20 司机室通风单元示意图

图 12-21 司机室足部取暖器示意图

12.1.2.6 司机室足部取暖器

为提高司机室舒适性，在司机台下布置一台足部取暖器（图 12-21），用于司机室冬季采暖。

足部取暖器额定制热功率 800 W，分为两组进行工作。足部取暖器表面设有开关，可启动其中一组或两组电加热器，司机可根据自己的需要进行选择。

足部取暖器采用强迫风冷的方式，通过风机将电加热器的热量吹出。足部取暖器内设有两级过热保护：当温度超出保护温度限定时，一级过热保护将自动切断加热器电源，当温度低于设定值时，能再次启动电加热器；如果一级过热保护失效，足部取暖器温度继续升高,二级过热保护将会强行切断加热器电源,此时需更换过热保护元件才能恢复。

12.2 车门系统

12.2.1 系统组成

车门系统的组成结构如图 12-22 所示。

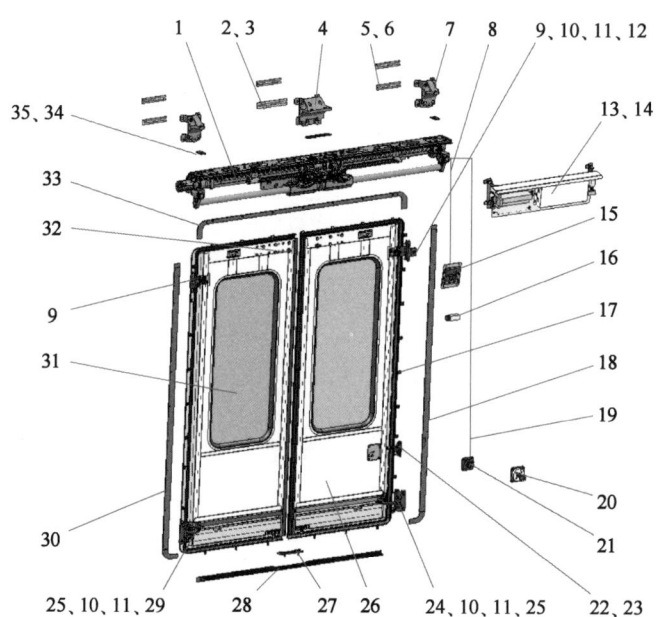

1—承载驱动机构;2—侧吊架调整垫片 1;3—侧吊架调整垫片 2;4—中间吊架组件;5—安装架垫片;6—垫片 1;
7—侧吊架组件;8—钢丝绳套管组件;9—平衡轮组件;10—摆臂垫片 1;11—垫片 2;12—垫片 3;
13—MDCU 组件;14—EDCU 垫块;15—内操作装置;16—电按钮;17—调整垫;18—右侧压条;
19—外操作钢丝绳套管组件;20—外部钥匙开关组件;21—车外解锁装置;22—隔离开关组件;23—垫片 4;
24—摆臂组件 1;25—摆臂垫片 2;26—右门扇;27—嵌块;28—门槛;29—摆臂组件 2;30—左侧压条;
31—左门扇;32—偏心轮;33—上压条;34—垫片 5;35—垫片 6

图 12-22 车门系统总成

12.2.2 系统原理

车门系统通过门控驱动电机带动丝杆旋转,丝杆通过连接件(丝杆螺母、对中装置和携门架)分别与左右两扇门页连接。中间支承两侧的丝杆分别为左旋和右旋螺纹,因此丝杆的旋转会带动两扇门页完成同时开闭运动。

在丝杆端部设有端部解锁装置,车内的紧急出口装置和车外的紧急入口装置通过解锁装置实现车门的手动机械解锁操作。

车门系统原理如图 12-23 所示。

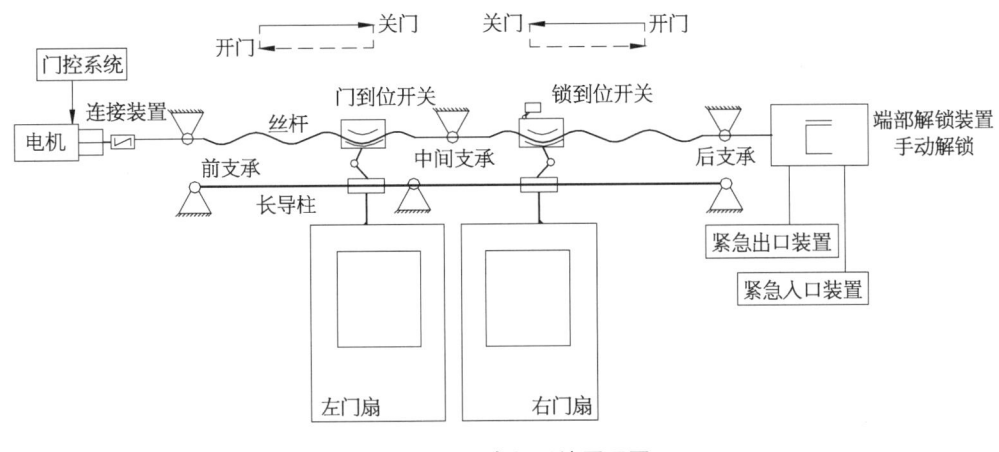

图 12-23 车门系统原理图

12.2.3 系统功能

12.2.3.1 零速列车线

内部安全继电器可直接由"零速列车线"信号激活。激活的安全继电器将闭合电机电源的线路,从而使软件可以在开门方向上驱动门机构运动。

如果撤销"零速列车线"信号,打开的车门将立即开始关闭,这时障碍检测功能无效。

12.2.3.2 开门功能

1) 允许开门的条件

当满足下列条件时,才允许 EDCU 驱动电机执行开门操作:没有操作机械隔离装置,且没有操作紧急解锁装置,且"零速列车线"为高电平,且"门允许列车线"为高电平,且门处于非开到位位置,且没有产生过锁到位开关故障,且没有产生过关到位开关故障。

2) "开门列车线"开门

检测到"开门列车线"信号从低电平跳变到高电平,且保持高电平状态 200 ms 以上,认为"开门列车线"信号有效;若满足"允许开门"的条件,则延时设定的时间后,车门开始开启。

门开启到开门终点位置后保持在这一位置,直到再次接收到关门指令。

如果在开门过程中,在满足"允许开门"的条件下,"开门列车线"信号从高电平跳变为低电平,门仍然会开启到开门终点位置。

3)"维护按钮"开门

满足上述允许开门的条件时,如检测到"维护按钮"信号从低电平跳变到高电平,且保持高电平状态 100 ms 以上,认为"维护按钮"信号有效;若满足"允许开门"的条件,且前一次门的电控运动方向为关门方向,或门当前处于关锁到位位置,则门将立即开启到开门终点位置,并保持在开到位位置。

12.2.3.3 关门功能

1)"关门列车线"关门

检测到"关门列车线"信号从低电平跳变到高电平,且保持高电平状态 200 ms 以上,认为"关门列车线"信号有效;若满足下述"允许关门"条件,则延时设定的时间后,车门开始关闭:没有操作机械隔离装置,且没有操作紧急解锁装置,且"零速列车线"为高电平,且门未关锁到位。

维护人员可以通过 TCMS 通信将关门时间(出厂时为 3.0 s)在 2.5~4 s 进行调节;将关门延时时间(出厂时为 3 s)在 0~5 s 进行调节;而且设定的参数可以通过服务软件查询。

门关闭至关锁到位位置后保持在这一位置。

如果在关门过程中,在满足"允许关门"条件下,"关门列车线"信号从高电平跳变为低电平,门仍然会关闭到关锁到位位置。

再次激活"关门列车线",已经关锁到位的门不动作,未关锁到位的门执行关门操作。

2)"再关门列车线"关门

检测到"再关门列车线"信号从 0 跳变到 1,认为"再关门列车线"信号有效;若满足下述"允许关门"的条件,则延时设定的时间后,车门开始关闭:没有操作机械隔离装置,且没有操作紧急解锁装置,且"零速列车线"为高电平,且门未关锁到位。

门关闭至关锁到位位置后保持在这一位置。

如果在关门过程中,在满足"允许关门"的条件下,"再关门列车线"信号从 1 跳变为 0,门仍然会关闭到关锁到位位置。

3)"维护按钮"关门

若满足下列条件,操作门控上的维护按钮才能执行关门操作:① 操作隔离装置保持 10~30 s;② 复位隔离后,在 3 min 内激活维护按钮;③ 没有维护按钮故障。

检测到"维护按钮"信号从低电平跳变到高电平,且保持高电平状态 100 ms 以上,认为"维护按钮"信号有效;处于打开状态或正在打开的门会转变为关门顺序,执行关门操作。

4)丢失"零速列车线"信号的关门

未操作"机械隔离装置"的情况下,若"零速列车线"信号从高电平跳变至低电平,且保持 200 ms 以上,则未关锁到位的门将立即执行关门操作。

在关门过程中,若检测到关门方向上有障碍物,关门防挤压功能将被禁止。

5) 复位"紧急解锁装置"的关门

未操作"隔离装置"的情况下,复位"紧急解锁装置",未关锁到位的门将立即执行关门操作。

12.2.3.4 钥匙开门

特定条件下,在未操作"隔离装置"的情况下,乘务人员通过车内钥匙开关或者外部钥匙开关(自复位开关)进出车门,具体应用场景如下:

(1) 当列车被司机占有时(司机钥匙插入司控台,此时车内的钥匙开关和车外的钥匙开关不得电),操作车内的钥匙开关或车外的钥匙开关无效,车门不动作。

(2) 当列车未被司机占有时(司机钥匙拔出司控台),操作车内的钥匙开关或车外的钥匙开关,电钥匙开关由蓄电池供电。

(3) 当列车未激活时(车门不得电,内部、外部钥匙开关得电),操作电钥匙开关,使车门得电,当门控器初步上电 60 s 内,门控器检测到门允许列车线和电钥匙信号由低电平跳变到高电平,车门动作,实现车门打开或关闭功能。

(4) 当列车激活时(车门得电,内部、外部钥匙开关得电),当门控器初步上电 60 s 内,门控器检测到门允许列车线和电钥匙信号由低电平跳变到高电平,车门动作,实现车门打开或关闭功能。当门控器上电超过 60 s 后,操作车内的钥匙开关或车外的钥匙开关,门控器检测到门允许列车线和电钥匙信号由低电平跳变到高电平,且零速信号为高电平时,车门动作,实现打开或关闭功能。

(5) 当列车未被司机占有时,乘务人员已经通过内部钥匙开关或者外部钥匙开关使开着的门关闭、关闭着的门打开后,再次操作电钥匙开关,打开的门关闭,关闭的门打开。若电钥匙开关操作后未复位,电钥匙开关信号保持高电平,门不再执行动作,即此时关闭着的门不再打开,开着的门不再关闭。

(6) 当紧急解锁装置被操作时,车内外钥匙开关仍然能正常开关门。

列车激活、司机室占有、门允许信号、电钥匙信号、零速信号、车门上电时间、车门状态逻辑见表 12-11。

表 12-11 车门状态逻辑

列车激活	司机室占有("1"代表占有)	门允许信号	电钥匙信号	零速信号	车门上电 60 s ("1"代表 60 s 内)	车门状态
X	1	X	X	X	X	保持
1	0	0→1	0→1	1	1	打开/关闭
1	0	0	0	1	1	保持

(续表)

列车激活	司机室占有("1"代表占有)	门允许信号	电钥匙信号	零速信号	车门上电60 s("1"代表60 s内)	车门状态
1	0	0→1	0→1	1	0	打开/关闭
1	0	0	0	1	0	保持
0	0	0→1	0→1	0	1	打开/关闭
0	0	X	X	0	0	保持

当列车被激活且处于静止状态时，车辆的零速信号一直为高电平。当司机室未占有时，操作电钥匙开关可以同时给出门允许信号和电钥匙信号。

12.2.3.5 障碍探测

1) 关门过程的障碍检测

当车门受到障碍物的阻挡时，EDCU 采用预先给 EDCU 设定的最大控制关门力关门（150~300 N 可调）。当门自动打开一段距离之前，该关门力持续时间为 0.5 s，然后经过一段时间后，将重新启动关门动作。若连续关闭三次激活关门的障碍检测流程，那么门会自动完全打开。

关门障碍检测功能仅当满足下列条件时方可执行：没有操作机械隔离装置，且没有操作紧急解锁装置，且"零速列车线"有效。

2) 开门过程的障碍检测

开门时若有障碍会使开门循环停止 1 s，在三次开门动作之后门将会停在此位置并且电子门控器会认为此位置是最大可达开门位置，此时任何关门指令都可将门关闭。

12.2.3.6 紧急解锁

为了在紧急状态下手动开门，设有紧急解锁装置。操作紧急装置使锁闭装置解锁，并使锁闭装置处的限位开关动作。操作紧急解锁装置后，装置将被定位在操作状态。

当"零速列车线"且"紧急解锁允许"信号为高电平的情况下：

（1）通过钢丝绳操作锁闭装置，实现机械解锁。

（2）紧急解锁开关动作，将信号传递给 EDCU。

（3）"安全互锁回路"将被断开。

（4）门可通过手动在开门和关门方向上移动。

如果操作紧急解锁装置，必须在列车重新启动之前将该装置复位。复位紧急解锁装置后，车门立即关闭，且具有障碍物检测功能。

在"零速列车线"或"紧急解锁允许"信号为低电平，没有操作隔离装置的情况下，将实现持续 5 min 关门力的功能，从而阻止门被打开。

关门过程中，关门防挤压功能将被禁止，作用于门扇的关门力将有如下变化：

（1）若门已经关锁到位，电机停在当前位置。

(2) 若门未关锁到位,电机将试图驱动门扇回到关锁到位位置附近,作用于门扇上的力的大小如图 12‑24 所示。

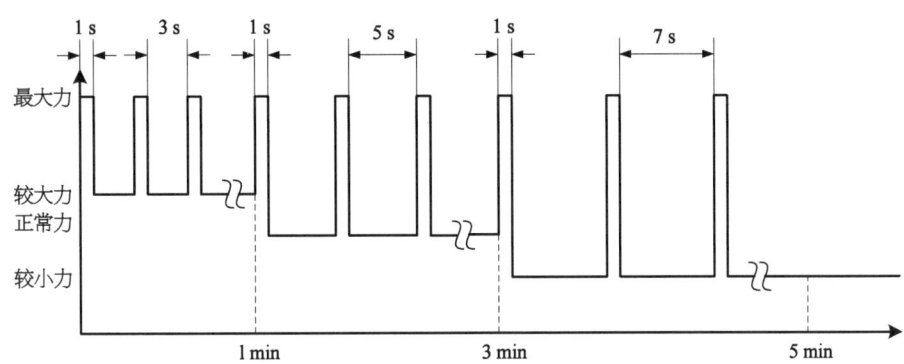

图 12‑24 门未关锁到位时作用于门扇上的力的大小

12.2.4 主要装置

12.2.4.1 驱动机构

1) 结构组成

驱动机构组成如图 12‑25 所示。车门运动由一个带减速箱的电机驱动丝杆(对于双页门,丝杆一半是右旋的,一半是左旋的)来实现。螺母与门扇相连,门扇通过小车和挂架实现运动自由度,而门运动轨迹的给定由上、下导轨来实现。

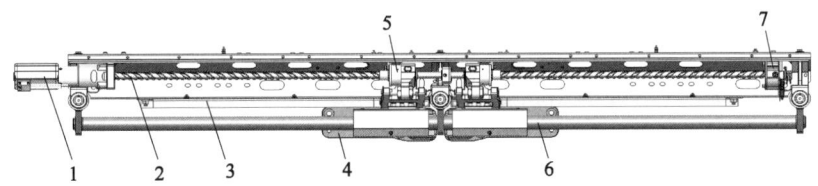

1—电机;2—丝杆;3—上滑道体;4—携门架;5—传动螺母;6—长导柱;7—端部解锁

图 12‑25 驱动机构组成

2) 支撑部件

驱动机构的支撑部件如图 12‑26 所示。长导柱安装在 3 个挂架上,3 个挂架分别在 3 根短导柱上移动,3 根短导柱通过整个机构的一个机架安装在车体结构上。长导柱为门的纵向移动提供自由度并保证在开/关门过程中门板与车体平行。短导柱承受门板的重量并为门提供横向移动自由度。

3) 携门架

驱动机构的携门架如图 12‑27 所示。携门架通过滚珠直线轴承在长导柱上滑动,它

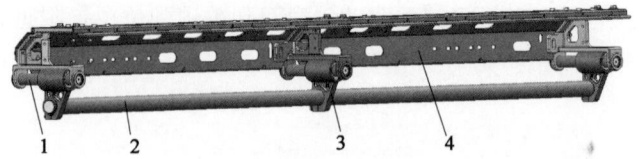

1—短导柱；2—长导柱；3—挂架；4—机架
图12-26 驱动机构的支撑部件

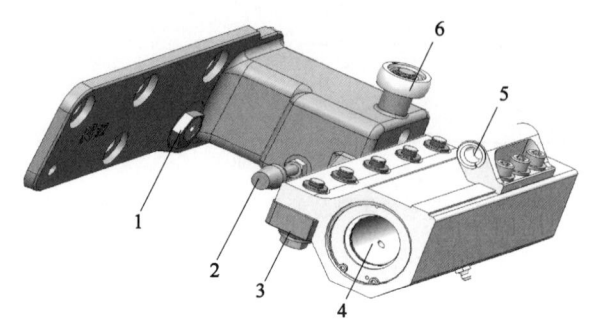

1—偏心轮1；2—缓冲头；3—偏心轮2；4—直线轴承；5—铰链座；6—滚轮
图12-27 驱动机构的携门架

将力从机构传送到门扇并且也把力从门扇传送到机构。携门架通过螺钉牢牢地安装在门扇上，所以携门架将门扇的所有重量和动力传送给长导柱。

12.2.4.2 锁闭装置

门系统的锁闭原理类似于千斤顶的自锁结构，在丝杆中部（关门端）设计有变导程结构，其导程由普通导程逐渐变化到0导程。螺母上有与之配合工作的销，销在丝杆的沟槽中滚动，当销处于普通导程沟槽中时，丝杆螺母副承担常规丝杆结构的传动作用；当销处于0导程沟槽中时，由于自锁作用，丝杆螺母承担着对门的锁定。锁闭装置如图12-28所示。

正常情况下，LS型主锁可使电机带动门系统的传动装置实现门系统的自动开关，在无电或紧急情况下，可手动开关门。

电动关门时，变升程的丝杆正转带动螺母及其滚动销由工作段经过渡段向锁闭段运动，直至滚动销进入锁闭段，此时车门可靠锁闭。手动关门时，螺母移动带动丝杆正转，当滚动销处于过渡段到锁闭段的临界位置时，螺母组件内部的扭簧的扭力推动螺母旋转，使得滚动销顺利进入锁闭段，完成手动关门并锁闭。

电动开门时，丝杆反转使得螺母组件带动滚动销由锁闭段经过渡段向工作段运动，一旦滚动销退出锁闭段，便实现了车门的自动解锁，继而实现了开门动作。

使用LS锁的门系统机构锁闭及解锁均无需额外的动力源，仅依靠丝杆自身的正、反向转动实现螺母组件的锁闭与解锁；锁闭装置结构简单、零件少、加工精度要求低，适合规

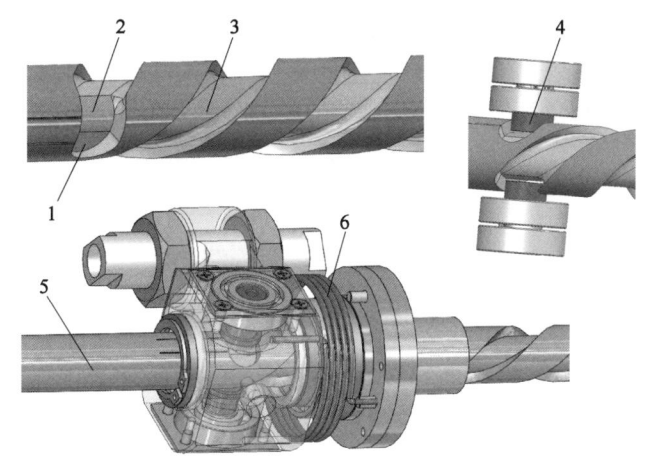

1—丝杆过渡段;2—丝杆锁闭段;3—丝杆工作段;4—滚动销;5—丝杆;6—扭簧

图 12-28 锁闭装置

模化工业生产,便于维修。

12.2.4.3 车内紧急解锁装置

为了能够在紧急情况下解锁并打开门,在内侧墙上装有一把手柄。操作该手柄,将会:启动一个电动限位开关,并发出"紧急操作"信号;通过牵拉绳索,制动器被释放;如果车辆处于静止状态时,可以手动开门;如果车辆处于运动状态时,电机将作用于关门方向 300 N、可持续 5 min 的力,以阻止门被打开。

紧急手柄可复位,在紧急手柄复位后,门的开关回到正常操作状态。

车内紧急解锁装置如图 12-29 所示。

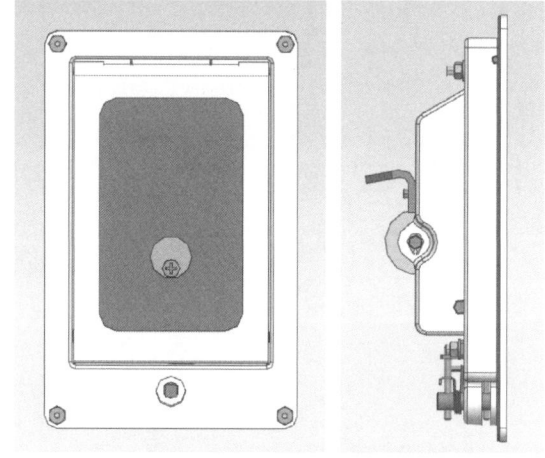

图 12-29 车内紧急解锁装置

12.2.4.4 车外解锁装置

在每辆车的中间两个门口外侧,设置有车外解锁装置,用方孔钥匙操作(图 12-30)。

12.2.4.5 故障切除装置

通过该装置实现车门控制系统实现电隔离。

在每套门系统的右门扇(从内往外看)上装有一把退出服务锁,以实现门的机械隔离,可以手动将门移至关闭且锁紧的位置(万一失败了,可从内侧或外侧用乘务员钥匙实现隔离)。

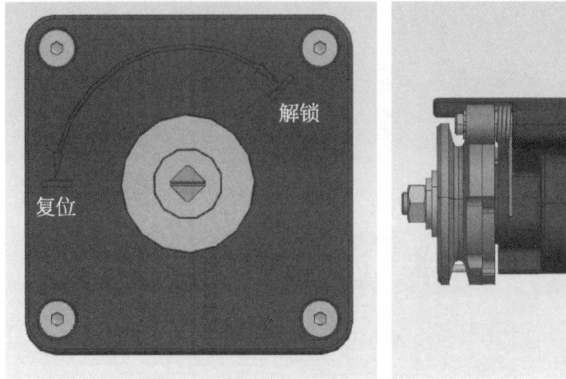

图 12 - 30　车外解锁装置

故障切除装置如图 12 - 31 所示。

(a) 内侧　　　　　　　　　　　　　　(b) 外侧

图 12 - 31　故障切除装置

12.3　照　明　系　统

照明系统为磁浮列车提供车辆运行状态下必备的照明功能。照明系统包括司机室照明、客室照明以及外部照明。

12.3.1　司机室照明

司机室设置 LED 顶棚灯。距司机室地板中央 800 mm 处照度不小于 100 lx，在司机台面照度不小于 5~10 lx。

12.3.2 客室照明

客室照明主要由纵向布置于客室两侧的主照明灯带及门区顶部环形灯组成(图 12-32)。

图 12-32 客室照明布置及效果图

1) 主要技术参数

光源类型：LED。

光源寿命：不小于 50 000 h。

照度：在距离地板面 800 mm 处的照度平均值不小于 200 lx，最低值不低于 150 lx。在正常供电中断时，自动切换至紧急照明，在客室内距地板面 1 m 处不低于 10 lx。

色温：(6 500±250) K。

2) 结构组成

客室主照明灯带由灯体组件、光源板组件、灯罩、保险绳等组成(图 12-33)。

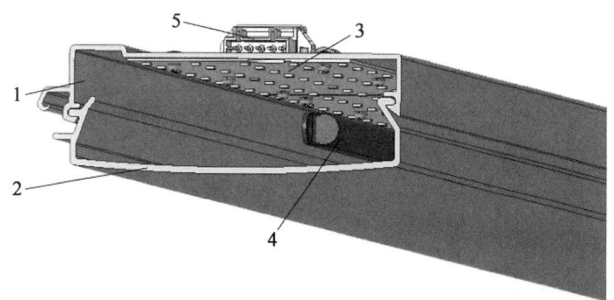

1—灯体组件；2—灯罩；3—光源板组件；4—保险绳；5—连接器组件

图 12-33 客室照明结构组成

3）控制方式

客室主照明灯带在电气结构上分为4路灯带,由直流110 V供电,左右两侧各2路灯具,交叉供电,每路灯具的电源由一个LED驱动电源供电。

列车激活情况下,LED驱动电源得到正常照明信号,进入正常照明模式,客室灯全亮;当列车进入紧急情况时,LED驱动电源得到紧急照明信号,降低整体的输出功率,均匀降低亮度,保证整个车厢照明的均匀性和一致性,为乘客提供舒适的车内照明环境。

12.3.3 外部照明

外部照明由前照灯(包括远光、近光)、标志灯和运行灯组成。

前照灯和标志灯位于司机室前端下方,两侧对称布置,采用LED光源。

100 km/h磁浮列车在车辆前端紧急制动距离处前照灯照度不小于2 lx。

运行灯为白色LED阵列构成,集成在司机室头罩下部灯舱内,两侧对称布置。

12.4 乘客信息系统

乘客信息系统采用全数字以太网方式,为乘客提供高质量的音频、视频和文本信息,以及为运营控制中心提供与乘客紧急对讲及视频监控功能。系统采用模块化、标准化的嵌入式系统,可编程能力强,易于实现系统的重组、升级。模块间连接使用标准接口,模块互连灵活。

12.4.1 系统组成

乘客信息系统由列车广播系统、乘客信息显示系统及视频监控系统组成,系统拓扑结构如图12-34所示。

乘客信息系统采用"以太网+模拟音频"总线的两级总线架构。以太网设计为链路聚合型拓扑结构,当其中一条网络链路出现故障时,系统可自动完成网络重构,确保数据正常通信。模拟音频总线主要用于列车模拟音频信号的传输和控制,当列车以太网总线出现故障时,系统自动或手动启用备用音频总线,进入降级模式,司机仍能实现人工广播功能。

关键设备采用冗余配置,并由故障检测系统统一管理。在头、尾司机室安装相同设备,设备间通过以太网传递心跳信号。正常运行时两套设备同时工作,起到冗余备份作用。故障时,系统自动切换,实现自愈功能,确保单点故障不扩散。客室广播控制器中内

第 12 章 机电系统

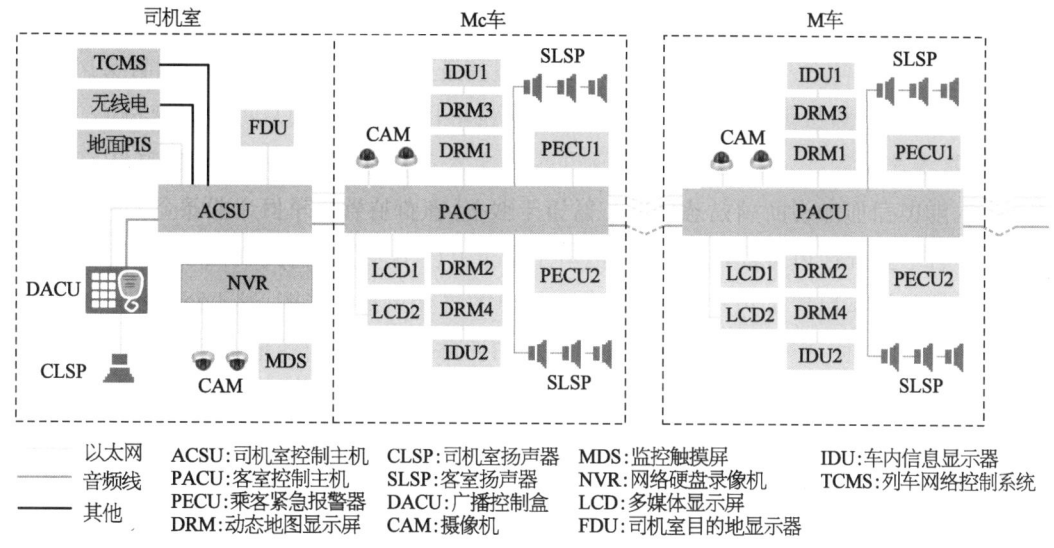

图 12-34 乘客信息系统拓扑图

置两路独立功放模块,连接两路客室扬声器,当一路功放或者扬声器出现故障时,另一路仍能完成广播功能。动态地图采用级联方式连接,设备支持故障旁路功能。

12.4.2 主要子系统

12.4.2.1 列车广播系统

列车广播系统实现列车运营信息广播、多媒体视频伴音、紧急情况疏散广播等功能。系统由司机室控制主机、广播控制盒、客室控制主机、扬声器、乘客紧急报警器等部件组成。

司机室布置一台司机室控制主机,用于系统的集中管理及控制;司机操作台布置一台广播控制盒,实现司机的基本操作;司机室布置一个扬声器,用于广播监听;每节车厢设置一台客室控制主机,内置功率放大器采用双功放设计,每节车厢布置 6 个扬声器,扬声器在车厢内部横向对称布置,保证声音均匀、清晰、无盲区;每节车厢设置 2 个乘客紧急报警器,以便在突发情况下实现乘客与司机紧急通话功能。

1) 广播控制盒

每个司机室各安装一台广播控制盒(图 12-35),司机通过操作广播控制盒实现人工广播、司机对讲、乘客紧急对讲、司机室广播监听等功能。广播控制盒参数如下:

(1) 额定功率:25 W。

(2) 频率响应:200 Hz~10 kHz。

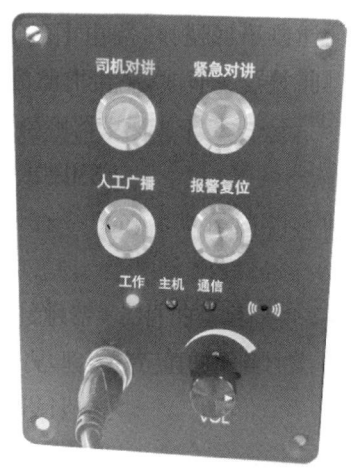

图 12-35 广播控制盒

(3) 失真率：小于 3%。

(4) 信噪比(S/N)：不小于 60 dB。

2) 扬声器

每节客室设置有 6 个扬声器，用于向车内乘客广播。扬声器技术参数如下：

(1) 类型：锥形直线放射式。

(2) 额定功率：3 W。

(3) 输入方式：5 V。

(4) 平衡输入：80~1 250 Hz。

(5) 70 Hz~20 kHz 的频率响应：不大于 −7 dB，1 kHz。

(6) 100 Hz~10 kHz 的频率响应：± 1 dB。

(7) 在 1 000 Hz、3 W 的输出功率时，总的谐波畸变不大于 0.5%。

3) 乘客紧急报警器

每节客室在靠近车门处设 2 个乘客紧急报警器（图 12-36），用于紧急情况下乘客与司机紧急通话。设备技术参数如下：

(1) 数字音频采样率：44.1 kHz/16 bit，单声道。

(2) 频率响应：200 Hz~10 kHz，不大于±3 dB。

(3) 失真度：1%(1 kHz)。

(4) 信噪比：不小于 60 dB。

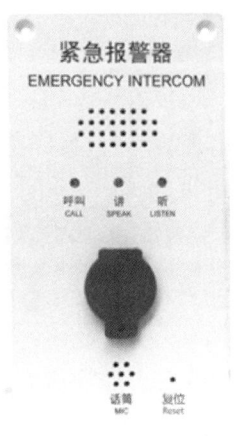

图 12-36 乘客紧急报警器

12.4.2.2 乘客信息显示系统

乘客信息显示系统包括列车前端目的地显示器、车内端部显示器、车门上方 LCD 动态地图显示器及 LCD 多媒体显示器。

列车头部监视玻璃后，配置司机室目的地显示屏，该 LED 屏主要显示本列车运行的终点站信息，由司机室钥匙控制，司机打开钥匙后，首尾车两端均显示。

每节客室端部贯通道上方设置有车内 LED 信息显示器，用于显示起始站、当前站、下一站、终点站及其他提示信息。

在客室的每个车门上方配备动态地图显示屏，用来显示列车运行线路、方向、目的地站、下一站、客室开关门侧及换乘站等信息。动态地图显示屏采用全 IP 网络数字化传输，抗干扰强，可实现画面高清显示。

每个客室布置 2 台多媒体 LCD 显示器，用于向乘客显示实时的或录播的多媒体信息和线路信息，LCD 显示器设置在客室端部贯通道旁边。

1) 列车前端目的地显示器

显示器可以满屏显示 6 个中文字符、12 个英文字符，当字符数多于 12 时，自动改为滚动模式。显示屏选用高亮度单红色 LED，字体点阵 16×16。列车前端目的地显示器如图 12-37 所示。

图 12‑37　列车前端目的地显示器

2) 车内端部显示器

车内端部显示器设置在客室端部贯通道上方，用于显示线路及提示信息。显示器可以满屏显示 9 个中文字符，当字数多于 9 时，自动改为滚动模式。显示屏选用红绿双色 LED，字体点阵 16×16。

3) LCD 动态地图显示器

客室车门上方设置 LCD 动态地图显示器（图 12‑38），用来显示列车运行线路、方向、目的地站、下一站、客室开关门侧及换乘站等信息。

图 12‑38　LCD 动态地图显示器界面

LCD 动态地图显示器采用 36.6 in 显示屏，分辨率为 1 920×290，亮度不小于 500 cd/m^2。

4) LCD 多媒体显示器

通过车地无线与地面 PIS 进行通信，当侦测到有来自运营控制中心的实时多媒体信息时，LCD 显示系统可自动通过无线网络从运营控制中心接收实时信息（图 12‑39）。当系统检测不到实时的信号源时，系统自动播放内置硬盘中事先存储的信息，播放顺序按播出单依次进行。系统一旦重新收到实时信号源，自动切换到实时播放。LCD 多媒体显示器技术参数如下：

(1) 尺寸/宽高比：21.5 in(9∶16)。

(2) 分辨率：1 080×1 920。

(3) 亮度：300 cd/m^2。

(4) 对比度：1 000∶1。

12.4.2.3　视频监控系统

视频监控系统由网络硬盘录像机、交换机、摄像机、监控触摸屏组成，完成整车视频录像、监控轮循和视频回放。

图 12‑39　LCD 多媒体显示器界面

司机室设置一台半球摄像机、一台前视摄像机、一台网络硬盘录像机,司机台设置一台监控触摸屏,客室设置两台半球摄像机。

两个司机室的网络硬盘录像机同时工作,通过列车网络将各摄像机摄制的视频监控图像同步存储到硬盘中。车厢号、图像摄取时间、摄像机编号等信息一并写入视频图像数据,按高清1 080P分辨率、H.265格式进行存储,同时在司机台监控触摸屏上显示,供司机实时监视客室内情况及数据备案查询。授权用户可以对存储的视频图像进行查看、回放、下载等操作,也可按需求配置巡视指令、观察滞留时间、分屏显示等参数。

1) 监控触摸屏

每个司机台安装一台监控触摸屏,用于实时显示及回放所有摄像头的视频信息(图12-40)。监控触摸屏技术参数如下:

(1) 尺寸:12.1 in。

(2) 分辨率:1 024×768。

(3) 亮度:350 cd/m^2。

(4) 触摸屏:电阻式。

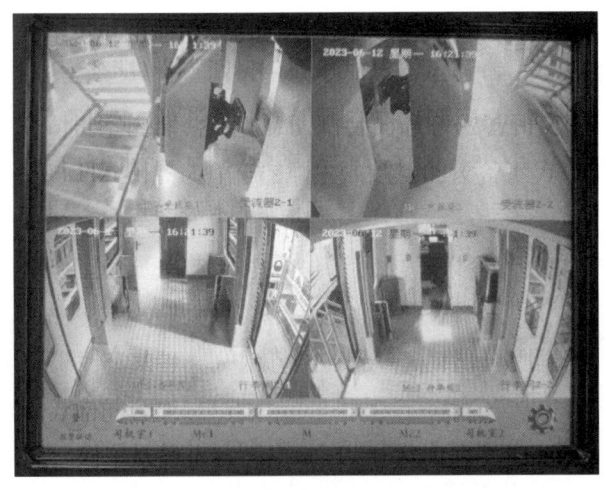

图12-40 监控触摸屏视频监控界面

图12-41 摄像机

2) 摄像机

摄像机采用IP数字摄像机,用于实时拾取车内及列车前方的视频信息(图12-41)。摄像机技术参数如下:

(1) 成像器件:采用1/2.7″逐行扫描CMOS。

(2) 最小照度:0.01 lx@(F1.2,AGC ON),0 lx with IR。

(3) 像素数:200万像素。

(4) 视频压缩标准：H. 264 /H. 265/MJPEG。

(5) 视频压缩码率：32 kbps～16 Mbps。

(6) 接口协议：ONVIF/GB 28181/ISAPI。

12.5　火灾报警系统

火灾报警系统由火灾报警控制器、烟温复合探测器等设备组成。

当探测器探测到火情或者温度超过阈值后，将信号传送给控制器，火灾报警控制器一方面启动本地信号灯进行光提示，另一方面将火警信息通过车辆I/O模块传送到列车控制单元。

1）火灾报警控制器

每节车配置一台火灾报警控制器，其具有以下功能：

(1) 当探测器探测到火情或者温度超过阈值后，探测器将信号传到控制器，控制器启动本地信号灯进行光提示，同时将火警信号传送给车辆I/O模块。

(2) 能够显示本车内具体每个探头报警和故障状态。

(3) 控制器能进行自检操作，检测控制器本身及各探测器的状态，如有故障发生，能启动本地信号灯进行光提示，同时将故障信号传送给车辆I/O模块。

(4) 为探测器提供电源。

(5) 控制器能在本机进行复位操作。

(6) 控制器预留声音报警接口，并有声音报警开关位置以供选择是否需要声音报警。

(7) 控制器提供2路电平信号输出，一路为故障信号，另一路为火警信号。火警信号高电平有效，故障信号低电平有效。

(8) 控制器通过可维护界面修改系统内各探测设备的功能参数，如根据实际环境及需要调整报警灵敏度。

(9) 控制器可对发生故障的探测器进行屏蔽与解屏蔽。

(10) 控制器具备存储系统故障、报警信息的功能，并可在控制器上进行查阅。

(11) 控制器可以检测到探头污染，并可以在控制器上记录或显示。

(12) 具备温度及烟雾检测能力，且温度和烟雾报警值可调。

(13) 具有故障自诊断功能，并能切除或屏蔽故障探测器，故障信息将在司机显示器上提示。

(14) 检测到火灾时将在司机显示器上显示信息，且可通过视频监控系统观看报警点视频。

(15) 在司机室显示器上可以复位整车任何一处火灾报警。

2) 烟温复合探测器

在每个电气屏柜内布置一个烟温复合探测器,每节客室布置2个烟温复合探测器,如图12-42所示。

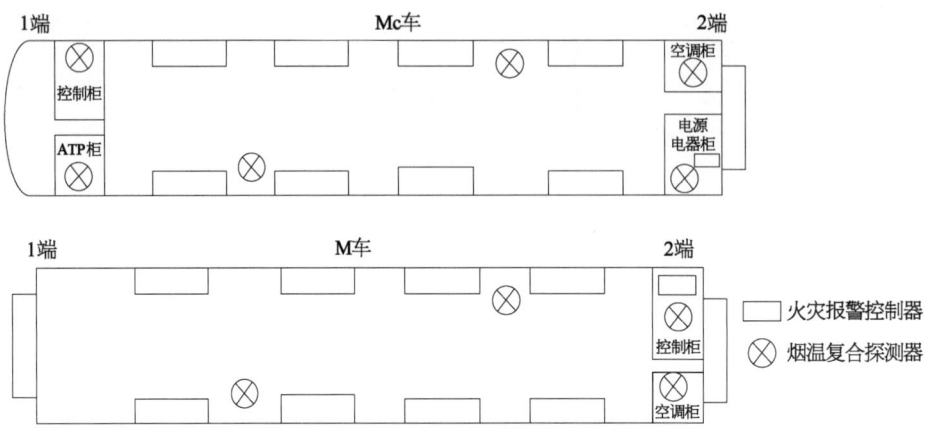

图 12-42　火灾报警系统布置图

烟温复合探测器监测到工作环境中的烟和温的信息后,由探测器内的芯片进行火灾的判断。当达到预设条件时,探测器向火灾报警控制器发送报警信号,同时报警灯点亮。

第 13 章

列车试验与检修维护

列车试验与检修维护是产品上线运营前技术符合性验证和运营后维护保养的重要环节。本章结合中低速磁浮列车的特点，对列车组装完成后投入使用前的试验要求、检修规程、智能运维及检修专用设备等进行介绍。

13.1 列车试验

按照产品标准要求，列车试验主要分为出厂试验和型式试验。

出厂试验是对出厂车辆的基本参数、性能指标等是否符合技术条件的规定要做的试验，是对设计同型的每列车都要进行的试验。

型式试验是对某型车辆的基本参数、结构、性能等是否符合技术条件和设计要求所要做的全面试验考核。

13.1.1 试验项目

根据整车功能检查要求，按照专业进行分类，列车组装完成后需进行的试验项目见表13-1。

表13-1 试验项目清单

序号	试验项目	出厂试验	型式试验	备注
1	静置状态机械检查	√		
2	限界检查	√	√	
3	起吊性能试验	√	√	
4	称重试验	√	√	
5	淋雨试验	√	√	
6	工作条件和舒适性检查	√	√	
7	安全措施和安全设备检查	√	√	
8	气密性试验		√	针对有气密性要求的车辆
9	环保试验		√	
10	噪声试验		√	
11	列车曲线和坡道通过试验	√	√	
12	首列车运行试验		√	
13	列车控制功能检查	√	√	
14	列车故障运行能力试验		√	
15	列车救援能力试验		√	

(续表)

序号	试验项目	出厂试验	型式试验	备注
16	运行平稳性试验		√	
17	支撑轮运行试验	√	√	
18	制动静态性能试验	√	√	
19	保持制动试验	√	√	
20	停放制动试验		√	
21	液压制动系统密封性试验	√	√	
22	制动蓄能器储油量试验		√	
23	制动动态性能试验	√	√	
24	制动闸片热容量试验		√	
25	液压支撑系统静态性能试验	√	√	
26	液压支撑系统密封性试验	√		
27	供风能力试验	√	√	
28	供风装置启动逻辑试验	√		
29	供风系统气密性试验	√		
30	总风安全阀动作值试验	√		
31	主电路电气设备操作试验	√		
32	保护装置整定值和动作正确性检查	√		
33	绝缘耐压试验	√	√	
34	车载设备通风冷却系统试验		√	
35	列车供电中断试验		√	
36	接地试验	√		
37	重联试验	√	√	
38	整车对外辐射试验		√	
39	静电放电抗扰度试验		√	
40	内部电磁干扰试验		√	
41	整车磁场试验		√	
42	静置悬浮试验	√		
43	动态悬浮试验	√	√	
44	悬浮控制器冗余试验		√	
45	悬浮传感器冗余试验		√	
46	加速性能试验	√		
47	电制动试验	√	√	
48	牵引和电制动能力试验		√	
49	电机方向检查	√		
50	蓄电池牵引试验		√	
51	受流性能试验		√	

(续表)

序号	试验项目	出厂试验	型式试验	备注
52	辅助供电试验		√	
53	蓄电池充放电试验		√	
54	列车组网试验	√	√	
55	故障诊断试验		√	
56	乘客信息系统试验	√	√	
57	火灾报警系统试验	√	√	
58	车内照明试验	√	√	
59	外部照明试验	√	√	
60	通风性能试验		√	
61	紧急通风试验		√	
62	空气流速试验		√	
63	客室压力测试		√	
64	制冷性能试验		√	
65	采暖性能试验		√	
66	车门系统试验	√	√	
67	以太网维护试验	√	√	
68	数据采集系统试验	√		
69	列车连挂和解钩试验		√	

13.1.2 试验要求

13.1.2.1 整车试验

1) 静置状态机械检查

(1) 试验条件。列车各部件安装完毕,空簧处于正常充气状态。

(2) 试验方法。将组装完成的列车停放在平直轨道上,对以下内容进行检查:

① 列车主要外形尺寸和关键装配尺寸。

② 列车设备安装的完整性,如车钩、贯通道、空调、牵引设备、辅助设备、制动设备、供风设备以及客室设备等。

③ 列车设备、管路、电缆是否存在干涉或磨损。

(3) 试验评定。各项检查满足设计要求。

2) 限界检查

(1) 试验条件。列车正常工作,载荷状态为 AW0,空气弹簧处于正常充气状态,车体地板高度在设计允许范围内。

(2) 试验方法。

① 平直道上,列车以不大于 5 km/h 的速度通过限界检查装置。

② 列车运行至限界检查装置下方,落浮停靠在 F 轨上。

(3) 试验评定。被试列车通过限界检查装置和停靠在轨面上时,任何部位不得触碰限界检查装置。

3) 起吊性能试验

(1) 试验条件。车辆处于整备状态。

(2) 试验方法。采用起吊设备(天车或架车机等),在车辆指定起吊车点将车辆(仅车体及其安装设备,不含悬浮架)吊起,起吊过程中应保持车辆平稳上升或下降。

(3) 试验评定。试验后车体不出现永久性变形。

4) 称重试验

(1) 试验条件。车辆所有设备安装完毕,处于整备状态。

(2) 试验方法。试验方法应满足以下要求:

① 车辆空气弹簧处于正常充气状态,落浮停靠在 F 轨上。

② 解开车端连接部件,并缓解制动装置,采用称重仪器将车辆支撑起,读取并记录称重数据。

③ 称重次数应不少于 3 次,试验结果取算术平均值。

(3) 试验评定。车辆整备重量满足设计要求,不应超过规定值的 3%。

5) 淋雨试验

(1) 试验条件。试验地点的温度高于 0℃,车辆门、窗、电气设备盖板等应处于关闭状态。

(2) 试验方法。

① 将列车置于淋雨试验装置工作区域,开启车辆所有风机,使水流喷向车辆各区域。淋雨试验装置的喷水强度不应小于 6 mm/min 或喷流量不低于 500 L/min,喷头处的水压不应小于 0.2 MPa,采用 90°固定锥体喷嘴的喷射方式,喷嘴规格、布置及其他要求参照《铁道车辆水密性试验方法》(TB/T 1802—2016)执行。

② 型式试验时,每辆车持续喷射 15 min。

③ 例行试验时,关闭车辆所有风机,按照上述程序进行 5 min 防水试验。

(3) 试验评定。试验结束后 10~20 min 内,检查车内各部位,除排水隔间和设备通风口等位置外,不得渗漏。

6) 工作条件和舒适性检查

(1) 试验条件。列车处于正常工作状态。

(2) 试验方法。列车正常运行,对以下内容进行检查(不限于):

① 司机应能看到轨道和信号,障碍物(立柱等)或反射光(从窗、其他光亮、反光表面反射的光或人造光)不应引起司机误操作和造成司机眼睛过于疲劳。

② 司机在日光下和晚上都能清晰看见仪表和指示灯,夜间从它们射出的或发射的光不应妨碍司机的视野。

③ 司机室照明和指示灯不应在前窗产生引起信号误判或其他有影响的反射。

④ 检查各种控制器（如开关、按钮等），操作用力应合理，并具有防误碰或误操作的保护措施。

⑤ 门、窗装配应足够紧密，以防止气流侵入。

⑥ 检查刮雨器、遮阳板和除霜器（如有）等设备，应能正常工作。

⑦ 按钮、开关等操作装置和司机座椅的布置应满足人体工程学要求。

（3）试验评定。工作条件和舒适性满足设计要求。

7) 安全措施和安全设备检查

（1）试验条件。列车处于正常工作状态。

（2）试验方法。安全措施检查包括（不限于）：

① 检查司机和乘客可能接触到的活动部件和尖锐边缘，应具备防止意外触及的保护措施。

② 检查空调、空压机等设备的进风口，应具备防止异物进入的防护措施。

③ 检查屏柜、电气设备、车下机箱内设备的接地保护措施，应满足设计要求。

④ 检查滤波电容器，应标明对人员不产生危险的放电时间，并粘贴有安全标志。

⑤ 检查车辆防火设计、结构材料和零部件的防火性能是否符合相关标准的规定。

⑥ 检查车门等移动部件、高温设备外壳、高压设备箱体等是否具有必备的警告标识。

安全设备检查包括（不限于）：

① 模拟紧急制动安全回路中各种可能的触发条件（如按下紧急制动按钮、松开司机警惕按钮 3 s 以上和蓄能器压力无效等），检查列车是否按照设计要求施加紧急制动。

② 操作司机台上的喇叭按钮，喇叭应能够正常工作。

③ 检查事件记录仪，应能正常记录车辆运行数据和故障事件。

④ 使用模拟烟雾和高温触发火灾探测器，火灾信息应能传递到司机显示屏上，且复位后应能停止报警。

⑤ 检查司机广播、司机对讲，以及客室门区的乘客报警装置，应能正常工作。

⑥ 检查车体与悬浮架之间的防脱开钢丝绳，应连接可靠。

（3）试验评定。各种安全措施和安全设备满足设计要求。

8) 气密性试验

（1）试验条件。车辆为整备状态。车辆内外应干燥、清洁，车门（车门辅助锁闭）、车窗、空调、紧急通风等各设备安装并密封完好，包括新风口、废排风口、水封装置排水口等，并保证不漏气，试验场地的温度应高于 0 ℃。

（2）试验方法。试验采用内部充气方式，使用压缩空气向车体内部缓慢充气加压，当车内外气压差达到 2 100 Pa 后，稳压 30 s 后停止充气。测试车内外压力差由 2 100 Pa 降至 1 000 Pa 的时间，有效测试数据不应小于 3 组，测定的平均降压时间按测试有效数据的算术平均值计算。

(3) 试验评定。车内外空气压力差由最大压力降低至规定值的时间满足设计要求。

9) 环保试验

(1) 试验条件。列车处于整备状态。

(2) 试验方法。试验方法按照《机车车辆非金属材料及室内空气有害物质限量》(TB/T 3139—2021)执行。在车内温度不低于35℃的条件下关闭门窗、空调新风口和废排风口，封闭12 h，再开启空调(自动模式)2 h后进行采样测试，采样时关闭所有门窗，采样温度不低于16℃。

(3) 试验评定。司机室及客室的空气中有害物质限量满足设计要求，或符合《机车车辆非金属材料及室内空气有害物质限量》的规定：

① 甲醛(HCHO)浓度值不大于0.10 mg/m^3。

② 总挥发性有机化合物(TVOC)浓度值不大于0.60 mg/m^3。

10) 噪声试验

(1) 试验条件。试验环境、线路条件应符合ISO 3381和ISO 3095的相关规定。

(2) 试验方法。测点布置和测试方法应符合ISO 3381和ISO 3095的相关规定。

(3) 试验评定。

① 列车在露天、平直线路的自由声场条件下静置或运行时，司机室和客室内测得的等效声级不大于75 dB(A)，或满足设计要求。

② 列车在露天、平直线路的自由声场条件下停放，辅助设备正常工作时，车外测得的等效声级不大于68 dB(A)，或满足设计要求。

③ 列车在露天、平直线路的自由声场条件下，以60 km/h恒定速度运行时，车外测得的等效声级不大于75 dB(A)，或满足设计要求。

④ 列车在露天、平直线路的自由声场条件下，以最高运行速度恒定运行时，车外测得的等效声级满足设计或合同要求。

11) 列车曲线和坡道通过试验

(1) 试验条件。载荷状态应为AW0，线路的最小曲线和最大坡道满足试验要求。

(2) 试验方法。列车按照规定的速度通过最小曲线和最大坡道，进行以下检查：

① 检查跨接电缆、连接风管、车体设备与悬浮架设备间连接线的长度，其运动是否受到限制。

② 检查车钩是否正常运动，观察是否与其他部件等发生干涉、自带连接线是否出现拉断等情况。

③ 检查贯通道是否能够自由运动，不受到约束，观察是否与其他部件(如车端跨接装置)发生干涉。

④ 检查悬浮架的移动滑台相对于车体的横向位移是否满足设计要求。

⑤ 检查车体底架设备与悬浮架是否存在干涉。

(3) 试验评定。各项检查满足设计要求，各部件运动自如，无干涉。

12) 首列车运行试验

(1) 试验条件。列车处于正常工作状态,试验载荷不做限定。

(2) 试验方法。试验时,列车在规定的线路上往返运行,运行工况需包括最大加速度牵引、惰行及最大常用制动等,最大运行里程不宜大于 5 000 km;试验过程中,记录关键设备温度、空压机的工作小时和停机小时数,以及各部件的故障数量和故障处理情况。

(3) 试验评定。试验过程中,车辆的关键设备不得出现严重故障,悬浮、牵引和辅助系统等关键部件的温升满足设计要求。

13) 列车控制功能检查

(1) 试验条件。列车处于整备工作状态。

(2) 试验方法。根据电气原理图和整车控制功能要求,对以下内容进行检查(不限于):

① 列车级的控制功能,包括列车激活、DC 110 V 供电、司机室占有、照明控制、门的列车控制和监视、刀开关监视、高速断路器控制、TCMS 紧急制动和超速防护、方向信号测试、零速信号、蓄电池欠压监视、空压机控制与监视、车钩监视、速度表、里程表/小时计、灯测试、风笛、窗加热、刮雨器、空调控制、旁路开关等。

② 牵引/制动控制功能及硬线信号的有效性,包括牵引/制动指令电路、操作模式、参考值、警惕按钮电路、紧急牵引、紧急停车、制动控制与制动状态监视等。

③ 网络控制系统 I/O 模块信号。

(3) 试验评定。列车控制功能满足设计要求。

14) 列车故障运行能力试验

(1) 试验条件。列车工作正常,具备模拟牵引和悬浮各种故障工况的条件,载荷状态为 AW0 和 AW3。

(2) 试验方法。

① 列车 AW3 载荷状态,悬浮正常,模拟列车损失一节牵引力,在规定的线路最大坡道上启动并运行至线路终点。

② 列车 AW3 载荷状态,模拟列车一台悬浮电磁铁上 2 个悬浮点同时失效,失效悬浮点依靠垂向滑橇支撑滑行,列车在规定的线路最大坡道上启动,限速 50 km/h 运行至邻近车站。

③ 列车 AW0 载荷状态,模拟列车悬浮全部失效,列车释放支撑轮,在规定的线路最大坡道上启动,以不大于 10 km/h 的速度运行至邻近车站。

(3) 试验评定。列车故障运行能力满足设计或合同要求。

15) 列车救援能力试验

(1) 试验条件。两列车均正常工作,正常列车的载荷为 AW0,被救援列车的载荷为 AW3,模拟牵引动力全部失效。

(2) 试验方法。将两列车进行连挂(包括连接风管、电气等),模拟被救援列车丧失全部动力,悬浮正常,正常列车牵引或推送被救援列车在规定的线路最大坡道上启动,限速 30 km/h 运行至车辆段或停车场。

(3) 试验评定。列车救援能力满足设计或合同要求。

13.1.2.2 悬浮架试验

1) 运行平稳性试验

(1) 试验条件。载荷状态应为 AW0 和 AW3，列车已完成整车调试，悬浮状态正常，试验在运营线路上进行。

(2) 试验方法。参照《机车车辆动力学性能评定及试验鉴定规范》(GB/T 5599—2019)的规定，沿列车纵向中心线，在带司机室的车辆的司机室座椅、车辆前端悬浮架中心、车辆后端悬浮架中心以及 2、5 位滑台处的地板面上(以 5 悬浮架车辆为例)各布置一个测点，不带司机室的车辆的测点布置与带司机室的车辆(除司机室测点外)相同。

列车从 20 km/h 开始，以 10 km/h 的速度梯度递增至最高运行速度，采用数据测试仪器，采集各测点处的振动加速度和振动频率，并通过软件进行数据处理，计算各测点的横向和垂向平稳性指标。

(3) 试验评定。列车运行平稳性指标小于 2.5。

2) 支撑轮运行试验

(1) 试验条件。列车载荷状态为 AW0，试验线路为平直轨道。

(2) 试验方法。将列车通过支撑轮撑起，限速 10 km/h 运行，运行一定距离，检查支撑轮工作状态。

(3) 试验评定。支撑轮动作及运行正常，试验过程中无卡滞现象。

13.1.2.3 制动系统试验

1) 制动静态性能试验

(1) 试验条件。载荷状态为 AW0 和 AW3，列车已完成整车调试且工作状态正常，车辆为静置在平直轨道上。

(2) 试验方法。操作各种制动施加按钮，测试紧急制动、快速制动和常用制动的不同级位下的制动缸压力及制动响应时间。

常用制动采用有级(或挡)控制时，应包含从最小至最大的所有常用制动级位；采用无级控制时，应包含最大常用制动位，并在常用制动区间至少选取 2 个中间位。

(3) 试验评定。各制动模式下的制动缸压力及制动响应时间满足设计要求。

2) 保持制动试验

(1) 试验条件。载荷状态为 AW3，列车工作状态正常，试验时风速不应大于 5 m/s。

(2) 试验方法。列车行驶至线路的最大坡道上施加保持制动，列车停稳后，观察列车是否发生溜逸。

(3) 试验评定。列车能稳定停靠在线路的最大坡道上，不发生溜逸。

3) 停放制动试验

(1) 试验条件。载荷状态为 AW3，列车工作状态正常，试验时风速不应大于 5 m/s。

(2) 试验方法。列车行驶至线路的最大坡道上，制动停车、落浮、缓解制动，依靠垂向滑橇停靠在轨道上,观察列车是否发生溜逸。

(3) 试验评定。列车能稳定停靠在线路的最大坡道上,不发生溜逸。

4) 液压制动系统密封性试验

(1) 试验条件。列车可靠停放在轨道上,液压制动管路已完成冲洗、注油和排气等试验前的准备工作。

(2) 试验方法。切断液压制动夹钳装置的供油回路,使列车处于制动缓解状态,开启液压泵使制动系统达到最高工作压力,停止液压泵工作,压力稳定 1 min 后,测试蓄能器回路的压力值在 5 min 内的下降值;无蓄能器时测试制动管路压力在 2 min 内的下降值。

(3) 试验评定。液压制动系统的密封性满足设计要求,或符合以下规定:

① 液压制动系统有蓄能器时,蓄能器回路的压力值在 5 min 内的下降值不大于 1.0 MPa。

② 液压制动系统无蓄能器时,制动管路压力在 2 min 内的下降值不大于 1.0 MPa。

5) 制动蓄能器储油量试验

(1) 试验条件。载荷状态为 AW0,列车已完成整车调试且工作状态正常,车辆为静置在平直轨道上。

(2) 试验方法。列车依靠垂向滑橇停靠在平直轨道上,制动蓄能器压力处于最小工作压力时,停止液压泵工作,连续实施 2 次紧急制动,施加紧急制动的时间不小于列车从最高运行速度紧急制动到停车的时间,观察制动蓄能器储油量是否满足用油量需求。

(3) 试验评定。制动储能器储油量满足设计要求,或至少能实施 2 次紧急制动。

6) 制动动态性能试验

(1) 试验条件。

① 载荷状态应为 AW0 和 AW3。

② 试验在平直干燥线路上进行,试验时风速不大于 5 km/h。

③ F 轨应平整光滑,无明显犁沟,应无油漆等影响摩擦系数因素。

④ 制动闸片与 F 轨应经过适当磨合,接触面积不应小于 70%。

(2) 试验方法。

① 试验应至少包括常用制动、快速制动、紧急制动等制动模式。

② 试验时列车按照规定速度惰行至试验区段后,实施规定的制动模式直至列车停车,连续记录制动过程中的各种参数,包括制动初速度、列车瞬时速度、制动距离、制动时间、制动缸压力、空气簧压力、冲击率等。

③ 制动初速度与目标初速度之差不超过 ±3 km/h,制动初速度应包括列车最高运行速度,并在此速度之下至少选取两个速度级进行试验。

④ 如果制动距离测试不能在绝对平直的线路上进行,则所选的线路坡道不应超过 ±4‰。若轨道水平状态或制动初速度 V 值有任何不符,应按以下公式修正:

$$L_1 = L \times \frac{3.92 \times (1+R_0) \times V_0^2}{[3.92 \times (1+R_0) \times V^2] \pm i \times L} \tag{13-1}$$

式中　L_1——修正的停车制动距离(m);

　　　L——测得的停车制动距离(m);

　　　R_0——转动惯量系数,取 0;

　　　V_0——目标初速度(km/h);

　　　V——实际制动初速度(km/h);

　　　i——试验地点坡度,"+"用于下坡,"-"用于上坡(‰)。

(3) 试验评定。电-液制动协调配合无明显冲动,制动性能满足设计要求。

7) 制动闸片热容量试验

(1) 试验条件。载荷状态为 AW3,列车已完成整车调试,工作状态正常。

(2) 试验方法。列车在最高运行速度下,连续实施 2 次紧急制动,然后测量制动闸片温度;列车切除部分电制动,按照线路限速条件正常运行一个往返,然后测量制动闸片温度,列车电制动的切除比例根据设计或合同要求确定。

(3) 试验评定。试验结束后,制动闸片的温升满足设计要求。

13.1.2.4　液压支撑系统试验

1) 液压支撑系统静态性能试验

(1) 试验条件。载荷状态为 AW0 和 AW3,列车已完成整车调试,工作状态正常,列车静置在平直轨道上。

(2) 试验方法。操作支撑轮控制装置,通过支撑轮将列车支撑起,观察各支撑轮的工作状态,测试支撑管路或蓄能器回路的工作压力。

(3) 试验评定。

① 支撑轮装置能将列车平稳支撑起,支撑高度满足设计要求。

② 支撑管路或蓄能器回路的工作压力满足设计要求。

2) 液压支撑系统密封性试验

(1) 试验条件。列车可靠停放在轨道上,液压制动管路已完成冲洗、注油和排气等试验前的准备工作。

(2) 试验方法。切断支撑轮装置的供油回路,使列车处于垂向滑橇支撑状态,开启液压泵使液压支撑系统达到最高工作压力,停止液压泵工作,压力稳定 1 min 后,测试蓄能器回路的压力值在 5 min 内的下降值;无蓄能器时测试支撑管路压力在 2 min 内的下降值。

(3) 试验评定。液压支撑系统的密封性满足设计要求,或符合以下规定:

① 液压支撑系统有蓄能器时,蓄能器回路的压力值在 5 min 内的下降值不大于 1.0 MPa。

② 液压支撑系统无蓄能器时,支撑管路压力在 2 min 内的下降值不大于 1.0 MPa。

13.1.2.5　供风系统试验

1) 供风能力试验

(1) 试验条件。列车静置在轨道上,处于正常工作状态。

(2) 试验方法。停止所有供风装置工作,排尽列车所有压力容器内的压缩空气。启动供风装置,测试总风压力从零升至最高正常工作压力的时间。

(3) 试验评定。总风压力从零升至最高正常工作压力的时间满足设计要求。

2) 供风装置启动逻辑试验

(1) 试验条件。列车静置在轨道上,处于正常工作状态。

(2) 试验方法。试验时总风压力在正常工作压力范围内,且供风装置处于停机状态,使总风压力持续下降,测试各供风装置的启动顺序,记录各供风装置启动时的总风压力,供风装置工作后,记录各供风装置停机时的总风压力。

(3) 试验评定。供风装置的启动顺序及启停压力满足设计要求。

3) 供风系统气密性试验

(1) 试验条件。列车静置在轨道上,处于正常工作状态。

(2) 试验方法。列车各风缸、气路和塞门处于正常工作状态,启动供风装置,将总风充至最高正常工作压力,各种用气设备处于最大工作压力下,停止所有供风装置工作,稳压 1 min 后,测试 5 min 内总风压力的下降值。

(3) 试验评定。5 min 内总风压力的下降值满足设计要求,或 5 min 内总风压力的下降值不大于 20 kPa。

4) 总风安全阀动作值试验

(1) 试验条件。列车静置在轨道上,处于正常工作状态。

(2) 试验方法。采取相应的措施,使供风装置不受停机压力控制而持续工作,通过记录总风安全阀处的总风压力,测试总风安全阀的启动压力和截止压力。

(3) 试验评定。总风安全阀的动作值满足设计要求。

13.1.2.6 电气系统试验

1) 主电路电气设备操作试验

(1) 试验条件。列车应为静置状态,且高压接入主回路。

(2) 试验方法。操作列车受电装置,使得高压电接入车辆主电路,根据列车功能要求,操作车辆相关设备,观察或测量主电路电气设备的状态和动作情况,如开关器件的状态反馈信号、系统的网压信息等。

(3) 试验评定。电气设备动作满足设计要求,状态信息反馈正常。

2) 保护装置整定值和动作正确性检查

(1) 试验条件。列车应为静置状态。

(2) 试验方法。列车通电前,检查断路器、熔断器、继电器、接触器等器件的整定值和二极管极性方向。列车上电后,检查可直接测量的各保护器件动作情况,验证整定值的正确性。

(3) 试验评定。各整定值正确、保护动作程序正确,满足设计要求。

3) 绝缘耐压试验

(1) 试验条件。试验应为整车或者一节车。

(2) 试验方法。

① 分别对不同绝缘等级的电路进行绝缘检查和对地耐受电压试验,原则上应将其他电路处于接地状态;必要时,为确保电路的所有部件连接在一起,接触器和开关装置应处于闭合或短路状态。为防止特殊部件因受电容和电感的影响出现电压异常,应采取必要的保护措施,对于易受损害的静止变流器和电子设备,在试验前应切除或短路。

② 根据供需双方协商,各电路的绝缘强度试验可在电缆敷设和设备安装完成后且没连接以前进行。对于在此之前已在试验台上进行过绝缘强度试验并已合格的直线电机或其他电气设备,在整车的绝缘试验时也可将其切除。

③ 耐压试验应在绝缘强度试验完成且合格后进行,试验时在各电路对地之间持续 1 min 施加试验电压,电压值应满足《轨道交通 机车车辆电气设备 第 1 部分:一般使用条件和通用规则》(GB/T 21413.1—2018)的要求。

④ 电气设备对车体为双重绝缘时,也应按本条要求验证耐受电压。

(3) 试验评定。绝缘电阻值应符合供需双方协议的规定值,试验后各电路应无闪络、击穿等绝缘破坏的情况。

4) 车载设备通风冷却系统试验

(1) 试验条件。列车应处于运行状态。

(2) 试验方法。当在试验台上进行电气设备强制风冷试验时,如果没有使用与车上相同的通风机组和相同尺寸的风道,应在车上检查冷却风量是否符合设计值或规定值。如有被试验设备静压力差和风量间的关系图表,也可测量辅助设备静压力差校核风量。

列车通电后,检查牵引逆变器、AC 380 V 辅助电源、DC 330 V 悬浮电源、悬浮控制器、空气压缩机等设备冷却风扇转向的正确性,在额定负载下运行 1 h 后,检查牵引逆变器、AC 380 V 辅助电源、DC 330 V 悬浮电源、悬浮控制器、空气压缩机等设备强迫冷却空气的输入输出温度。

(3) 试验评定。冷却风扇转向正确,冷却空气的输入输出温度满足设计要求。

5) 列车供电中断试验

(1) 试验条件。试验载荷状态应为 AW2。

(2) 试验方法。列车分别在牵引和电制动两种工况下,网压切除(断电时间在 10 ms～10 s 范围)和重新供电,包含零电压保护装置在内的全部保护装置应在试验中动作;检测列车速度、主断路器状态、网压、网流、牵引变流器输入输出、辅助变流器输出等;观察司机显示屏相关信息。

试验应在以下各工况重复三次:① 主电路最大电流时;② 牵引变流器输出最高电压时;③ 最高运行速度时。

(3) 试验评定。供电中断时,列车牵引、辅助等系统不应发生故障和错误信息,设备在试验后没有任何损伤。网压恢复后,各系统能重新投入正常工作。

6) 接地试验

(1) 试验条件。列车所有蓄电池为满电状态,无外接电源;试验应在有接地轨的平直轨道上进行,轨道上设有机械止挡装置,可限制列车溜逸。

(2) 试验方法。在整车断电、非悬浮状态下,检测各连接线(包括用于固定各电路和列车上机械部分电位的电连接)的长度、接线端子所处的位置及接触面的大小是否满足设计要求;测量车体与负极受流轨、车体与 DC 110 V 负极汇流母排之间的接地电阻。

将正、负极受流靴与供电轨隔离,列车所有机械制动装置处于缓解状态,利用蓄电池使车辆悬浮,测量车体与接地轨之间的接地电阻。

(3) 试验评定。

① 各连接线的长度、接线端子所处的位置及接触面的大小满足设计要求,任何情况下,连接线不因车体与悬浮架之间的相对运动而承受应力。

② 车体与负极受流轨之间的接地电阻值不应大于 $0.05\ \Omega$。

③ 车体与 DC 110 V 负极汇流母排之间的接地电阻值不应大于 $0.05\ \Omega$。

④ 车体与接地轨之间的接地电阻不应大于 $2\ \Omega$。

7) 重联试验

(1) 试验条件。两列车已经完成车辆全部试验,且处于重联状态。

(2) 试验方法。为验证重联运行中所有的功能要求,应在重联车组上进行以下试验(不限于):列车激活与断电,司机室激活与联锁,牵引与制动功能,故障显示与信号正确性检查,空气压缩机管理,悬浮系统控制,客室门的动作、制动或客室门控制的安全电路、照明、空调采暖和其他辅助设备的控制,乘客紧急报警和列车通信网络等。

在列车布线上利用交叉连接,以改变列车运动方向或改变客室门的开关侧时,必须对在正常运行中所有重联组合的实际功能进行试验。

例行试验时,可采用简化方式来检查重联操作,不必每台车都连挂,仅向列车线的连接端输入各种信号。

(3) 试验评定。重联功能满足设计要求。

8) 电磁兼容性试验

(1) 整车对外辐射试验。按照《轨道交通　电磁兼容　第 3-1 部分:机车车辆　列车和整车》(GB/T 24338.3—2018)进行试验。

(2) 静电放电抗扰度试验。

① 试验条件。列车应为静置悬浮状态,主电路通电,车上所有电气、电子控制装置均处于正常工作状态。

② 试验方法。当列车在正常使用(不包括维护)时,使用静电放电发生器对乘客或司机能够触及的金属部件和操作单元进行放电操作,观察各设备的工作状态。试验所考虑的受试点可包括以下位置:与地绝缘的金属外壳上的一些点;司机室操纵台上的显示器、按钮、旋钮、手柄、照明开关、操作手柄、钥匙开关、螺钉等,以及其他人员易于接近的区域,

如车门、柜门、扶手杆、客室显示屏等。

试验等级如下：±6 kV 接触放电；±8 kV 空气放电（仅适用于绝缘表面）。

③ 试验评定。试验结果满足《轨道交通 电磁兼容 第1部分：总则》（GB/T 24338.1—2018）的 B 级性能判据。

（3）内部电磁干扰试验。

① 试验条件。列车应处于静止状态，车上所有的电气、电子控制装置均应处于正常工作状态。

② 试验方法。受流轨接通高压，列车激活，合主断，依次操作司机控制台上列车起浮、降落、内外部照明、门控开关、空压机、空调等按钮各三次，每次操作间隔 10 s，记录司机显示屏是否出现异常信息；受流轨接通高压，激活列车，合主断，列车起浮，操作牵引手柄，列车向前走一段距离，再施加制动停止，停止后落车、断主断、断激活、断高压；记录司机显示屏是否出现异常信息，试验循环进行三次。

③ 试验评定。列车上所有电气和电子控制装置不因接触器或继电器等动作产生的电磁辐射或传导干扰而发生故障、误动作或出现其他异常情况，试验后设备能正常工作。

（4）整车磁场试验。

① 试验条件。列车主电路通电，辅助电路满负荷工作，所有系统和设备应处于正常工作状态。

② 试验方法。对司机室内部、客室内部、站台的静态磁场和交变磁场进行测量，交变磁场频率范围为 0～30 kHz；测点选择车内产生强磁场的设备上方（如逆变器、电抗器、直线电机、电磁铁等）。

测试方法应符合《轨道交通有人环境中电子和电气设备产生的磁场强度测量方法》（GB/T 32577—2016）的规定，分两种工况进行试验：

第一种，静置工况。列车从静止开始起浮，到稳定悬浮，再到降落状态，稳定悬浮时间不少于 30 s，测量三轴方向的合成磁场。

第二种，运行工况。列车从静止状态启动，以最大加速度加速至最大运营速度，至少惰行 10 s，然后采用最大常用制动（电制动正常）至停止，测量三轴方向的合成磁场。

③ 试验评定。所有测点处直流磁通量密度不超过《手术植入物 有源植入式医疗器械 第2部分：心脏起搏器》（GB 16174.2—2015）的限值，不大于 1 mT；所有测点处低频交变磁通量密度符合表 13-2 和表 13-3 的规定。

表 13-2 时变电场和磁场职业暴露的磁场限值

频率 f/Hz	磁通密度 $B/\mu T$
1～8	$0.2/f^2$
8～25	$2.5\times10^{-2}/f$

(续表)

频率 f/Hz	磁通密度 B/μT
25～800	1×10^{-3}
800～3 000	$0.3/f$
3 000～10 000 000	1×10^{-4}

表 13-3 时变电场和磁场公众暴露的磁场限值

频率 f/Hz	磁通密度 B/μT
1～8	$4\times10^{-2}/f^2$
8～25	$5\times10^{-3}/f$
25～50	2×10^{-4}
50～400	2×10^{-4}
400～3 000	$8\times10^{-2}/f$
3 000～10 000 000	2.7×10^{-5}

13.1.2.7 悬浮系统试验

1) 静置悬浮试验

(1) 试验条件。试验线路为平直道,试验载荷状态应为 AW0、AW2 和 AW3。

(2) 试验方法。检查电磁铁的磁场方向,将车辆停放在平直道上,用高斯计检查所有电磁铁,车辆每侧电磁铁磁场方向应保持一致。

检查列车在平直道上的起浮/降落和稳定静态悬浮的能力,列车分别处于 AW0、AW2、AW3 载荷状态起浮,静态悬浮 30 s 以上,落浮,然后间隔 30 s 再进行相同操作,操作次数不少于 3 次。试验过程中观察悬浮状态,记录悬浮电流、悬浮间隙和悬浮加速度等数据。

(3) 试验评定。电磁铁磁场方向正确。

列车起浮/降落动作平稳,稳定静态悬浮时间不小于 30 s,悬浮电流、悬浮间隙和悬浮加速度等指标满足设计要求。

2) 动态悬浮试验

(1) 试验条件。试验应在运营线路上进行,载荷状态为 AW0、AW2 和 AW3。

(2) 试验方法。列车分别在 AW0、AW2 和 AW3 的载荷状态下,在线路规定的限速条件下运行一个往返,记录试验过程中悬浮电流、悬浮间隙、悬浮加速度等数据,试验结束后测量并记录悬浮电磁铁的温度。

(3) 试验评定。试验过程中悬浮系统全线运行平稳,悬浮间隙、悬浮电流、悬浮加速度和电磁铁温升等满足设计要求,悬浮间隙波动在额定悬浮间隙±4 mm 范围内的数据量占总数据量的 99% 以上(悬浮间隙采样频率不低于 100 ms)。

3) 悬浮控制器冗余试验

(1) 试验条件。试验应在运营线路上进行，载荷状态为 AW0、AW2 和 AW3。

(2) 试验方法。列车分别在 AW0、AW2 和 AW3 的载荷状态下，以线路规定的限速运行。

通过车站、道岔、最小平曲线、最小竖曲线和最大坡道等各种特征路段时，随机选取 2 个悬浮点，通过司机台(或其他方法)分别发送冗余切换指令。

观察车辆在切换过程中对应悬浮点的悬浮状态是否稳定，并记录悬浮电流、悬浮间隙、悬浮加速度等数据。

(3) 试验评定。试验过程中，冗余切换悬浮点的悬浮间隙波动在设计允许范围内，悬浮电流和悬浮加速度等满足设计要求。

4) 悬浮传感器冗余试验

(1) 试验条件。试验应在运营线路上进行，载荷状态为 AW0、AW2 和 AW3。

(2) 试验方法。列车分别在 AW0、AW2 和 AW3 的载荷状态下，以线路规定的限速运行。

通过车站、道岔、最小平曲线、最小竖曲线和最大坡道等各种特征路段时，随机选取车辆的 2 个悬浮点，通过上位机软件(或人为设置悬浮传感器等其他方法)，屏蔽悬浮传感器一个单元的 2 路间隙信号和 1 路加速度信号。

观察车辆在操作过程中对应悬浮点的悬浮状态是否稳定，并记录悬浮电流、悬浮间隙、悬浮加速度等数据。

(3) 试验评定。试验过程中，模拟悬浮传感器故障的悬浮点的悬浮间隙波动在设计允许范围内，悬浮电流和悬浮加速度等满足设计要求。

13.1.2.8 牵引系统试验

1) 加速性能试验

(1) 试验条件。载荷状态应为 AW2，线路条件应为平直道，满足加速距离要求。

(2) 试验方法。列车在最大牵引级位，由静止起动加速到规定速度；测量速度、时间、距离与其相对应的电流、电压、频率、功率和功率因数、谐波分量等。

若受线路条件限制，加速试验可分多个速度段进行，速度段应基于线路限速和设计要求进行综合选取，同一速度段至少试验 2 次。

(3) 试验评定。

① 起动加速度、平均加速度满足设计要求。

② 起动加速平稳，纵向冲击率不大于 $1\ \mathrm{m/s^3}$。

2) 电制动试验

(1) 试验条件。载荷状态应为 AW2，线路条件应为正常运营的平直道。

(2) 试验方法。列车运行达到最高试验速度，施加 100% 常用制动，直至电制动力消失，同时测定速度、时间、纵向加速度及电气数据(如电流、电压、频率和功率)。重复以上试验,不少于 3 次。

(3) 试验评定。常用制动平均减速度、电制动与机械制动的转换速度点满足设计要求。

3) 牵引和电制动能力试验

(1) 试验条件。试验载荷状态应为 AW2。

(2) 试验方法。列车在规定线路上按照设计或运营要求连续往返运行 3 h,全程监测速度、网压、直线电机电流、直线电机电压、环境温度等参数,同时通过车载监控系统监测牵引系统工作情况。

(3) 试验评定。列车牵引系统运行正常,设备温升满足设计要求。

4) 电机方向检查

(1) 试验条件。试验线路应为平直道。

(2) 试验方法。非悬浮状态下,采用车间电源供电,小级位、短时间牵引列车,检查每台电机的运行方向是否一致,确认一致后方可进行后续操作。

悬浮状态下,推动方向手柄,牵引列车,观察列车运行方向是否与方向手柄发出指令一致。

(3) 试验评定。所有电机运行方向一致,列车运行方向与方向手柄发出指令一致。

5) 蓄电池牵引试验

(1) 试验条件。列车处于 AW0 载荷状态,位于平直轨道,切断外部电源,车载蓄电池均为满电状态。

(2) 试验方法。操作列车,进入蓄电池牵引模式,列车起浮后,推动方向手柄,启动列车运行,达到设计规定的距离后制动停车,记录蓄电池输出特性参数,试验后检查蓄电池的工作状态。

(3) 试验评定。

① 列车能在规定时间内达到规定速度,运行距离不小于 500 m。

② 蓄电池输出特性符合设计要求,试验后蓄电池工作状态正常。

6) 受流性能试验

(1) 试验条件。受流器静态试验完成且试验结果满足设计要求,供电轨状态良好,满足试验列车运行要求。

(2) 试验方法。列车按照规定的限速在线路上运行,通过安装在列车上的摄像机和安装在受流器上的电流传感器,观察靴轨受流状态,并测试通过受流器的电流。根据行车方向,摄像机应尽量安装在受流器的后部且靠近受流器的位置。

(3) 试验评定。列车运行过程中,受流器应满足以下要求:

① 受流器不允许出现裂纹、松动等缺陷,受流靴无异常磨耗。

② 受流器和第三轨能保持接触,无脱靴发生。

③ 受流器不得对安装支架拉弧放电。

13.1.2.9 辅助系统试验

1) 辅助供电试验

(1) 试验条件。列车应处于静置状态。

(2) 试验方法。

① 在设计规定的网压波动范围内,在额定负载的 15%～100% 范围内,测量 AC 380 V 辅助电源、DC 330 V 悬浮电源输出电压值允许误差、波形畸变率(仅适用于交流输出)、频率允许误差(仅适用于交流输出)。

② 输入电压在设计规定的网压波动范围内,将负载在空载到额定负载至满载范围内突变。如无特殊规定,负载突变量分别为:从空载突变到 50% 额定负载至满载,然后由满载至 50% 额定负载至空载,各项试验进行 3 次。

③ 在负载分别为额定负载及 50% 额定负载时,输入电压在设计规定的网压波动范围内突变,每项试验各进行 3 次。

④ 输入电压在设计规定的网压波动范围内,负载分别为额定负载及 50% 额定负载工作时,输入电压瞬间断电。

⑤ 输入电压在设计规定的网压波动范围内,负载分别为额定负载及 50% 额定负载工作时,启动 AC 380 V 辅助电源、DC 330 V 悬浮电源。

(3) 试验评定。各项检查满足设计要求。

2) 蓄电池充放电试验

(1) 试验条件。列车应为静置工作状态。

(2) 试验方法。对检测蓄电池电路参数进行检查,包括最大充电电流、最大电压、浮充电压、浮充电流、放电电流及放电时间等。

将蓄电池充电完毕,所有直流负载投入工作,关掉所有充电机,直至蓄电池欠压保护动作,记录蓄电池电压、电流及时间。

在蓄电池放电试验结束后进行充电试验,启动所有充电机,记录充电电压、电流及时间。

(3) 试验评定。蓄电池充、放电特性参数满足设计要求。在无外部供电的条件下,蓄电池对规定负载的供电时间满足设计要求。

13.1.2.10 列车控制与诊断系统试验

1) 列车组网试验

(1) 试验条件。列车网络通信系统各设备功能正常,且完成地面通信试验,列车处于正常工作状态。

(2) 试验方法。列车网络控制系统启动后,进行以下检查:

① 采用维护软件或通过司机室显示屏观察网络系统各设备的组网状态。

② 对车辆控制单元等重要网络设备的冗余性进行检查,试验时可通过断开其中一个冗余设备的电源等方式,观察网络系统是否正常工作。

③ 对网络传输通道的冗余性进行检查,检查设备应至少包括车辆控制单元、事件记

录仪、主门控单元、显示器、空调控制单元、牵引变流器、辅助逆变系统、制动系统、乘客信息系统、中继器、I/O 数据模块等,试验时可用维护工具带电状态下分别拆卸设备的一个网络连接器和两个网络连接器,观察网络系统的工作状态。

(3) 试验评定。列车网络控制系统各设备按照设计要求组网,通信状态正常。列车网络控制系统的冗余性满足设计要求,不因单设备或单链路故障而影响通信功能。

2) 故障诊断试验

(1) 试验条件。列车已完成组网试验,处于正常工作状态。

(2) 试验方法。列车网络控制系统启动后,采用模拟故障的方法,对以下内容进行检查:① 司机的故障诊断功能;② 维修/授权人员的故障诊断功能;③ 事件记录仪的故障下载与解析功能。

(3) 试验评定。各项功能满足设计要求。

13.1.2.11 乘客信息系统试验

(1) 试验条件。乘客信息系统正常工作。

(2) 试验方法。列车正常运行状态下,对以下功能(不限于)进行检查:

① 列车广播,包括人工广播、语音报站、预录广播、司机与司机对讲、司机/控制中心(OCC)与乘客紧急对讲及动态地图显示等。

② 信息显示,包括多媒体播放、运行信息、显示屏超时保护等。

③ 视频监控,包括监视、存储等。

(3) 试验评定。各项功能满足设计要求。

13.1.2.12 火灾报警系统试验

(1) 试验条件。火灾报警系统正常运行。

(2) 试验方法。

① 通过模拟探测器和探测器回路开路故障,检查火灾报警控制器和司机台显示屏的状态。

② 采用专用火警试验工具分别模拟加温、加烟试验,逐个测试每个探测器,检查每个探测器及此时司机台 HMI 和火灾报警控制器的状态,检查火灾报警系统的声光报警功能。模拟加温试验时,应注意热风源不超过 100℃,热风源与探测器距离大于 100 mm。

③ 模拟系统故障和火灾同时发生,检查是否优先进行火灾报警。

④ 通过火灾报警控制器的显示屏或相应控制软件,检查系统的信息存储和查询功能。

(3) 试验评定。各项检查结果满足设计要求。

13.1.2.13 照明系统试验

1) 车内照明试验

(1) 试验条件。

① 试验时应隔绝外界光源,关闭所有门窗,客室照明灯全开,空载状态。如有外部光

源,其影响应小于规定照度的 5%。

② 采用 LED 灯时,测试前应上电正常工作 10 min 以上。

③ 测量时照明电源电压应为额定值。

(2) 试验方法。分别对客室正常照明、紧急照明和司机室照明的照度进行检查:

① 测量客室照明照度时,分别在座椅区域、乘客站立区域、贯通道区域距地板面 0.8 m 处均匀布置适量测点,测量时每个测点读取 3 次,照度取 3 次有效测量值的平均值,根据各测点照度,计算客室照明的平均照度和照明均匀度。

② 通过模拟紧急照明触发条件,激活紧急照明,根据上述测试方法,测量并计算客室紧急照明的平均照度。

③ 测量司机室照明照度时,分别在司机台面和司机室地板面处均匀布置适量测点,测量时每个测点读取 3 次,照度取 3 次有效测量值的平均值,根据各点照度计算平均照度。

(3) 试验评定。照度测试结果满足设计要求。

2) 外部照明试验

(1) 试验条件。列车静置,处于平直轨道上,在视觉开阔的旷野或试验场地的背景光不超过 0.1 lx,夜间大气透过率不低于 0.85。

(2) 试验方法。试验方法按照《机车车辆视听警示装置 第 1 部分:前照灯》(TB/T 2325.1—2019)进行:

① 操作方向手柄和按钮开关,检查前照灯、标志灯和运行灯的点亮情况。

② 打开前照灯并切换至远光灯,正常点亮时间超过规定值后,采用照度计探头测量列车前方规定距离处、轨道上方 0.5 m 的光照度并记录,测量次数不少于 3 次,光照度取测量的平均值,同时观察列车后方的外部照明情况。

(3) 试验评定。外部照明的点亮状态满足设计要求。列车前方规定距离处前照灯的照度满足设计要求。

13.1.2.14 空调与通风系统试验

1) 通风性能试验

(1) 试验条件。列车停放在符合气候条件的试验场地,空载状态,所有车门正常关闭。

(2) 试验方法。将空调机组运行在通风模式下,正常工作时进行以下检查:

① 检查每节车辆的新风量,采用流量测试装置测量每节车空调机组新风口的新风量,每个新风口测量 2 次,两次偏差不应超过 5%,每节车辆的新风量为各新风口新风量之和。若新风量有若干挡,调节新风门位置,按照上述程序分别对各挡位的新风量进行测量。

② 检查列车的总送风量,采用流量测试装置测量客室内每段送风口的送风量,司机室送风量单独在司机室密闭状态下进行测量,每个送风口测量 2 次,两次偏差不应超过

5%,列车总风量为客室各送风口和司机室的送风量之和。

(3) 试验评定。列车的新风量和送风量满足设计要求。

2) 紧急通风试验

(1) 试验条件。列车停放在符合气候条件的试验场地,空载状态,所有车门正常关闭。

(2) 试验方法。将空调机组运行在紧急通风模式下,关闭空调机组的所有回风,进行以下检查:

① 检查列车的紧急通风量,采用流量测试装置测量列车空调机组新风口的新风量,每个新风口测量两次,两次偏差不应超过5%,新风量取各新风口测量值的平均值,列车的紧急通风量为各新风口的新风量之和。

② 检查紧急逆变器供电条件下的紧急通风持续时间。

(3) 试验评定。

① 列车的紧急通风量满足设计要求,或人均新风量不少于 8 m^3/h(超员载荷下)。

② 紧急通风时间不小于 30 min。

3) 空气流速试验

(1) 试验条件。列车停放在符合气候条件的试验场地,空载状态,所有车门正常关闭,空调通风正常,客室内无热负荷。

(2) 试验方法。

① 将空调机组运行在通风模式,回风门打开,空调机组启动运行一段时间,待车内气流稳定之后进行测量。

② 在客室和司机室距离地板面 1.1 m 和 1.7 m 处适量均匀布置若干测点。

③ 采用环境测试仪测量车内各测点的风速,每个测点至少有效测量 2 次,偏差不应大于10%,各测点的风速为 2 次测量值的平均值。

(3) 试验评定。空气流速满足设计要求,或不大于 0.9 m/s。

4) 客室压力测试

(1) 试验条件。列车停放在符合气候条件的试验场地,空载状态,所有车门正常关闭,且已完成通风试验。

(2) 试验方法。车辆处于静止状态,空调机组运行在通风模式,空调平稳运行 30 min 后,分别测试客室与外界的压力,车内外空气压差即为正常条件下车内的正压值。

(3) 试验评定。车内正压力满足设计要求,车内正压力不超过 50 Pa。

5) 制冷性能试验

(1) 试验条件。列车应停放在设计规定的环境条件(温度和相对湿度)的试验场地,外门关闭,车内各门应处于正常状态。

(2) 试验方法。

① 试验时,打开客室照明,通过电加热器和加湿器模拟太阳负荷、乘客显热负荷和潜热负荷,模拟负荷、室外环境温度、相对湿度应符合设计条件。

② 在客室和司机室距离地板面 1.1 m 和 1.7 m 处适量均匀布置若干温度和湿度测点。将空调机组运行在手动或自动制冷模式下,检查车内温度是否达到设计要求,车内温度稳定 15 min 之后,每隔 10 min 对车内各测点的温度和相对湿度进行测量,试验时间达到 1 h 后结束。

③ 车内平均温度和相对湿度取各测点的算术平均值。

(3) 试验评定。

① 空调系统能在设计规定的时间内将车内温度降到规定值,车内平均温度与设定温度的偏差不大于 2 K。

② 车内相同高度测点和垂直断面上测得的温度变化范围不大于 4 K,或满足设计要求。

③ 车内相对湿度符合设计要求。

6) 采暖性能试验

(1) 试验条件。列车应停放在设计规定的环境条件的试验场地,外门关闭,车内各门应处于正常运用状态。

(2) 试验方法。

① 试验测点布置与制冷性能试验相同。

② 试验时,打开客室照明,将空调机组或电加热器运行在手动加热模式下,检查车内温度是否达到设计要求,车内温度稳定 15 min 之后,每隔 10 min 对车内各测点的温度进行测量,试验时间达到 1 h 后结束。

③ 车内平均温度取各测点的算术平均值。

(3) 试验评定。

① 空调系统能在设计规定的时间内将车内温度升到规定值,车内平均温度与设定温度的偏差不大于 2 K。

② 车内相同高度测点和垂直断面上测得的温度变化范围不大于 4 K,或满足设计要求。

13.1.2.15 车门系统试验

(1) 试验条件。所有车门安装与调试完毕。

(2) 试验方法。列车正常工作,对以下项点进行检查(不限于):① 最小通过宽度/高度;② 开关门时间;③ 车门挤压力;④ "零速"保护功能;⑤ 障碍物探测功能;⑥ 紧急解锁功能;⑦ 车门隔离功能;⑧ 开关门噪声;⑨ 车门开闭操作循环试验;⑩ 门联锁功能。

(3) 试验评定。各项功能满足设计要求。

13.1.2.16 数据存储与传输系统试验

1) 以太网维护试验

(1) 试验条件。以太网交换机和各入网设备安装完毕且正常工作。

(2) 试验方法。

① 检查以太网交换机和入网设备 IP 地址,将测试电脑连入任何一台交换机的维护端口,按照 IP 地址规划表,对每节车的交换机及各个入网设备进行 Ping 测试。

② 检查交换机及所有入网设备 MAC 地址在维护网系统中唯一性及通信是否正常。

③ 检验交换机的端口是否按照设计要求进行限速。

④ 检查每台交换机是否按照广播风暴抑制规划进行了广播抑制限制。

⑤ 检查每台交换机各个端口的网络流量是否在正常范围,列车正常启机 1 h 后,查看每台交换机各个端口的报文统计量,间隔 5 min 后再次查看,查看新增广播包和新增错误包数量。

⑥ 检查交换机是否配置环路协议。

⑦ 检查每台交换机各个端口是否按照规划进行 VLAN 划分。

(3) 试验评定。各项功能和检查满足设计要求。

2) 数据采集系统试验

(1) 试验条件。列车处于整备工作状态,数据采集系统设备安装完毕。

(2) 试验方法。接通设备工作电源,检查各板卡工作状态、MVB 和以太网连接是否正常。

(3) 试验评定。数据采集系统运行正常,各项功能满足设计要求。

13.1.2.17 列车连挂和解钩试验

(1) 试验条件。两列已完成调试的列车,列车端部车钩连挂机构动作正常。

(2) 试验方法。

① 试验前清除两个车钩凸凹锥开口上的杂质。

② 两列车空簧处于正常充气状态,检查两列车在平直道、最小曲线及曲线入口处的自动连挂、自动解钩和手动解钩功能,车钩不在连挂范围内时可借助于人工辅助工具,列车连挂端面通过最小曲线及曲线入口处时,检查车钩及其连接管线的运动是否自由,是否与导流罩等其他部件产生干涉。

③ 将一列车连挂端的车辆空簧完全放气,另外一列车连挂端的车辆空簧处于正常充气状态,重复进行上述试验。

(3) 试验评定。列车连挂和解钩功能正常,车辆通过最小曲线和曲线入口时无部件干涉和磨损。

13.2 列车检修维护

随着轨道交通机电设备和网络控制的智能化飞速发展,车辆设备状态的监测功能愈加完善,车辆的维护模式正在从"计划修""故障修"到"状态修"变革转型,目前正处于探索阶段。

13.2.1 常规检修

1) 维修等级

城市轨道交通检修模式没有统一的规定,但检修模式大体一致,主要包括计划修和故障修。其中,计划修通常是指日检、周检、月检、定修、架修、大修等修程,也称为预防性维修。故障修是在车辆出现故障后采取的临修措施。

根据车辆技术水平的差异和运营特点,车辆检修维护体系略有差别,核心是围绕车辆部件的使用寿命,有针对性地进行维保及更换,提高车辆利用率。参照《地铁设计规范》(GB 50157—2013)的检修标准,针对中低速磁浮列车技术水平及运营特点,制定了列车的检修周期和检修修程,见表13-4。

表 13-4 维修等级

检修类型	检修周期		说明
	运行里程/km	时间间隔	
日检	1 000	1 d	运行里程和检修周期以先达到为准
双周检	9 000±1 000	(15±1) d	
三月检	50 000±2 000	3 个月±3 d	
定修	200 000±7 000	1 年±10 d	
架修	1 200 000(暂定)	6 年(暂定)	
大修	2 400 000(暂定)	12 年(暂定)	

2) 修程内容

(1) 日检。以检查为主。编组状态下对主电路、牵引及辅助回路的电气设备、悬浮系统、制动装置、走行机构、车体、客室照明、内装、乘客信息系统及灭火器装置等外观、安装状态进行检查;对司机室设备及列车主要功能进行检查。

(2) 双周检。以检查、润滑和清洁为主,检查范围更宽。编组状态下对主电路、悬浮系统、牵引、辅助及控制回路的电气设备、空调装置、制动装置、走行机构、车体、车钩、贯通道、客室照明、内装、乘客信息系统、客室车门、电气柜等外观、安装状态进行检查;对司机室设备及列车主要功能进行检查,对车钩进行润滑;对空调机组的新风、回风滤网进行清洁,必要时更换。

(3) 三月检。在双周检的基础上,列车功能检查范围更广。对重点部件的专项维护及性能检查,对列车线上动态调试的检查项点包括紧急停车、警惕按钮、牵引和制动能力、零速、主控手柄、旁路、支撑轮运行等。

(4) 定修。对走行机构、悬浮、牵引、制动、空调、车门、辅助电源、照明、蓄电池等主要系统进行内部状态检查和功能测试,主要包括解编、架车、走行机构检修、主要设备检修、整车落车、编组、静调及动调等项目。

(5) 架修。对列车各系统的分解检修,包括车体清洗、解编、架车、走行机构检修、车辆设备分解与检修、车辆设备组装、油漆及标记、落车、称重、编组、静调试验、动调试验及试运行等项目。

(6) 大修。对列车各系统的全面检修,相比架修,检修范围更广、深度更深,主要包括车体清洗、解编、架车、走行机构检修、车辆设备分解与检修、内装拆解及保温层更换、车体结构检修、电缆、灯具更换、车辆设备组装、油漆及标记、落车、称重、编组、静调试验、动调试验及试运行等项目。

13.2.2 智能运维

车辆智能运维是指根据先进的状态监测和诊断技术提供的设备状态信息,判断设备有无异常,预知设备的故障,根据设备的健康状态来安排检修计划,实施设备检修,做到及时和适度维修,提高车辆的全寿命周期成本。

车辆智能运维系统主要包括车载智能监测系统、轨旁智能监测系统和分析系统等。通过集成车辆和轨旁各子系统智能监测功能、车地无线数据传输功能、段内检修信息上传功能,实现模块数据的采集、传输、汇聚、处理分析和运用。通过对车辆运行状态、部件状态在途监测、故障诊断、状态综合分析、趋势预测、故障隐患挖掘,提供智能化维保和应急处置支持,实现列车全生命周期的智能化运维管理。系统总体架构如图 13-1 所示。

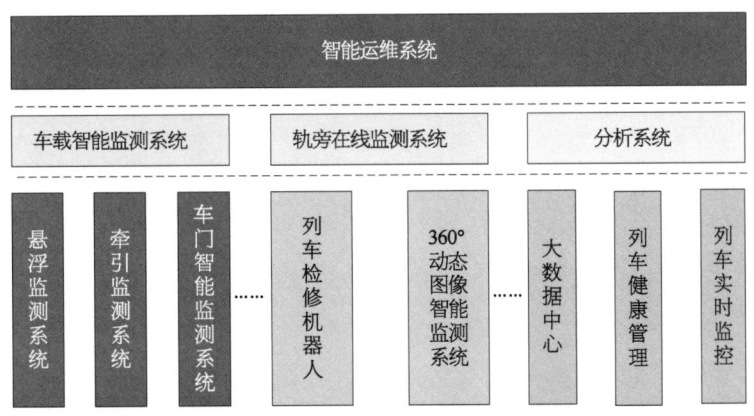

图 13-1 车辆智能运维系统构成

1) 车载智能监测系统

车载智能监测系统主要包括车载关键设备智能监测系统和数据集成采集系统。

车载关键设备智能监测系统包括靴轨状态、悬浮、牵引辅助、制动、车门、空调、蓄电池、车载 PIS 等,主要用于实现对整车及网络、靴轨、悬浮、牵引辅助、制动、车门、空调等关键子系统的状态感知及诊断预警,实现对列车运行状态的全面监控,降低正线故障率并指导精准检修排故。

数据集成采集系统负责收集各车载智能监测设备以及列车控制和管理网的数据,通过车地无线数据传输通道传回地面,挖掘有用信息,用作车辆状态的分析和全生命周期健康管理。

2) 轨旁在线监测系统

轨旁在线监测系统实现列车在线的动态监测功能,主要包括列车检修机器人车底监测和 360°动态图像智能监测等。其通过各类轨旁、库内检测系统的功能互补及数据融合实现车辆车底、车顶、车侧检修项点的动态、静态及多角度检测,满足检修项点多范围覆盖需求,节省列车日检的人力成本和时间成本。

3) 分析系统

分析系统主要包括大数据分析、列车全生命周期健康管理、列车实时监控、数据查询及维护管理等功能,通过建立列车智慧运维系统监控界面,直观展示列车运营状态、健康状态、维修决策及部件更换建议等主要信息。

车辆智能运维系统是推动车辆从"计划修"向"状态修"转型的重要工具,但当前智能运维系统的建设与生产流程的结合相对松散,对检修相关数据的应用仍需进一步挖掘。

13.2.3 专用设备及特殊要求

13.2.3.1 活动轨道装置

由于悬浮架模块与轨道的"轨包车"结构特点,当需要对模块或直线电机等设备进行检修时,若轨道是连续的,将无法拆装或更换。因此,库内定修轨道应至少设置一段长度大于模块长度的活动轨道(图 13-2),用于悬浮架模块及其附属设备(直线电机)的拆装,

图 13-2 活动轨道装置

活动轨道的布置应根据车辆段实际情况确定。

13.2.3.2 活动轨枕装置

轨排主要由轨枕和F轨组成,轨枕中心距间隔1.2 m左右,检修维护时牵引、辅助等底架悬挂大设备将无法进行拆装,因此库内定修轨道应至少设置一处活动轨枕,当需要对大设备进行拆装时,可将活动轨枕移开,活动轨枕的布置应根据车辆的实际情况确定。

13.2.3.3 悬浮控制系统检测试验台

悬浮控制系统检测试验台(图13-3)主要用于悬浮控制器调试和检测。悬浮控制系统检测试验台主要包含单模块悬浮架、支持平台、风源系统、DC 330 V电源及操作台。

图13-3 悬浮控制系统检测试验台

单模块悬浮架是悬浮控制系统检测试验台的主体结构,其主要作用是承受支撑台及其他车载设备的载荷,实现支撑台悬挂和减振,并为悬浮控制系统检测试验台提供供电通路。

支撑台是各项试验(如模拟车辆静浮、悬浮控制器性能检测等)的操控平台,其为单模块悬浮架装配、风源系统、悬浮控制器等部件提供了安装基础,并为悬浮控制系统检测试验台提供供电通路,是整个悬浮控制系统检测试验台的基础结构。

DC 330 V电源主要用在悬浮控制器调试和检测时提供DC 330 V的电压。

操作台一般与DC 330 V电源配合使用,通过操作台上的通电、断电、起浮、降落等功能按钮,实现悬浮控制器调试和检测。

当悬浮控制器利用悬浮控制系统检测试验台上先通过静态调试与检测后,再装车上线动态调试。

13.2.3.4 传感器试验台

1) 传感器静态试验台

传感器静态试验台用于列车悬浮传感器功能和性能测试以及对传感器进行标定。

静态试验台测试过程主要检测被测单元的间隙及加速度的测试精度。被测单元安装在静态试验台上,静态试验台将按照一个预先设定好的水平和(或)垂直的轨迹运动,同时获取被测单元的输出数据。静态试验台的标定过程是对传感器采集的非线性数据进行拟合、计算后将数据写入传感器内部存储单元,并对写入的数据进行验证的过程。

静态试验台主要由操作台和测试架两部分组成。操作台内部主要由控制与数据采集单元、计算机系统等组成。静态试验台操作台外观如图13-4所示。测试架内设双轴直线位移运动机构、测试夹具与旋转机构、标准F轨、十字移动平台。静态试验台测试架外观如图13-5所示。

图 13-4　静态试验台操作台

图 13-5　静态试验台测试架

2) 传感器动态试验台

传感器动态试验台用于列车悬浮传感器功能和性能测试。

动态试验台测试主要检测被测单元的间隙及加速度的测试精度。被测单元安装在动态试验台上,动态试验台将按照一个预先设定好的温度和频率振动,同时获取被测单元的输出数据,模拟悬浮传感器的温度变化和振动工作环境,测试悬浮传感器的动态特性。

动态试验台主要由操作台和测试架两部分组成。操作台内部主要由控制与数据采集单元、计算机系统等组成。动态试验台操作台外观如图13-6所示。测试架由激振器、传感器夹具、支撑框架、加热枪等组成。动态试验台测试架外观如图13-7所示。

13.2.3.5 制动闸片检修

检修库房的轨道应至少设置一节车辆的制动闸片检修孔(图13-8),主要用于制动闸片的检修,检修孔的位置应根据实际情况设定。

图 13-6 动态试验台操作台

图 13-7 动态试验台测试架

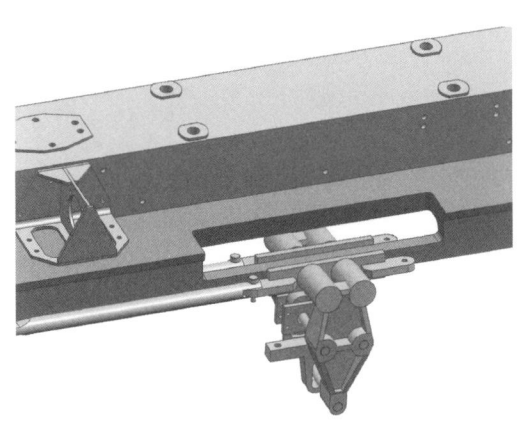

图 13-8 制动闸片检修孔

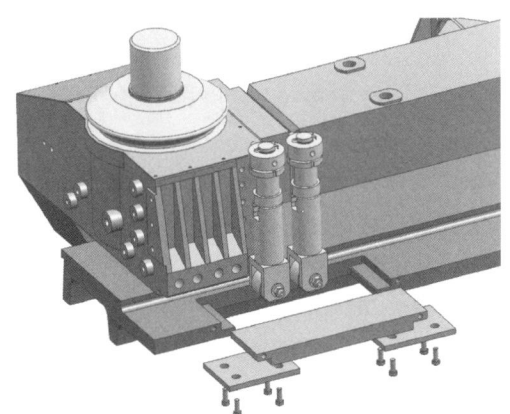

图 13-9 支撑轮检修孔

13.2.3.6 支撑轮检修

检修库房的轨道应至少设置一对支撑轮检修孔(图 13-9),主要用于支撑轮油缸的更换,检修孔的位置应根据实际情况设定。

参 考 文 献

[1] 马卫华,罗世辉,张敏,盛卓航.中低速磁浮车辆研究综述[J].交通运输工程学报,2021,21(1):199-216.

[2] 孙玉玲,秦阿宁,董璐.全球磁浮交通发展态势、前景展望及对中国的建议[J].世界科技研究与发展,2019,41(2):109-119.

[3] 冯金柱.HSST型磁悬浮列车[J].铁道知识,2005(1):28-29.

[4] 张志洲,龙志强.日本首条城市磁浮运营线车辆技术[J].电力机车与城轨车辆,2005(6):47-49.

[5] 张志洲,龙志强.日本东部丘陵线磁悬浮系统技术综述[J].国外铁道车辆,2005(6):7-11.

[6] 张志洲,张惠霞.韩国磁悬浮列车发展[J].国外铁道车辆,2006(4):8-12.

[7] 庞富恒,魏厥灵,闫晓言.我国中低速磁浮交通发展综述[J].人民公交,2019(5):65-68.

[8] 李红,左鹏,刘伟志,袁维慈.6 t单转向架磁浮试验车的研究[J].铁道学报,1999(2):35-41.

[9] 梁潇.中低速磁浮运营线工程示范与创新研究[J].黑龙江大学工程学报,2019,10(3):69-75,85.

[10] 中华人民共和国住房和城乡建设部.城市轨道交通中低速磁浮车辆悬浮控制系统技术条件:GB/T 39902—2021[S].北京:中国标准出版社,2021.

[11] 中华人民共和国住房和城乡建设部.中低速磁浮交通车辆电气系统技术条件:CJ/T 411—2012[S].北京:中国标准出版社,2013.

[12] 中华人民共和国住房和城乡建设部.中低速磁浮交通道岔系统设备技术条件:CJ/T 412—2012[S].北京:中国标准出版社,2013.

[13] 中华人民共和国住房和城乡建设部.中低速磁浮交通轨排通用技术条件:CJ/T 413—2012[S].北京:中国标准出版社,2013.

[14] 吴祥明.磁浮列车[M].上海:上海科学技术出版社,1999.

[15] 彭奇彪,罗华军,佟来生,何永川,侯磊.中低速磁浮车辆悬浮架的技术特征[J].电力机车与城轨车辆,2012,35(6):7-11.

[16] 徐俊起,林国斌,荣立军,吉文,孙友刚,陈琛.中低速磁浮列车悬浮控制技术成果及应用[J].铁道技术标准(中英文),2022,4(10):34-39.

[17] 徐俊起,佟来生,荣立军,张文跃,袁建军,吉文.磁浮列车悬浮控制系统工程化应用中的关键技术[J].城市轨道交通研究,2018,21(12):14-17.

[18] 徐俊起.基于力平衡的磁悬浮控制方法[J].电机与控制应用,2010,37(11):20-23.
[19] 董金文,张昆仑,刘放.XFK型中低速磁浮列车悬浮控制器研制[J].城市轨道交通研究,2014,17(5):81-84,88.
[20] 董金文,张昆仑,刘放.中低速磁浮列车悬浮控制器电磁兼容设计[J].电气传动,2013,43(7):63-67.
[21] 李小庆,刘帅.中低速磁浮车辆悬浮系统吸力、电流与能耗研究[J].交通世界,2021(28):5-9.
[22] 郑瑶佳.中低速磁浮列车悬浮传感器可靠性分析及其复杂环境应用设计研究[D].长沙:国防科技大学,2017.
[23] 吴峻,李中秀,曾晓荣,罗茹丹.中低速磁浮列车悬浮传感器信号传输[J].同济大学学报(自然科学版),2020,48(3):392-397.
[24] 罗茹丹,吴峻,李中秀.中低速磁浮列车悬浮间隙传感器所处环境空间电磁干扰的研究[J].仪表技术与传感器,2018(11):1-6.
[25] 李林.悬浮电磁铁对中低速磁悬浮列车电磁干扰研究[J].电气传动自动化,2019,41(4):18-21.
[26] 何灼馀,罗世辉,马卫华.低速磁浮车动力学建模及平行四边形机构分析[J].电力机车与城轨车辆,2009,32(2):10-14.
[27] 张耿,李杰,李金辉.低速磁浮列车防侧滚吊杆运动学研究[J].铁道学报,2012,34(4):28-33.
[28] 张建国,曹洪凯,刘森,任坤华.EMS磁悬浮列车悬浮特性研究[J].机械工程与自动化,2020(5):10-11.
[29] 孙友刚,李万莉,林国斌,徐俊起.低速磁浮列车悬浮系统动力学建模及非线性控制[J].同济大学学报(自然科学版),2017,45(5):741-749.
[30] 单春胜.中低速磁浮列车-桥梁系统竖向耦合振动研究[D].成都:西南交通大学,2014.
[31] 陆周瑞,陈冉,苏成.磁浮车辆-桥梁耦合系统随机振动分析的时域显式方法研究[J].工程力学,2022,39(8):19-30.
[32] 王成杰.基于反馈线性化的中低速磁浮列车悬浮控制策略研究[D].成都:西南交通大学,2019.
[33] 宋荣荣.磁浮控制系统的分析、优化设计和模糊综合评价方法[D].成都:西南交通大学,2015.
[34] 宋荣荣,陈滋利.基于PSO算法的磁浮系统PID控制器优化与评价[J].西南交通大学学报,2015,50(221):36-43.
[35] 宋荣荣.基于遗传算法的PID悬浮控制器的模糊综合评价方法:CN201710864505.6[P].2017-12-15.
[36] 丁菁芳.磁浮列车悬浮控制系统性能评价方法研究[D].长沙:国防科技大学,2018.
[37] 倪菲,王凡鑫,徐俊起,荣立军,宋一锋.基于云理论的电磁悬浮系统控制回路性能评估[J].同济大学学报(自然科学版),2021,49(12):1660-1670.
[38] 李明然.基于GA的自调整模糊PID控制器在磁悬浮球系统中的应用研究[D].长

沙：中南大学,2012.
[39] 戴利明,齐斌,周海波,等.磁悬浮运动平台的 PID 控制[J].现代制造工程,2008(6)：79-82.
[40] 梅竹,李杰,洪华杰.磁悬浮控制系统动态特性研究[J].计算机仿真,2007,24(8)：316-319.
[41] 邱洪,黄苏丹,曹广忠,等.基于 DSP 的磁悬浮球模糊 PID 数字控制器[J].武汉理工大学学报(信息与管理工程版),2009,31(6)：933-936.
[42] 朱付景,李杰.基于双位置环反馈的单电磁铁悬浮控制研究[J].计算机仿真,2008(7)：279-283.
[43] 龙志强,洪华杰,周晓兵.磁浮列车的非线性控制问题研究[J].控制理论与应用,2003,20(3)：399-402.
[44] 黎松奇,张昆仑,刘国清.基于逆系统方法的磁浮列车非线性控制[J].控制工程,2017(8)：1542-1545.
[45] 刘恒坤,郝阿明,常文森.磁悬浮系统的非线性 PID 控制[J].控制工程,2008,14(6)：653-656.
[46] 刘春芳,荣刚.加工中心双悬浮系统支持向量机 α 阶逆解耦时变滑模控制[J].中国机械工程,2015,26(5)：668-674.
[47] 李明然.基于 GA 的自调整模糊 PID 控制器在磁悬浮球系统中的应用研究[D].长沙：中南大学,2012.
[48] 戴赛.基于模糊 RBF 神经网络的磁悬浮系统研究[D].哈尔滨：哈尔滨理工大学,2012.
[49] 李莉,孟光.电磁型磁悬浮列车动力学研究综述[J].铁道学报,2003,25(4)：110-114.
[50] 魏庆朝,孔永健,时瑾.磁浮铁路系统与技术[M].北京：中国科学技术出版社,2010.
[51] 黄翠英,徐巍,姚生军,等.中低速磁浮列车转向架防侧滚梁结构优化[J].铁道车辆,2013,51(1)：20-22.
[52] 侯磊,张文跃,高锋,梁涛.中低速磁浮列车悬浮控制系统可靠性分析及优化[J].城市轨道交通研究,2021,24(7)：36-40.
[53] 王连春.钢构轨道下 EMS 型磁浮列车的共振问题研究[D].长沙：国防科技大学,2018.
[54] 刘恒坤,张晓.一种适应轨道曲线变化的磁悬浮控制算法[J].系统仿真学报,2010,22(5)：1101-1105.
[55] 李晓龙,翟明达,郝阿明.基于输出饱和条件的磁浮列车悬浮控制参数优化[J].国防科技大学学报,2017,39(4)：149-153.
[56] 王树宏,孙友刚,董达善.基于观测器和输出受限的磁浮列车悬浮控制[J].控制工程,2020,27(8)：1440-1444.
[57] 刘帅,李小庆,延妮娓.中低速磁浮列车接地与防雷技术研究[J].城市轨道交通研究,2021,24(2)：104-106.
[58] 陈晖,高柏松,梅元贵.中低速磁浮列车隧道交会时车内外压力波特征探析[J].机车

电传动,2020(6):93-96.

[59] 王党雄,李小珍,梁林.中低速磁浮列车-桥梁系统竖向耦合振动理论分析与试验验证[J].土木工程学报,2019,52(8):81-90.

[60] 刘耀宗,邓文熙,龚朴.低速磁浮列车单悬浮架机电控制建模及动力学特性研究[J].铁道学报,2014,36(9):39-43.

[61] 张文静,南楠,曹博文,李孟月,岳强,徐洪泽.基于周期自适应学习的中低速磁悬浮列车运行控制方法[J].铁道学报,2021,43(6):88-94.

[62] 闫龚.基于点连式ATP的中低速磁悬浮信号解决方案[J].铁道科学与工程学报,2016,13(1):158-163.

[63] 张慧霞,蔡楹,张永燊,龙志强.中低速磁悬浮列车运行维护管理系统设计[J].计算机仿真,2007(11):249-252.

[64] 姜博龙,刘维宁,马蒙,孙晓静,曹容宁,李明航.中低速磁浮快线产生地表振动的现场测试分析[J].振动与冲击,2017,36(18):202-206.

[65] 梁潇,戴小冬,谭超,龙海滨,梁玉,陈峰.既有长沙磁浮线路桥梁结构提速适用性研究[J].铁道科学与工程学报,2019,16(6):1493-1498.

[66] 曾欣欣.S1线中低速磁浮列车最大牵引力控制方式研究[J].铁道学报,2017,39(6):55-58.

[67] 别碧勇.中低速磁浮车地通信综合承载方案研究[J].机车电传动,2020(6):97-100.

[68] 龚朴.五转向架磁浮车辆转向机构的结构分析与设计[J].制造业自动化,2019,41(1):72-78,111.

[69] 李伏京,方卫宁.磁悬浮车辆中人员紧急疏散的仿真研究[J].中国安全科学学报,2005(8):17-20,115.

[70] 王滢,刘学龙,刘方麟,刘世杰,陈绍宗,卢卫国.中低速磁浮列车速度对直线感应电机牵引力影响[J].同济大学学报(自然科学版),2021,49(12):1671-1677.

[71] 边涛.中低速磁浮交通在市域(郊)铁路的应用研究[J].铁道建筑技术,2021(11):59-63,95.

[72] 周鹤,吴志会,贺世忠.中低速磁浮车辆牵引装置分析[J].装备制造技术,2021(4):153-157.

[73] 别碧勇.中低速磁浮通信信号系统综合联调方案探讨[J].铁道通信信号,2021,57(3):22-27.

[74] 杨明华.中低速磁浮列车运行模式及其转换规则要求[J].城市轨道交通研究,2020,23(1):42-45.

[75] 司丽,杜慧杰,杨永勤,张兴旺,李童生,许红梅.中低速磁浮列车制动特性研究[J].城市轨道交通研究,2019,22(3):83-84,161.

[76] 杨绚,张菊,张荐.基于中低速磁浮列车自动驾驶系统设计方案[J].铁路通信信号工程技术,2019,16(1):46-49.

[77] 徐俊起,林国斌,荣立军,吉文.低速磁浮列车悬浮斩波器性能优化研究[J].电力电子技术,2018,52(5):41-43.

[78] 龙志强,郝阿明,常文森.考虑轨道周期性不平顺的磁浮列车悬浮控制系统设计[J].国防科技大学学报,2003(2):84-89.

[79] 李经伟,龙建兵.中低速磁浮列车运用检修关键工艺设备研究[J].现代城市轨道交通,2016(4):27-31.

[80] 殷勤.中低速磁悬浮线路维护工程车的可行性分析及建议[J].铁道标准设计,2018,62(1):151-153.

[81] 乔林真.长沙磁浮列车客室空调噪声分析及改进措施[J].建筑技术开发,2018,45(9):65-66.

[82] 李艳,徐银光,叶新.中低速磁浮列车疏散能力影响因素研究[J].现代城市轨道交通,2018(3):55-61.

[83] 姚生军.中低速磁浮车辆总装及运输方案研究[J].铁道车辆,2021,59(3):67-69.

[84] 尚立威.磁浮列车车体横梁轻量化研究[J].佳木斯大学学报(自然科学版),2018,36(2):178-180,186.

[85] 张学山.中低速磁浮车辆车体结构研究[J].铁道车辆,2015,53(3):25-28,5.

[86] 黄雪飞,陈丽雯,王永刚,孙海荣,何天.基于中低速磁悬浮列车特点的防火技术分析[C]//中国铁道学会车辆委员会.2014年轨道客车安全防火及阻燃技术学术研讨会论文集.唐山,2014:202-206.

[87] 肖守讷,沈安林,阳光武.中低速磁悬浮车体的结构特点及其分析[J].中国科技论文在线,2010,5(10):803-806.

[88] 蒋海波.低速磁浮列车曲线通过机电联合导向研究[D].成都:西南交通大学,2007.

[89] 董仲美,王自力,蒋海波.邻车减振器对磁悬浮列车横向振动的影响[J].铁道机车车辆,2006(6):37-38,67.

[90] 余华.磁悬浮轨道梁刚度对列车走行性影响研究[J].铁道标准设计,2005(1):65-68.

[91] 李晓春,胡伟.中低速磁浮列车在线诊断技术[J].电力机车与城轨车辆,2017,40(3):6-8.

[92] 张轶琼.基于多传感器信息融合的中低速磁浮轨道梁监测系统研究[J].电力机车与城轨车辆,2021,44(4):6-10.

[93] 苏志娟.基于改进自适应伪谱法的中低速磁浮列车节能驾驶[D].北京:北京交通大学,2021.

[94] 谭冠华,王坚强,易立富,王梓丞.基于电磁感应的磁浮列车绝对定位系统设计[J].铁道通信信号,2021,57(5):81-84.

[95] 洪远卓,罗华军,佟来生,高锋,张文跃,郭庆升.新型四模块中低速磁浮车辆直线段运行稳定性研究[J].机车电传动,2020(6):88-92.

[96] 张丽,王丽娟.中低速磁浮列车辅助供电系统数字化仿真设计研究[J].铁道机车与动车,2021(S1):41-48,60.

[97] 梅广益,刘少克,张文雅.磁浮列车用直线感应电动机参数计算方法研究[J].微特电机,2009,37(1):17-19.

[98] 周荣生.基于Ethernet的磁浮列车车载旅客服务信息系统的研制[D].苏州:苏州大

学,2008.

[99] 陈琛,徐俊起,倪菲,林国斌,吴晗.基于人工智能负载估计系统的磁浮列车垂向振动主动控制[J].同济大学学报(自然科学版),2020,48(9):1344-1352.

[100] 陈彬.中国工程院院士钱清泉:中低速磁浮正当时[J].中国战略新兴产业,2016(Z1):111.

[101] 李宗伟,杨燕,熊兴崟,等.高精度电容式MEMS加速度计系统设计[J].传感器与微系统,2017,36(6):98-104.

[102] SUN Y G, LI W L, QIANG H Y, CHANG D F. An experimental study on the vibration of the low-speed maglev train moving on the guideway with sag vertical curves[J]. International Journal of Control and Automation, 2016, 9(4): 279-288.

[103] 孙友刚.低速磁浮列车悬浮系统的动力学及非线性控制方法研究[D].上海:同济大学,2017.

[104] 刘耀宗,邓文熙,李杰,等.磁浮列车悬浮架吊杆型防滚解耦机构研究[J].铁道学报,2014(3):37-41.

[105] 高定刚.中低速磁浮列车-道岔耦合振动特性分析及试验研究[D].成都:西南交通大学,2022.

[106] 商海波.磁悬浮数字控制方法及其实现[D].成都:西南交通大学,2003.

[107] 鲍佳.磁浮列车悬浮控制与动力学仿真[D].成都:西南交通大学,2003.

[108] 梁鑫.磁浮列车车轨耦合振动分析及试验研究[D].成都:西南交通大学,2015.

[109] SINHA P K. Electromagnetic suspension: dynamics and control[M]. Institution of Engineering and Technology, 1987.

[110] JOO S J, SEO J H. Design and analysis of the nonlinear feedback linearizing control for an electromagnetic suspension system[J]. IEEE Transactions on Control Systems Technology, 1997, 5(1): 135-144.

[111] GOTTZEIN E, MEISINGER R, MILLER L. The "Magnetic Wheel" in the suspension of high-speed ground transportation vehicles[J]. IEEE Transactions on Vehicular Technology, 1980, 29(1): 17-23.

[112] POPP K, SCHIEHLEN W. Dynamics of magnetically levitated vehicles on flexible guideways[J]. Vehicle System Dynamics, 1975, 4(2-3): 195-199.

[113] GOTTZEIN E, LANGE B. Magnetic suspension control systems for the MBB high speed train[J]. Automatica, 1975, 11(3): 271-284.

[114] GOTTZEIN E, BROCK K H, SCHNEIDER E, PFEFFERL J. Control aspects of a tracked magnetic levitation high speed test vehicle[J]. Automatica, 1977, 13(3): 205-223.

[115] MA Z, SUN Y, ZHAO Y, LIN G. Dichotomy solution based model predictive control for permanent magnet linear synchronous motors[C]//2019 22nd International Conference on Electrical Machines and Systems (ICEMS). IEEE, 2019: 1-5.

[116] NIU H, MA Z, LIN G, HUANG J. Ultra-local model-free predictive current control for PMLSM drive systems with moving horizon estimator[C]//2022 IEEE Transportation Electrification Conference and Expo, Asia-Pacific (ITEC Asia-Pacific). IEEE, 2022: 1-4.

[117] LI M, GAO D, LI T, LUO S, MA W, CHEN X, TONG L. Dynamic interaction of medium-low-speed maglev train running on the turnout made of steel structures[J]. Vehicle System Dynamics, 2023, 61(4): 1129-1150.

[118] GAO D, MA W, LI T, WANG Z. Track gauge selection of medium-low speed maglev and its impact analysis[J]. International Journal of Heavy Vehicle Systems, 2021, 28(6): 777-791.

[119] LI M, GAO D, LI T, LUO S, MA W, CHEN X. Experimental investigation on vibration characteristics of the medium-low-speed maglev vehicle-turnout coupled system[J]. Railway Engineering Science, 2022(30): 1-20.

[120] SUN Y, HE Z, XU J, SUN W, LIN G. Dynamic analysis and vibration control for a maglev vehicle-guideway coupling system with experimental verification[J]. Mechanical Systems and Signal Processing, 2023, 188: 109954.

[121] SUN Y, WANG S, LU Y, XU J, XIE S. Control of time delay in magnetic levitation systems[J]. IEEE Magnetics Letters, 2021, 13: 1-5.

[122] SUN Y, XU J, LIN G, SUN N. Adaptive neural network control for maglev vehicle systems with time-varying mass and external disturbance[J]. Neural Computing and Applications, 2021(9): 1-12.

[123] CHEN C, XU J, LIN G, SUN Y, NI F. Model identification and nonlinear adaptive control of suspension system of high-speed maglev train[J]. Vehicle System Dynamics, 2022, 60(3): 884-905.

[124] CHEN C, XU J, RONG L, JI W, LIN G, SUN Y. Neural-network-state-observation-based adaptive inversion control method of maglev train[J]. IEEE Transactions on Vehicular Technology, 2022, 71(4): 3660-3669.

[125] SUN Y, XU J, QIANG H, LIN G. Adaptive neural-fuzzy robust position control scheme for maglev train systems with experimental verification[J]. IEEE Transactions on Industrial Electronics, 2019, 66(11): 8589-8599.

[126] SUN Y, QIANG H, XU J, LIN G. Internet of things-based online condition monitor and improved adaptive fuzzy control for a medium-low-speed maglev train system[J]. IEEE Transactions on Industrial Informatics, 2019, 16(4): 2629-2639.

[127] SUN Y, QIANG H, WANG L, JI W, MARDANI A. A fuzzy-logic system-based cooperative control for the multi-electromagnets suspension system of maglev trains with experimental verification[J]. IEEE Transactions on Fuzzy Systems, 2023.

[128] HUANG K, LIN G, LIU Z. Prediction approach of negative rail potentials and stray currents in medium-low-speed maglev[J]. IEEE Transactions on

Transportation Electrification, 2022, 8(3): 3801-3815.

[129] HU J, MA W, LUO S, LIU W, QU T, LUO H. Decoupling capability of levitation frames for medium-low speed maglev trains[J]. International Journal of Structural Stability and Dynamics, 2021, 21(12): 2150178.

[130] YANG J, ZHAO L, ZHAO C, FENG Y, ZHU S. Propagation characteristics of vibration induced by medium-low-speed maglev train running on subgrade[J]. Transportation Geotechnics, 2023, 41: 100986.

[131] DING J, YANG X, LONG Z. Structure and control design of levitation electromagnet for electromagnetic suspension medium-speed maglev train[J]. Journal of Vibration and Control, 2019, 25(6): 1179-1193.

[132] ZONG B, LIU F, ZHANG K, ZHANG Y. Intelligent maintenance technology and equipment for medium-low speed maglev lines[J]. China Mechanical Engineering, 2021, 32(4): 407.

[133] ZHANG M, YUAN C, MA W, LUO S. Curve negotiation performance of a newly-designed medium and low speed maglev vehicle[J]. Proceedings of the Institution of Mechanical Engineers, Part F: Journal of Rail and Rapid Transit, 2023, 237(7): 893-905.

[134] ZHANG M, HAN Y, MA W, LUO S. Optimal selection of the linear induction motor spacing for the medium-low speed maglev vehicle[J]. International Journal of Rail Transportation, 2021, 9(2): 157-185.

[135] WANG Y, LIU X, LU W, WEN T, YU F, WU Q. Longitudinal dynamic end effect of single-sided linear induction motor for medium-low speed maglev[J]. Journal of Electrical Engineering & Technology, 2021, 16(4): 2109-2117.

[136] LI X, WANG D, LIU D, XIN L, ZHANG X. Dynamic analysis of the interactions between a low-to-medium-speed maglev train and a bridge: field test results of two typical Bridges[J]. Proceedings of the Institution of Mechanical Engineers, Part F: Journal of Rail and Rapid Transit, 2018, 232(7): 2039-2059.

[137] GAO D, MA W, LI T, WANG Z. Track gauge selection of medium-low speed maglev and its impact analysis[J]. International Journal of Heavy Vehicle Systems, 2021, 28(6): 777-791.

[138] CHEN C, OU F, LIAO X, DENG J. Research on characteristic frequency extraction and sound source identification of electromagnetic noise of medium and low speed maglev train[J]. Journal of Mechanical Science and Technology, 2023, 37(9): 4467-4476.

[139] XU J, ZHOU Y. A nonlinear control method for the electromagnetic suspension system of the maglev train[J]. Journal of Modern Transportation, 2011, 19(3): 176-180.

[140] JAYAWANT B V. Electromagnetic levitation and suspension techniques[J]. Reports on Progress in Physics, 1981, 44: 411-477.